普通高中国家课程项目式教学实践研究丛书

白刚勋　总主编

GAOZHONG LISHI
XIANGMUSHI JIAOXUE SHIJIAN
YANJIU

高中历史
项目式教学实践研究

马国旗　主编

山东科学技术出版社

图书在版编目（CIP）数据

高中历史项目式教学实践研究 / 马国旗主编. —济南：山东科学技术出版社，2020.11
（普通高中国家课程项目式教学实践研究丛书 / 白刚勋总主编）
ISBN 978-7-5723-0414-9

Ⅰ. ①高…　Ⅱ. ①马…　Ⅲ. ①中学历史课—教学研究—高中　Ⅳ. ①G633.512

中国版本图书馆CIP数据核字（2020）第135139号

高中历史项目式教学实践研究

GAOZHONG LISHI XIANGMUSHI JIAOXUE SHIJIAN YANJIU

责任编辑：房慧君
装帧设计：孙　佳

主管单位：山东出版传媒股份有限公司
出 版 者：山东科学技术出版社
地址：济南市市中区英雄山路189号
邮编：250002　电话：（0531）82098088
网址：www.lkj.com.cn
电子邮件：sdkj@sdcbcm.com
发 行 者：山东科学技术出版社
地址：济南市市中区英雄山路189号
邮编：250002　电话：（0531）82098071
印 刷 者：青岛新华印刷有限公司
地址：青岛市城阳区仙山东路12号
邮编：266107　电话：（0532）87872799

规格：16开（184mm × 260mm）
印张：14.5
版次：2020年11月第1版　　2020年11月第1次印刷
定价：58.00元

普通高中国家课程项目式教学实践研究丛书

编 委 会

《高中历史项目式教学实践研究》作者名单

主　编　马国旗

编　者　张洪悦　郑天鸣　曲　鹏　高辉英　胡晓凡
　　　　曲鸿飞　李国英

序一

邓云锋

教育是国之大计、党之大计，是功在当代、利在千秋的德政工程。

普通高中教育是连接基础教育与高等教育的重要枢纽，是国民教育体系中承上启下的关键一环。推进教学方式方法改革，对于提高高中教育教学质量，促进高中多样化有特色发展，满足不同性格禀赋、不同兴趣特长、不同素质潜力学生的教育需求，让每个学生都有人生出彩机会具有重要意义。习近平总书记在全国教育大会上强调，要推进教材、教法改革，探索形式多样、行之有效的教学方式方法，切实在素质教育上取得真正的突破。山东省深入学习贯彻习近平总书记关于教育的重要论述，认真落实全国全省教育大会精神，根据新的普通高中课程方案和课程标准，努力推进育人模式改革，支持和鼓励各地各学校创新教育教学方式方法，取得了明显成效。一大批学校在实践探索中形成了值得推广的成功经验和典型做法，青岛39中就是其中的佼佼者。

多年以来，青岛39中依托中国海洋大学等几十家涉海单位，探索形成了基础课程 + 拓展课程 + 实践课程“三位一体”的海洋教育课程体系，启动实施了每周一次专家讲座、每月一次实践考察、每学期一项课题研究、每年一次海上科考的“四个一工程”，让学生在深钻细研过程中体验学习乐趣、丰富文化知识、开阔眼界视野、提升综合素质，取得了良好育人成效。学校从中认识和发现了项目式教学对学生发展核心素养的意义和价值，并由此决定开展基于国家课程的项目式教学研究。

从2017年起，青岛39中与北京师范大学合作，实施了“基于项目式教学促进学生核心素养发展的课程整合及课堂教学改进实践研究”，以学生为主体，引导学生在真实的情境中自主探究、合作学习；以实践为导向，培养学生科学精神、提高学生创新能力。经过3年多实践，学校有40多名教师开设了项目式教学省级公开课，20多名青年教师凭借项目式教学成果通过硕士学位答辩，57名教师在教育类专业期刊发表项目式教学论文，项目式教学的经验做法得到广泛认可和推广，仅历史学科就有4个项目式教学案例被北京师范大学历史学院本科生和研究生教材引用。学校2020年被确定为新课程新教材实施国家级示范校。

为总结3年多来的实践经验，青岛39中组织编写了“普通高中国家课程项目式教学实践研究丛书”，目前已完稿付梓。该丛书共10册200余万字，全面展现了青岛39中探索实施项目式教学的历程，并对普通高中教育教学方式方法改革进行了理论探索，是一套理论与实践相结合、指导性和可操作性较强的教学研究丛书。

相信更多的学校能够从该丛书中得到启示，在落实立德树人根本任务、健全人才培养体系、优化育人模式等方面，进一步解放思想、更新观念，大胆改革、积极创新，坚守“为党育人、为国育才”的初心使命，真正走出一条适应新时代要求、符合学校实际的教育教学创新之路，努力培养更多堪当民族复兴大任的时代新人。

我在青岛工作期间，就比较关注青岛39中的教学改革，得知学校近年来项目式教学改革取得的成绩后更是高兴。因此，当学校请我为这套丛书作序时，欣然提笔，是以为序。

（作者系中共山东省委教育工委常务副书记，山东省教育厅党组书记、厅长）

序 二

王 磊

2017年在一次齐鲁名师名校长培训活动上，了解到青岛39中在白刚勋校长的带领下，开展基于课题研究促进学生学习方式转变的教学改革，并且在海洋教育方面已经取得了丰硕成果，完成了国家级课题研究，也获得了国家教学成果奖。从2015年开始进一步探索“将课题研究的学习方式延伸到国家基础课程，让学生在研究中学习”的教学改革。这种实践与北师大学科教育团队开展的基于项目式教学促进学生核心素养及学科能力发展的研究高度吻合。他们有实践，我们有理论，双方一拍即合，决定开展全面深度合作。

2017年7月，在青岛市教育局大力支持下，北京师范大学、青岛市教育局、青岛39中共同签署了《“基于项目式教学促进学生核心素养发展的课程整合及课堂教学改进实践研究”合作协议》，3个学年共6个学期，北京师范大学组建9个学科的专家团队以每学年6次的频次，通过理论研修、教学诊断、课程整合、课堂改革、学生评价及总结交流的方式进行现场指导。截止到2020年9月，专家已赴青岛39中现场指导219人次，指导80名老师设计并实施了102个项目，覆盖语文、数学、英语、物理、化学、生物学、思想政治、历史、地理9个学科的课程标准的核心课程内容，高一和高二年级参加项目式学习的学生近3500人次。项目促进了学生的核心素养和关键能力的发展、教师的教学能力提升和专业成长，推动了学科组的建设以及学校的特色发展。

项目式学习（Project Based Learning，简称PBL）是一种建构主义理念下以学生为中心的教学方式，它主张学生通过一定时长的小组合作方式，解决一个真实世界中复杂的、具有挑战性的问题，或完成一项源自真实世界经验且需要深度思考的任务，在解决问题或完成任务的过程中，精心设计项目作品、规划和实施项目任务，进而逐步习得包括知识、可迁移技能、高级思维能力、关键品格等在内的21世纪核心素养。

经过近3年的实践和研究，青岛39中在基于学科的项目式教学设计和实施策略方面取得了丰硕成果，形成了项目式教学的操作流程，各学科构建了项目式学习的课程体系，并积累了部分经典案例。鉴于学科内项目式教学实践研究已比较成熟，为了将研究成果惠及山东省乃至全国其他学校，白刚勋校长组织学校精干力量，编写了该套“普通高中国家课程项目式教学实践研究丛书”。该丛书共分10册，其中1册介绍项目式教学在学校层面的理解和操作，另外9册分为语文、数学、英语、物理、化学、生物学、思想政治、历史、地理9个学科，分别介绍各学科的项目式教学设计、实施流程及典型案例。

回望过去的3年，感慨很多，这个基于项目式课程及教学的大学和中学的合作项目是非常具有开创性和挑战性的！有幸遇到满怀教育理想和极具教育创新精神的白刚勋校长，有幸与青岛39中富有激情和活力的师生共同探讨教育的真谛，真诚为青岛39中喝彩！也为北师大学科教育团队鼓掌！很高兴为这份凝结了我们和青岛39中师生协同创新智慧的教学成果“普通高中国家课程项目式教学实践研究丛书”作序。相信该丛书一定会为项目式教学的推广发挥非常大的推动作用，也一定会为普通高中完成以核心素养为目标的教育任务提供有力支撑。

好雨知时节，完成此序时悉知青岛39中成为教育部确认的新课程新教材实施国家级示范校，该丛书适时地为教育部国家新课程新教材的实施助力，也为全国普通高中实施新课程新教材提供理论和实践样本。

（作者系北京师范大学化学学院教授、教育学部部长助理，中国化学会主任委员，教育部课程标准编制组核心成员，其研究成果荣获国家基础教育教学成果一等奖）

PREFACE 前言

习近平总书记指出："综合国力竞争说到底是人才竞争。人才资源作为经济社会发展第一资源的特征和作用更加明显，人才竞争已经成为综合国力竞争的核心。谁能培养和吸引更多优秀人才，谁就能在竞争中占据优势。"中国共产党第十八届、第十九届全国代表大会的报告也反复强调创新型人才对建设创新型国家的重要性，要求教育改革传统的人才培养模式，重视学生创新能力的培养。

为了适应新时代国家对人才的要求，教师需要对传统的人才培养方法进行改进，取其精华去其糟粕，探索适合培养学生创新能力的教学方法，并将其应用于教学实践中。在日常教学中，教师要注重知识的传递，重视对学生创新能力的激发和培养，将自己的教育教学观念从"知识型"转变为"应用型"。教师要将课堂的主动权交给学生，调动学生自主学习的积极性，让学生在课堂上发挥主人翁的作用，使学生敢于表达和实践个人思想，从而达到培养学生创新能力的目的。

在此背景下，青岛市教育局联合北京师范大学，依托青岛39中开展项目式教学实践研究。项目式教学是培养21世纪创新型人才的有效途径。在国家基础课程中实施项目式教学，可以促进学生在掌握教材的基础上进一步理解和探索学科知识的内涵和外延，锻炼其自主解决问题以及团队合作共赢等多种能力，对教育创新和创新人才的培养有启发性影响。同时，项目式教学对教师个人的专业成长有很强的推动作用，教师专业水平的提升能给学生带来更明显的引导示范效果，学生和教师在项目式教学过程中共同进步，形成良性的循环。

本书以项目式教学在我校的具体实践为依据，由我校高中历史组成员在理论学习的基础上，结合相关文献对三年的项目式教学实践资料进行了整理与编写。

本书内容概述为项目式教学与历史项目式教学、历史项目式教学系统构建、历史项目式教学实践三部分。我校高中历史组在北京师范大学历史学院郑林教授团队的指导下开展课堂教学实践探究，历史组的每一位成员都亲身经历了项目式教学的理论学习与实践，亲自设计、实施项目课程，实践历经理论学习、教材整合、项目挖掘、高端备课、研讨打磨、教学实施和反思评价等环节。历史项目式教学以“项目”为形式，以“成果”为目标，整合高中历史课程内容，挖掘本土资源，关注时事热点。历史组全体成员在近三年的项目式教学的实践中，初步探索出了历史项目式教学的三种类型，分别是基于高中历史教材内容的整合与重构，基于乡土资源的开发与实施，基于史料研习的学习与探究。

本书旨在对历史项目式教学进行完整的理论表述，同时以多样的教学实践案例对项目式教学进行教学实际操作的阐述。我校作为青岛市第一个选择引入项目式教学的学校，在自主探索学习的过程中也同北京师范大学进行联合教研活动，在近三年的实践探索中不断改进、完善，现在已经取得了适用于国家基础课程的科学、规范的教学成果。本书同样是我校实施项目式教学近三年以来成果的结晶，希望能对历史教育同仁带来一点启发，起到教学上的借鉴作用。

最后，本书的顺利出版离不开各位编者的辛苦付出，参与此次编写的人成员有马国旗、郑天鸣、张洪悦、曲鹏、曲鸿飞、高辉英、胡晓凡、李国英等老师。除此之外，本书的顺利出版还要特别感谢北京师范大学历史学院郑林教授及李凯博士的指导。因教学任务繁重、工作经验比较欠缺、教学水平有限、囿于编写体例，本书难免会有纰漏，我们也深怀敬畏与惶恐之心，以管窥之见抛砖引玉，如有不当之处请各位历史教育界同仁斧正。

CONTENTS 目录

第1章 项目式教学与历史项目式教学

第1节 项目式教学概述

项目式教学是一种建构主义理念下以学生为中心的教学方式，它主张学生通过一定时长的小组合作方式，解决一个真实世界中复杂的、具有挑战性的问题，或完成一项源自真实世界经验且需要深度思考的任务，在解决问题或完成任务的过程中，精心设计项目作品、规划和实施项目任务，进而逐步习得包括知识、可迁移技能、高级思维能力、关键品格等在内的21世纪技能与核心素养。它将基于知识传授的传统教学转变为专注于项目完成、职业体验和解决问题的多维交互式教学。传统的课堂教学活动主要由教师主导，学习对象及学习媒介为教科书，学习内容和形式单调，学习环境固化，学习过程同步，所以无法满足学生的个性化发展需求。而项目式教学通过调整教学内容、拓宽教学环境、改变教学模式、改革评价方式等，最终使学生充分发展创造力和创造性思维，取得良好的教学效果。

一 项目式教学研究历史

梳理项目式教学兴起和发展的历史，可以使我们弄清其在国内外的研究内容、模式、价值及研究现状。

1. 项目式教学的兴起

根据克诺尔对项目式教学的研究，项目式教学起源于16世纪的欧洲建筑和工程教育运动。当时，一些建筑师认为，作为建筑工人和石匠接受的职业培训不足以满足艺术和科学的需求，这使他们无法设计出真正美观而实用的建筑。此外，他们希望将自己的职业上升到科学的高度，从而改善他们的社会地位，同时使其门徒能够通过学习来改善他们的教育水平。当时从事相关工作的画家和雕塑家也有相同的愿望和需求。因此，1577年，建筑师、画家和雕塑家共同创建了罗马的圣卢卡艺术学院。该学院将培养艺术创造力作为目标，并为优秀学生提供具有挑战性的设计项目，如教堂、宫殿或纪念碑的设计等。该课程的学习方法是在教师示范下，学生通过动手操作来理解原理，并从实践中学习技术。这是最早的项目式教学。但是，当时所谓的“项目”都是虚拟的，学生并没有真正参与事实上的建筑工程设计。1671年，法国巴黎的皇家建筑学院成立。该学院设立了普利斯竞赛奖，并将该奖项设置为进入大师班以获得专业建筑设计师头衔的前提。学院所有培训课程都是通过事实项目学习的，这些项目已完全融入课程中，并逐渐发展成为常规学校课程的一部分。此时，项目式教学已在欧洲扎根，并成为学术界普遍接受的教学方法。但是，当时人们对项目的理解仅仅停留在设计结果的水平，所谓的项目式教学实际上是在弥补纯书本理论学习的不足。

2. 对项目式教学实施模式的探索

18世纪末，项目式教学不再是建筑的专利。受第一次工业革命的影响，许多国家在技术学院和技术大学中建立了与建筑紧密相关的工程专业。项目式教学完成了从建筑到工程的飞跃，并从欧洲传播到了美国。这对项目式教学的实际应用和理论发展具有重要影响。项目式教学可以弥补书本知识的不足，提高学生的操作能力，并考量学习者的实践能力和艺术创造力。这种教学模式引起了越来越多学者的关注。1876年，美国麻省理工学院院长约翰·丹尼尔·兰格创立了机械艺术学院，并很快发现学生的操作能力不足。因此，他建议将手工培训作为对科学知识的补充，使其成为学校常规课程的重要组成部分。尽管手工项目作为补充被纳入常规课程，但它们仍与理论课程相分离。后来，美国伊利诺伊理工学院机械工程学院的鲁宾逊教授提出，项目式教学应贯串整个课程，因为理论与实践是密不可分的。学生应进入工作坊，将设计转化为产品，并经历完整的创作过程。

伍德沃德是美国华盛顿大学的机械工程学教授。1879年，他在圣路易斯建立了第一所手工培训学校。他借用了当时俄国的教学体系，将手工培训从大学转移到了中学，实施项目式教学的“线性模式”。该模式让学生分两个阶段熟悉手工工艺。首先，让学生通过完成一系列基本练习来了解工具和技术的基本知识，如让学生锉方槽、旋螺丝刀、钻柱面等。其次，在每个教学单元结束或在学年结束时，他们必须独立开发并完成该项目。在第三年末，必须完成最终的毕业项目。这种从概念原理到实际应用的教学模式在随后的40年中得到了普遍认可，并在美国的基础教育领域得到了广泛的应用。在手工培训学校成立后的十多年中，成千上万的美国学生在中学期间参加了各种教学培训，如木工、烹饪、缝纫等。该模式迎合了当时人们对项目式教学的理解，即项目仅与技能培训相关，不包括复杂的认知活动。

19世纪末，伍德沃德的思想开始遭到强烈反对。反对者认为，项目的推动力不应该是工作和学习的需要，而应该基于学生的兴趣和经验；项目不应仅侧重于技能，创造性对于学生同样重要；项目不仅应考虑系统性，还应考虑学生和学科逻辑等。这些观点引发了项目式教学模式的重大变革。作为美国实用主义教育家的代表，杜威反对传统的灌输和机械训练的教学方法，提出“学生应该在体验生活中主动学习”，主张“教育即生活，学校即社会”，“为社会生活做准备的唯一途径就是投身于社会生活”，教师应引导学生“从做中学”。1896年，他建立了实验中学作为其教育理论的实验基地，并担任实验中学的校长。他的教育理论强调个人发展，从实践中学习和体验式学习，这成为20世纪项目式教学研究和探索的重要理论支持。1900年，理查兹教授在霍瑞斯曼学校实施了“自然与社会学习”项目。该项目中，学生自始至终是群体共同参与合作活动，促进项目学习的是综合“建构”而不是“讲授”，项目从设计到实施是一个综合系统，可实现知识和技能的双重目标，学习动机被大大激发，被称为项目学习的“整体模式”。

3. 项目式教学的内涵发展

随着时代的发展和研究的深入，人们逐渐认识到，项目式教学除了使学生掌握技能外，对于个人兴趣和经验也具有特殊意义。项目式教学不仅要考虑从设计到结果的单个项目的完整性，还要考虑学科逻辑。斯奈德将项目定义为“教育活动单元”，并指出其主要特征是项目成果有明确而具体的形式，学习者最终将通过执行活动任务而获得丰富的知识和经验。但是，该定义并未明确说明项目属于哪种“教育活动”，而是将完成项目视为一种体力活动。查特斯指出，项目是一项在自然环境中实施和完成的活动，需要解决相对复杂的问题，学习者在解释原理时应提出问题。他不仅将“项目”和“问题解决”进行了链接，还提出了定义问题的时机，强调项目应与现实生活的真实场景相关。埃利斯指出，所有程序，包括游戏、社交体验、自然体验等，都是儿童入学前日常生活的一部分，应继续成为他们学校生活的一部分。伍德霍尔指出，项目应具有下列特征：必须从问题开始、基于价值或意义、学生积极投入、很少以完成的形式结束。上述项目式教学的定义具有不同的观点，但都不具有通用性，并且难以在整个教育领域为项目式教学提供概括和宏观指导。

1918年，杜威的学生克伯屈重新定义了项目式教学，并给出了项目式教学的广义定义。根据杜威的经验理论和桑代克的教育心理学，克伯屈将项目定义为“在社会环境中发自内心地进行有目的的活动或活动单元”。他认为，项目式教学是旨在实现儿童自主学习的教学活动，内部学习动机是项目式教学的重要特征。它的主要内容包括以下几个方面：项目必须是一个要解决的实际问题；它必须是有意义的单元活动；学生必须负责计划和实施；包括一项有始有终的活动，可以增加经验，以便学生可以通过该项目实现重大发展和良好成长。克伯屈倡导“废止分科的教材”，以特定的“有目的的活动”为单位整合各科教材的单元。也就是说，项目不仅限于手工培训和特定的教学阶段，而是适合于任何时间和任何学科，包括各种形式的活动和学习。他设计了四种类型的项目活动：第一种是建构式的，即生产者的项目或建造性项目，其目的是以一种外部形式反映一个想法或计划，如制作模型、编写研究报告等；第二种是体验式的，即消费者的项目或欣赏性项目，其目的是享受某种审美感觉并提高对美的欣赏，如编写戏剧、欣赏油画等；第三种是问题式的，是以问题为基础的项目，其目的是克服一些智力上的困难并解决一些实际问题，如探索为什么鸟类在空中飞翔、为什么季节会改变等；第四种是特定类的，即练习性项目或特定学习项目，其目的是完成一项任务或获得一定水平的知识和技能，如学习阅读、游泳和打球等。克伯屈还将项目式教学过程设计为四个阶段：①确定目的，即要求学生根据自己的兴趣和需求选择要解决的问题，目的通常由学生自己决定，教师可以引导学生做出选择，但不加强制；②制订计划，即达到目的的行动计划，包括材料的选择、工作任务的分配、实施步骤等，学生制订计划，教师仅指导和监督学生的执行情况；③实施计划，即学生使用选择的材料通过实际的“活动”完成计划；④评估结果，即教师提出评估标准和方法，由学生自己评估，如计划是否按照原定方案执行、预定目标是否实现、学生从项目中学到了哪些知识和技能等。

在20世纪70年代末和80年代初，美国的一些教育先驱者认为，应将基于项目的学习与传统的教学模式协调起来，以解决课程教学和项目式教学之间的矛盾。基于项目的学习不再局限于手工操作和建筑，而被认为是一种深度学习。它不仅用于解决或探索现实生活中的问题，还可以培养学生动手能力以外的其他能力。其他学者认为，基于项目的学习应该使学生能够深入学习某个领域的知识，并获得其他学科的知识和方法以扩大视野，因此项目应该是更复杂的任务。为了解决需要回答或处理的挑战性问题，学生必须全身心投入到决策和研究活动中，以设计解决方案并解决问题。项目结果可以是论文、研究报告、档案、计算机程序、模型或口头报告等形式。这些研究极大地丰富了项目式教学的内涵和主导思想。这样，项目式教学从“是什么”到“如何做”都有了非常清晰的概念，其思想也被普遍接受。

4. 项目式教学的价值提炼

项目式教学不仅是21世纪技能运动的先驱，而且是学习方式的一场革命。它从根本上改变了学生、教师、学习材料和学习环境这四个教学要素之间的关系及作用：授课的教师成为资源的提供者和学习活动的参与者，从教师变成学生学习的顾问或协助者；过程性评价或绩效评价与表现性成果相结合；关注学生的兴趣，最直接的学习材料是现实生活中的实际问题，而不是教科书；因为知识是用来解决问题的，所以学生在解决实际问题的过程中会通过决策整合、批判性思维和合作学习活动来了解世界，从而获得知识，发展个性并获得能力。因此，基于项目的学习是一种跨学科的深度学习，项目式教学包含了传统教育无法替代的创新教育理念。

目前，项目式教学受到了教育界的广泛关注，各国逐渐开展了基于项目的学习理论和应用研究。自21世纪以来，项目式教学已应用于美国、加拿大、马来西亚、德国和其他国家或地区的不同学科，如高等教育中的医学、建筑、工程和心理学等。

二 项目式教学要素和设计标准

1. 项目式教学要素

项目式教学要素包括内容、活动、情境和结果四个部分。

（1）内容

内容主要是指项目的主题选择和学习目标，它是现实生活中的实际问题与课程标准的结合。在教学设计过程中，教师一般以学科的基本概念和原理为中心，选取聚焦学科概念、体现学科素养和关键能力的教学主题进行分析，诊断出学生的已知点、障碍点和发展点，找到该主题对学生素养发展和能力提升的功能价值与教学要求，然后对学科内容按照专题进行整合，整体规划出项目目标。一般而言，基于项目的学习是从查阅资料开始的，有些项目需要进行深入的调查研究。因此，在实施该项目之前，教师需要根据项目式教学内容、学生现有的能力和经验、学时的安排及自身能力来确定项目的范围。

（2）活动

不同主题的项目，其目标和活动的主体也不同，因此需要在具体分析的基础上确定活动单元、活动任务及评价方案。分析项目式教学的目标，设计适当的项目活动方式，如调查、实验、模型制作、情景剧编排等，制订项目计划并准备相关资源。项目活动的安排强调三个"完整"：首先，教师应引导并要求学生经历事情的完整过程，在实践中体验项目的意义和价值，并产生取得项目成果的强烈愿望；其次，教师应指导并要求学生完整地研读学习内容，以完成项目或学习任务并解决核心问题，在小组互助学习、合作交流的基础上，形成总体的展示思路和展示内容，然后进入展示环节；再次，教师要特别强调学生就某一话题、某一成果或某一任务进行整体性展示，避免教学过程中的碎片化展示或师生间的问答式教学。与传统的教学活动相比，项目活动更加复杂，更具挑战性，更有利于培养学生应对未来挑战的能力。

（3）情境

项目式教学应创造一个适合探究的情境，以充分调动学生的求知欲，激发学生的好奇心，并吸引学生参与到教学活动中。好的情境是由真实问题或任务驱动的，并允许使用各种学习资源和工具来支持学生的学习。一个丰富的问题情境可以促进学生之间的团队合作。好的问题情境还可以长期保持学生的学习兴趣和学习热情，从而促进学生的深度学习。

（4）结果

项目式教学的结果以作品的形式体现。每个项目都有明确的学习目标，完成项目活动后，学生需要掌握相关知识并发展某些技能。项目式教学通过项目作品展示学生的学习结果，作品形式可以是实物、模型、报告、论文、设计方案、艺术品等。项目作品是学生在项目学习中所获得的知识与技能的重要表现性评价指标。

2. 项目式教学设计标准

巴克教育学院的PBL框架（如图）表明，要设计一个成功的学习项目并尽可能调动学生的学习和参与热情，必须专注于核心知识、关键能力和成功素养。项目式教学向学生教授重要的内容标准、概念和深度理解的技能，这为学生掌握学科知识奠定了基础。如今，学生在学习中仅掌握知识并理解概念还远远不够。无论是在学校、工作场所还是在社会上，人们都必须了解如何批判性思考、如何有效地解决问题、如何与他人合作，以及如何有效地管理自己。这些能力被称为“成功必备技能”，也被称为“21世纪的基本技能”或“大学及工作的预备技能”。我们建议所有项目式教学都应注重这些成功的技能：批判性思考的能力、解决问题的能力、团队协作的能力、创新创造的能力及自我管理的能力。当然，项目式教学还可以促进其他技能的发展，如思维习惯、工作习惯和某些个人素质。

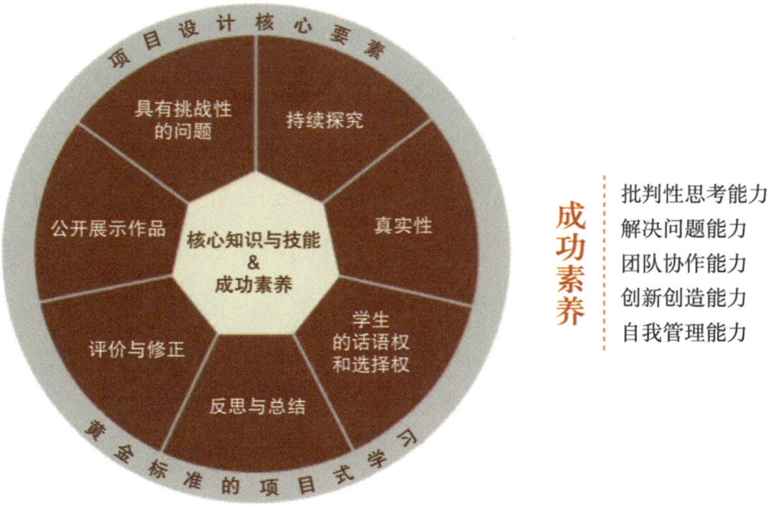

PBL框架

设计项目时，应包括以下七个元素。

（1）具有挑战性的问题

研究和解决问题，探索和解决困惑，是项目式教学的核心。一个有吸引力的问题将使学习对学生更有意义。这个问题应该毫无疑问地对学生构成挑战，并且最好是一个开放性的、学生通过科学探索能够解决的驱动性问题。

（2）持续探究

与在书本或网络上随意浏览不同，探索意味着更积极、更深入地搜索或查找信息。探索通常需要一些时间，这意味着该项目将至少持续几天。在基于项目的学习中，探索是逐层加深的。当学生遇到具有挑战性的话题时，他们会提出问题，通过各种途径寻找问题的答案，然后提出更深入的问题，重复此过程，直至找到一个令人满意的解决方案或答案为止。

（3）真实性

真实性意味着学习的内容或任务与现实世界相互关联。项目的真实性将增加学生学习的动力。项目的真实性可以体现在以下几个方面：项目具有真实的背景，项目可以使用现实世界中的工作流程、任务、工具和绩效标准，项目可以对其他项目产生真实的影响等。项目还可以反映个人的真实性，如该项目与学生自身的烦恼、兴趣、文化、身份或生活中的其他问题有关。

（4）学生的话语权和选择权

这使学生对项目有一种主人翁感，他们将更加关心该项目并更加努力地学习。能力强的学生可以自主选择项目的主题和性质、编写自己的驱动性问题，并决定如何探索问题、展示所学知识及分享工作成果等。

（5）反思与总结

在整个项目中，学生总是反思自己在学习什么、如何学习以及为什么学习。对知识内容理解和掌握的反思可以帮助学生巩固所学知识，并思考如何在项目之外应用这些知识。对技能发展的反思可以帮助学生内化对技能的理解，并为进一步发展技能设定目标。对项目本身的反思可以帮助学生决定如何设计和实施下一个项目。

（6）评价与修正

通过深思熟虑的评估和修订，可以创作高质量的项目作品。教师应指导学生如何设计评价量规和评价标准，并且教会学生如何利用同伴反馈信息及建设性的评价建议，这些反馈将改善项目流程和项目产品。除了同伴和教师，其他人也可以通过展示真实的观点为评估过程作出贡献。

（7）公开展示作品

在项目式教学中，要求创建作品并公开展示。项目作品可以是有形的，可以是一个设计方案，也可以是一个复杂问题的解决方案。

三　青岛39中关于项目式教学的探索

我校是一所人文素养厚重、艺术教育见长、海洋特色鲜明的全日制完全中学。近年来，学校勇于变革，抓住机遇，走出了一条创新发展的超越之路。从享誉岛城的艺术特色，到抓住国家大力实施海洋强国战略的契机积极推进海洋教育，再到如今项目式教学的开展，凸显了39中人对祖国教育事业的热爱、对收获的渴求、对未来的憧憬和永不止息的冲劲。

1. 项目式教学探索历程

（1）缘起海洋，深于课题，结识项目式教学

《中国学生发展核心素养》的出台，对学校教育提出了严峻的挑战。以往过于固化的课程结构，不能适应社会发展和学生发展的变化；过于僵化的课堂生态，不能适应信息化时代和每个学生个体的需求。我们深刻认识到，围绕核心素养，学校要实现国家课程的校本化实施，就必须实现学校课程教学整体的结构性变革。

一是受海洋教育的启发。我校利用办学的自主权，挖掘中国海洋大学附属中学的资源优势，开发并建立了“基础课程 + 拓展课程 + 实践课程”三位一体的海洋教育课程体系。海上科考是学生最喜欢的课程，在学校每年组织的海上科考活动中，我们惊喜地发现学生会测量、会写科考报告，他们出色地完成了学习任务，并且超出了我们的期待。这使我们受到启发：实践出真知，体验式学习是深刻的学习方式。

二是国家课程课题化教学的尝试。2015年，我们提出设想：如果将课题研究的学习方式延伸到国家基础课程，那么让学生在研究中学习就可以成为一种常

态。于是，我校在通过海洋课题研究成功促进学生全面发展的基础上，积极开展国家课程课题化教学的实践探索，组织各学科制定课题化课程方案并开设课题化教学研究课，收到良好的效果。这种基于实践的课题化教学方式，使学习变成学生的“内需”。在这种教学模式下，学生的学习从问题开始，且处于不断地发现问题、解决问题的动态过程中。这一过程既加深了学生对知识与技能的理解，又使他们“学以致用”，将学习引向深入。

三是牵手北京师范大学，探索国家课程项目式教学。2017年7月，我校与青岛市教育局、北京师范大学合作开展“基于项目式教学促进学生核心素养发展的课程整合及课堂教学改进实践研究”。项目式教学是一种创造性的解决实际问题的教学方式，真实的驱动问题、在情境中对问题展开探究、以项目小组的形式开展学习、运用各种资源和工具促进问题解决、产生可以公开交流的成果——这是项目式教学课堂展现的形态。相比于传统课堂，项目式教学更强调高阶知识的学习带动低阶知识的学习，高阶思维的培养带动低阶思维的培养。这种教学方式正是我校唤起学生对未知的探索欲、发展学生核心素养的一种有效可行的途径。

（2）躬行实践，写意未来，携手高校结硕果

我们深知，教育改革应凭着疾风劲草、不畏艰难险阻的韧劲不断前行；既要有励精图治的斗志，也应该有实事求是、扎根现实的理智。我们始终秉承这样两个原则：一是坚持高中学段国家基础课程的项目式教学实践和研究；二是我校教师在研究的基础上接受专家指导，但不照搬专家的研究成果。

① 项目式教学的行动研究路径。为保证项目式教学在我校顺利推进，我们基于本校实际，边实践边研究，制订了研究和实践的路径（如图）。老师们在实践中不断发现问题，然后通过深入研究逐步解决这些问题，使项目式教学深深植根于我校这片教育沃土上。

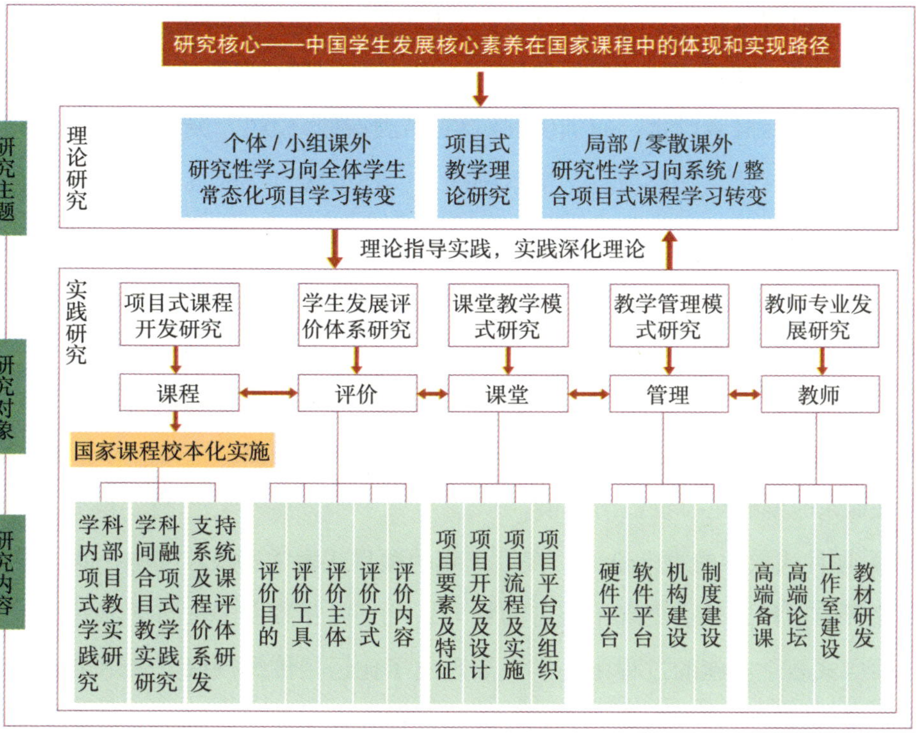

项目式教学行动研究路径

② 国家课程项目式教学的核心要素。经过实践与探索，我们将项目式教学的核心要素概括为项目及学习目标、真实情境、活动设计与探究、成果展示交流四项内容。其中，项目及学习目标的制订，既要尊重课程标准和学业要求，又要考虑发展学生哪些方面的核心素养，同时要结合学校的资源优势；真实情境还原了知识产生的背景，使知识的发生回归原点，教育也从原点发生；活动设计与探究过程还原了知识产生过程，使学生能够理解知识原型的诸多变化，从而更能适应复杂多变的真实世界问题；成果展示交流环节还原了思维发展过程，使学生的思维过程变得可视化，从而带来了评价方式的变革。

③ 项目式教学的课堂实践。在项目式教学中，查阅资料和实地考察是学生常用的学习方式。通过阅读文献、请教专家、实地考察，学生搜集有关自然和社会问题或现象的资料，并运用科学的统计方法予以分析研究，以明了情况、弄清问题、提出结论和建议，同时进行相关知识的学习和储备。在理论知识铺垫完成后，学生设计探究方案，开展相关的探究活动。在探究过程中，学生既运用了知识，加深了对基本概念和基本原理的理解，又在解决问题的过程中掌握了方案设

计及完善、数据收集及处理、问题发现及解决等探究技能，同时培养合作能力和科学思维能力。项目式教学最后的展示环节，遵循“有疑问展示问题、有新意展示创新、有探究展示过程、有训练展示结果”的基本原则，突出重点难点。展示形式包括口头展示、书面展示、情景剧展示、模型展示、教具展示等，有利于培养学生的沟通和表达能力。

在项目式教学的推进过程中，我们遇到了一些瓶颈。最突出的问题是时间和效率问题：时间不足，使得完成常规教学任务的效率不高。但“问题即机遇”，我们由此着手探索课内课外统筹、学科之间统筹及学科内统筹，生发出大项目、小项目和微项目等项目课程。课外时间学生最喜欢的是走进实验室做实验、做研究，在课余时间做更有价值的事情。

④ 项目式教学的育人价值。在近三年的项目式教学实践过程中，我们发现，国家课程的项目式教学展现出特有的魅力。一是能够激发学生的学习兴趣。在各学科项目式教学实施的过程中，学生展现出了比运用传统授课方式更浓厚的学习兴趣和探索欲望，他们的核心素养在调研或探究真实问题、展示小组成果、就相关问题展开辩论、总结反思等活动中悄然提升。二是能够通过高阶思维带动低阶学习。在项目式教学中，学生对核心概念的理解不是通过背诵、识记等方式获得的，而是在解决问题过程中自然发生的，学生能够真正领悟知识背后的奥秘，所以项目式教学是通过高阶思维的培养带动低阶知识的学习的过程。三是能够实现多学科知识融合。学生在解决真实世界的复杂问题及动手实践的过程中，运用的不仅仅是一个学科的知识，而是多学科知识的交叉和融会贯通。四是能够优先培育学生的核心素养。学生通过调用已有的知识、经验解决新情境中的新问题，需要转变自己的心态去理解他人，创造性地思考新问题的解决办法，合理美观地展示成果。经历这一过程，学生对相关核心概念的理解将更加深刻，沟通协调能力逐步提高，艺术、数学、科学及人文素养得以提升，由此培育的核心素养将更真实。

项目式教学将学科知识教学与现实生活结合，将学术学习与社会实践结合，将科学技能学习与人文思想结合，使我校的国家课程变得更加开放、灵活。学生在触摸、思考真实世界和尝试解决自然或社会问题的过程中，既完成了知识建构，又实现了意义建构，还构建了自己的精神世界，同时使自己的知识结构清晰呈现、综合素养合理提升。

2. 项目式教学的体制、机制保障

为保证项目式教学的顺利推进，我校进行了相关体制和机制的创新。

（1）创建项目式教学推进机制，确保课堂改革顺利实施

机构设置方面：我校成立项目式教学研究室，负责项目式教学实施的基本制度建设、活动组织运行及监督工作，保证了项目式教学的顺利开展，使学生核心素养的培养在国家基础课程的教学中得以落实。

合作机制方面：我校与北京师范大学、青岛市教育局开展“基于项目式教学促进学生核心素养发展的课程整合及课堂教学改进实践研究”合作项目。北京师范大学组织专家及助理团队，以每学科每学年六次现场指导的频度，到我校指导教师进行教学诊断、课堂改进、学生评价和交流总结，协助我校按时推进项目，定期反馈、汇报项目的阶段性成果。

工作制度方面：一是修订《青岛三十九中学校章程》，将“学校执行国家颁布的课程计划、课程标准，加强学校校本课程的自主开发与研究”写入章程，为项目式教学的推动，奠定了良好的制度基础。二是制定了推进项目式教学实施相关的6项制度、1本手册和1份协议。

（2）创新实施国家课程，改进教育教学方式

重构国家课程体系：我校以“立德树人”为教育宗旨，营造全面实施综合素质培养的氛围，使学生具备完整的现代知识结构和技能，达到提高学生综合素质的目的。我校探索国家课程课题化的项目式教学，对部分学科课程进行知识重组，以课题研究为载体，探索综合实践活动课程与学科课程的深度融合，并在此基础上开始对全部国家基础课程进行重构。我校以教研组为单位，将基础课程进行解构和重组，实行项目化改造，形成各学科含大项目、小项目和微项目在内的项目清单，由此构建起我校独具项目特色的国家基础课程体系。

开发设计支持系统：在项目式教学实施过程中，为使学生有意义地参与问题解决并获得技能，需要提供各类支持。例如，在解决抽象问题时，提供认知模型、史料、科学研究设备、实验方法及问题解决线索等。我校大力开发项目式教学的支持系统，校外支持系统包括大学教授、科研院所专家、社区工作人员、企业单位员工及家长等，校内支持系统主要是各科教师及网络资源。同时，为保证

活动顺利进行，老师们还开发设计了学习日程表等支持系统。

建设各类实践平台：为促进项目式教学深入开展，我校积极搭建实践平台。校内实践平台中，硬件平台包括各学科功能教室、海洋实验室、艺术楼、小剧场、宋文京工作室、徐殿平柔道馆、美式社团中心、光伏大棚、植物组培室、海洋生态缸等；软件平台包括艺术节、体育节、各类社团活动、英语演讲、电影拍摄等。校外实践平台包括企业、医院、社区和各类科研院所等。这些实践平台，保证了项目式教学的顺利实施，使学生逐步习得包括知识、可迁移技能、高级思维能力、关键品格等在内的21世纪技能与核心素养。

创新教学管理模式：首先是建立横向管理机制，强化教研组和集备组的职能，赋予教研组本学科课程开发和建设自主权。教研组全体成员通过整体规划，将国家基础课程进行课题化处理或项目化改造，形成项目清单。各集备组根据所在年级的学生特点和教学进度，设计相关大项目、小项目和微项目并对同一主题设计不同的项目；同时，牵手北京师范大学专家团队进行高端备课，开展项目式教学研究。其次是建立纵向管理机制，形成课程中心—教务处—年级部—集备组—教师管理轴线，使项目式教学在整个高中学段顺利开展。再次是实行选课走班教学，依据学生不同的兴趣爱好和学习能力构建不同的项目小组，引导学生开展同一主题不同项目的学习，最终习得知识、培养技能、落实核心素养。

改进教育教学方式：实施项目式教学，引导学生通过小组合作方式，在解决一个真实情境中具有挑战性的问题，或完成源自真实世界经验且需要深度思考的任务的过程中，设计项目作品、规划和实施项目任务，逐步习得包括知识、可迁移技能、高级思维能力、关键品格等21世纪技能和核心素养。我校探索形成了项目式课程设计及实施流程。项目式课程设计的基本流程（如图）包括：①分析教学内容，确立项目主题；②根据项目主题，选择项目素材；③梳理项目内容，进行问题拆解；④设计活动任务，实施科学探究；⑤设计学习支架，提供实施保障；⑥设计评价方案，诊断素养水平。项目式教学实施的基本流程（如图）包括：①选定项目；②制订计划；③审定决策；④项目实施；⑤展示交流；⑥活动评价。

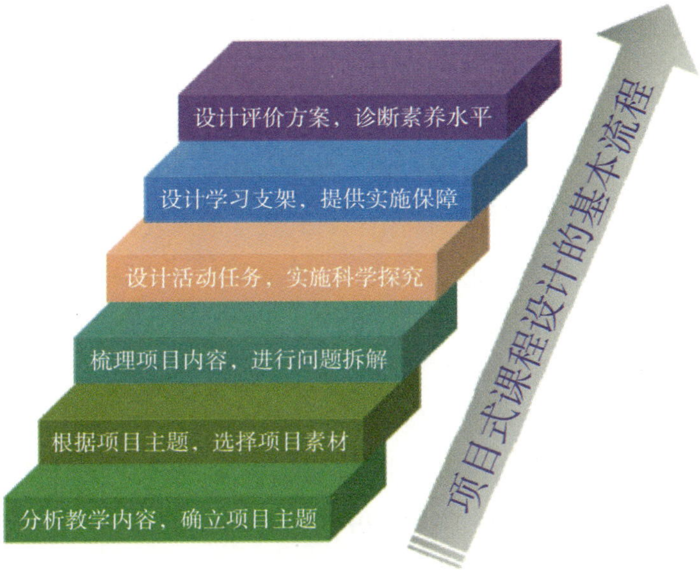

项目式课程设计的基本流程

项目式课程实施的基本流程

3. 项目式教学的实施成效

（1）培养学生核心素养，立德树人目标落地生根

我校在国家课程中实施项目式教学后，学生的关键能力和核心素养得到明显提升。据不完全统计，自2013年起近1000人次获得430项国家级奖项。每年均有40个以上学生研究课题获国家“海洋科研未来之星”优秀课题奖；在全国“2049年的中国”海洋科技畅想征文中，97人次获奖，其中特等奖2个，一等奖5个；在全国大中

学生海洋文化创意设计大赛中，获金奖2个，银奖6个。9篇学生论文发表于国家级学术期刊。多个学生研究课题在全国海洋教育论坛等会议上展示。据我校对毕业生发展的追踪，学生就读高校期间各方面能力和素养发展普遍突出。例如，马帅同学参加全国大学生建筑设计方案竞赛，以“共享自行车道——青岛城区空间改造”获得铜奖，而这一创意就受到高中项目式教学的启发。我校委托第三方机构对2014届至2016届海洋班毕业的学生进行了追踪调查。结果显示：学生对海洋课题研究学习方式认可度非常高，对项目式学习十分认同，认为该方式培养了自己的自主学习能力和创造性思维；半数以上的学生“因为在海洋班有过课题研究或做项目的经历，所以在大学中做实验、写论文方面得心应手”；2014届和2015届毕业生目前已经大学毕业，2014届毕业生的读研率高达90%，2015届毕业生的读研率为81%，而目前全国每年参加考研与实际录取人数比例是25%左右，两届海洋班毕业生的读研率远高于全国平均数。

（2）促进教师专业发展，扩大学校社会影响

在项目式教学与教育改革创新中，我校形成了“高端引领 + 同伴互助 + 课堂实践 + 教学相长”的教师专业发展模式。2011年，《青岛39中（海大附中）海洋教育课程》被评为山东省优秀课程资源专题资源一等奖；2017年，《海洋特色校本课程》被评为青岛市精品课程；4人被评为正高级教师，7人被评为山东省特级教师；2014年5月，《蓝色海洋教育研究》获得山东省基础教育成果奖一等奖；2014年10月，《蓝色海洋教育课程》获山东省首届特色课程一等奖；2015年，青岛市十二五规划重大课题结题；2015年7月，省级课题《海洋化学校本课程研究》结题；2017年，国家十二五规划教育部课题结题；2018年2月，教育部重点项目《创新人才培养视域下的中学海洋教育实践与研究》顺利结项，2018年4月该成果获得山东省基础教育教学成果特等奖，2018年9月该成果获得全国基础教育教学成果二等奖，刘翠老师个人成果获得山东省二等奖。2019年，我校的“普通高中国家课程项目式教学的实验研究”被选为山东省教育厅重点培育项目。

我校项目式教学研究成绩突出，在全社会引起广泛赞誉。我校被教育部中国教师发展基金会评为“全国特色学校”，荣获山东省校本研究先进单位。2015年5月，环球网发文《39中海洋班常科考实践　学生论文屡登核心期刊》。2017年3月，《中国教育报》专题报道学校海洋教育。2017年《教育家》对我校项目式教学情况进行报道。

我校采用项目式教学创新实施国家基础课程，以“重构国家课程体系、开发设计支持系统、建立各类实践平台、实施网络化教学管理、项目式课程整合和课

堂改进”为主要内涵元素，从根本上解决普通高中学生面临的研究性学习能力不足、有效沟通能力不强、创新能力缺乏及职业能力较弱等诸多问题，使学生获得适应终身发展和社会发展所需的必备品格和关键能力，提高了人才培养的质量和针对性。北京师范大学副校长陈丽对我校目前实践研究的评价：“在新一轮教育教学改革中，青岛39中确实值得期待。学校在学生核心素养方面的探索，将不仅仅服务于青岛39中学生，还将会成为全国基础教育改革的标杆。”

第2节　历史项目式教学的特点与内容

一　高中历史项目式教学概述

1. 高中历史项目式教学的定义

在项目式教学与历史教学的融合过程中，怎样把项目式教学的元素纳入历史常规教学中是始终值得我们思考的。如何将项目探究落到实处，达到真正的育人目标，这是进行任何教学活动都不得脱离的永恒主题。这就要求教师在项目式教学探究的备课过程中，一定要首先明确自身的落脚点在哪里，要有清晰明确的教学立意，任何一个教学活动的设计都不应当是悬空的，应该是有切实的目标，这一目标的确立应当基于对学生历史学科核心素养的培养。

自《普通高中历史课程标准（2017年版）》（以下简称为“新课标”）实施起，传统教学的三维目标被具体的学科核心素养取代，新课标将历史学科的核心素养定义为唯物史观、时空观念、史料实证、历史解释和家国情怀五个部分，每个部分有不同的要求，并且新课标明确指出，高中历史教学的目的就在于通过对诸素养的培养，达到立德树人的要求。同时，新课标在教学与评价建议中明确提出，教师应当转变自己的教学观念，从知识本位转变为素养本位，将传统的知识讲授的过程转化为历史学科核心素养培养的过程。而项目式教学这一教学方式的创新实际上就是对于新课标的一种很好的回应，在关注学生基础知识的同时，通过引领学生进行切身的研究，进一步达成历史学科核心素养中不同素养的不同等级层次的要求。

在以往的历史教学中，我们往往更关注学生的知识达成，忽略了对于学生历史学习能力的培养，而生活中呈现的材料是多元的，生活中的问题解决方法是开放的，传统的教学方式很明显已经不能适应现实的需求。基于此，我们所理解的项目式教学就是让学生能够学会接受新的情境，通过情境调动所学知识，应用技能，解决新情境下的问题。教师必须跳出以往的教学模式，改变单纯的知识传授模式，重视对学生能力的塑造和培养，实现由传统的详明型教学模式到建构型教学模式的转换。在教学过程中，通过创设历史情境，设计历史问题，运用多种史料，并借助现代信息技术，开展以学生为主体的教学活动，体现学生的主体地位，引导学生在做中学，逐步培养学生的历史学科核心素养。

高中历史项目式教学，是以建构主义学习理论为指导，以高中历史课程方案及学科课程标准为依据，以驱动性问题设计为引导，以对复杂且具有挑战性问题的解决为项目任务，通过一定时长的小组合作，学生精心设计项目作品，规划和实施项目任务，解决问题的过程中实现对历史学科核心知识的学习理解、实践应用和迁移创新，发展历史学科核心素养的一整套教育教学策略。

2. 高中历史项目式教学的特点

（1）问题的真实性

教师要能够基于真实情境进行驱动性的问题设计。历史是一门严谨的学科，教师无论为学生提供怎样的情境，都必须是真实的，不能脱离现实，这也是学生历史思维培养的前提。教师应当设计几个有思考性的、能够真正引起学生兴趣并有探讨性的问题，通过对这些问题进行探究，激发学生探索历史的兴趣，引导学生在解决问题的过程中有意识地去搜集更多的史料并进行研读，从中提取能够为本项目服务的史料，培养历史学科核心素养中所要求的史料实证能力和历史解释能力。此外，教师在同一课题中所涉及的问题应当是逻辑连贯的，从而使学生在进行同一课题的探索中对于这一历史问题形成整体上的把握与思考。

（2）同伴的协同性

对于高中生而言，时间很宝贵，因此在开展项目式教学时，不一定必须要开展时间跨度较长的项目，通过小项目、微项目的探索，同样能够达到培养学生历史学科核心素养的目标，但是不管采用的是哪一种方式，学生在其中的合作学习是不容忽视的。在进行项目探索的过程中，学生要进行大量的资料阅读，针对高中学习的实际，学生可以采用分组的方式进行资料的阅读，最后再进行资料的交流汇总。在进行资料的筛选时，需要学生密切配合，在思维的碰撞中对繁杂的资料进行筛选，从中提取能够真正为本项目服务的资料。在评价环节，教师不仅应当注重师生之间的评价，也应当重视学生相互之间的评价，通过制作评价量表，将学生在项目式教学探索过程中的表现进行量化评价，让学生从中找出自己的优点与不足，对下一步的探究进行有方向的改进。

（3）过程的探究性

在项目式教学的探索过程中，基础知识的习得与思考力、判断力、表达力的培养，应得到同样的重视。学生通过搜集资料、整理资料、参与探究的过程，对获取的知识印象更为深刻。项目式教学的意义，不仅仅在于知识的获取，其更大的价值应该体现在对学生能力的培养塑造上。学生通过一节课获取的知识容量是有限的，得到的能力是无限的。

（4）知识的综合性

项目式教学需要打破原有的固定的知识结构，以培养学生的整体思维、通史思维，使学生能够在头脑里对相关知识有新的整合，从而产生更深的体会。以往的历史教材采用模块加专题编写体例，忽略了对学生通史思维的培养，这就导致了学生思维上的割裂。项目式教学通过研究一个个细致的项目，多方延伸，使学生能够接触与这一项目相关的众多历史知识，从而建构起对该历史问题的整体框架，有利于学生历史学习能力的提升。

（5）结果表达的多样性

在项目探究的过程中，学生一定有所收获，而这种收获的展示方式是多元的，上台展示、写小论文、办手抄报等都是可以借助的途径。通过多样的展示途径，学生能够自由表达自己的收获，这也是对学生在项目探究过程中学习成效的一种检测。

3. 高中历史项目式教学的类型

在具体实践中，我们将高中历史项目式教学分为三种类型。

第一种是基于高中历史教材内容的整合与重构，进一步可分为两种类型：“大视角、新情境、深剖析”和“小切口、新情境、深剖析”。在这种类型中，教师应当首先基于教材的重构创设一个新情境，继而为学生提供丰富的资料，引导学生基于资料进行合作探究，并且引领学生以资料为支撑建构历史解释。在这种教学类型下，教师对教材内容要有精准的把握，从而提取其中有逻辑联系的相关内容，并将其进行整合。

第二种类型是基于乡土资源的开发与实施。在这种类型中，教师首先依托本土历史文化资源创设一个新的情境，让学生在新情境下自主选择项目主题并进行实地探究，在探究的过程中运用已掌握的知识和技能对项目对象进行阐述，加深对历史的认识，建构对历史的解释。在探究结束后，由学生对其学习成果进行展示，并听取教师的点评和建议，从而提升自己的学习能力，并继续把这种能力应用于新情境的发现、新问题的解决中去。这种项目式教学的类型需要充分利用本土的历史文化资源，要求教师对于本土的文化资源有所了解掌握，并从中筛选出能够为教学所用的资源。

第三种是基于史料研习的学习与探究。史料是研究历史问题的切入点和基础，新高考对学生的史料研习能力提出了更高的要求，历史学科核心素养中明确强调了学生史料实证能力培养的重要性。在这种类型中，教师首先依托教材确立项目主题，为学生提供大量的相关史料，其中可以包含文字史料、图片史料、音像史料、文物史料和口述史料等多种类型，使学生在史料阅读的过程中感知不同的史料类型及对研究历史问题的意义。学生在分组阅读史料的基础上，提出自己阅读过程中存在的疑问，教师对这些问题进行筛选，从中选取有思考性、探究性的问题提供给学生，引导学生针对这些问题再继续搜集相关史料进行解答，通过“提出问题——解决问题”这一过程使学生对于特定历史问题形成更为深刻的认识。此类型项目式教学方式对教师和学生都提出了更高的要求。

二 高中历史项目式教学的内容与架构

1. 基本组成要素

高中历史项目式教学有如下几个关键构成要素：项目、学生、教材和教师。首先，在高中历史项目式教学中，项目的选择尤为重要，一个好的项目应当同时具备“新、广、深”这三个特点，即项目选择有新意，材料选择有广度，问题创设有深度。在进行项目选择时也要同时关注项目的可操作性以及学生的兴趣。其次，项目式教学是以学生为主体，以教师为指导的一种教学方式，学生的重要地位不言而喻。在开展项目式教学的过程中，教师应密切关注学生在其中的需求与表现，关注学生的兴趣点以及困难点，为学生提供有针对性的指导，并引导学生从丰富的史料中选择对自己探究有益的成分。教师通过对学生的过程性观察，为学生提供更高效的指导，从而有利于该项目教学目标的达成。第三，高中历史项目式教学不应当脱离历史教材。教师必须始终明确项目式教学是为教学服务的，在开展项目的过程中可能伴随着对教材的重构与整合，但是无论如何，教材的基本内容不能丢，这样项目式教学才不至于成为无源之水。最后，项目式教学中教师的地位必须摆正。在项目式教学中，学生会花费大量的课余时间进行史料的阅读与整理，课堂上大量的时间也是留给学生进行展示的，那么在这种情况下，教师的位置应该摆在哪里呢？教师是一节课的引领者，根据建构主义理念，教师是意义建构的帮助者、促进者，而不是知识的传授者与灌输者，应充当“高级伙伴”。复杂的真实问题、良好的学习环境和学生元认知工具和心理测量工具都需要教师提供。教学手段方面，教师通过“支架式教学”帮助学生建立符合“最近发展区”的“脚手架”，使学生的有意义知识建构逐步量变，再辅以“抛锚式教学”，用真实的劣构问题激发学生探索，产生质变。

2. 基本的环节

高中历史项目式教学主要应当关注以下几个环节，分别是项目确立、资料搜集、资料筛选和项目评价。在项目确立环节，前文已经提到，教师既要关注项目的新意、问题创设的深度，又要对相关的历史资源进行前期的调研，从而确保研究的项目具有可操作性，同时对教学的重难点以及学情进行有效的分析，从而选择更有研究价值的项目。项目确立之后，教师应当根据历史学科核心素养的要求制订切实可行的课时目标。在资料搜集阶段，由于学生当前历史知识的局限，教师必须做好指导工作，教师可以向学生提供权威的网站、参考书单等获取资料的有效途径。在学生搜集资料的过程中，教师应当反复提醒学生，在进行任何资料搜集整理的过程中，都不能脱离历史学科特性，都必须能够为本节课的学习目标服务。学生通过多种途径获取大量的资料后，教师应引导学生对获取的资料进行筛选，让学生牢记所使用的资料必须首先具有真实性，区分不同类型的史料所具有的不同价值，在辨别史料作者意图的基础上使用史料，这一过程就很好地锻炼了历史学科核心素养中的史料实证能力。在具体操作中，可以首先给学生时间进行多种资料的阅读，在形成宏观认识的基础上将其认为有效的内容单独列出，最后小组合作进行整理，并与其他小组集中讨论，避免内容上的重复，最后大家把获取的历史信息整理成逻辑连贯的线索。在项目展示完成之后，教师应当注重对项目的评价，根据新课标的要求制作评价量表，注重对学生的多维度的评价，并将评价的结果及时地反馈给学生，从而为学生未来的学习提供具体指导。

第3节 历史项目式教学与学科核心素养发展

一 历史学科核心素养概述

1. 学科核心素养

近年来，我国的教育事业发展取得长足进步，核心素养这个名词也越来越多地被提到。而所谓学科的核心素养，是以学科知识技能为基础，能够满足特定现实需求的正确价值观、必备品格和关键能力，是学科育人价值的集中体现。历史学科的核心素养指的是学生在学习历史的时候，积累下来的具有历史学科特点的重要能力和思维方式，同时也是学生综合发展的重要要求。具体的历史学科素养可以如下具体理解、把握。

（1）唯物史观

唯物史观是揭示人类社会历史客观基础及发展规律的科学的历史观和方法论。

人类对历史的认识是由表及里、逐渐深化的，要透过历史的纷杂表象认识历史的本质，科学的历史观和方法论是非常重要的。唯物史观使历史学成为一门科学，只有运用唯物史观的立场、观点和方法，才能对历史有全面、客观的认识。

它主要包含生产力与生产关系、经济基础与上层建筑、社会存在与社会意识之间的关系，人民群众是历史的创造者等内容。尤其是经济基础与生产力在社会发展中所起到的基础和决定性作用，更应引起我们的关注。

（2）时空观念

时空观念是在特定的时间联系和空间联系中对事物进行观察、分析的意识和思维方式。

任何历史事物都是在特定的、具体的时间和空间条件下发生的，只有在特定的时空框架当中，才可能对史事有准确的理解。

（3）史料实证

史料实证是指对获取的史料进行辨析，并运用可信的史料努力重现历史真实的态度与方法。

历史过程是不可逆的，认识历史只能通过现存的史料。要形成对历史的正确、客观的认识，必须重视史料的搜集、整理和辨析，去伪存真。

（4）历史解释

历史解释是指以史料为依据，对历史事物进行理性分析和客观评判的态度、能力与方法。

所有历史叙述在本质上都是对历史的解释，即便是对基本事实的陈述也包含了陈述者的主观认识。人们通过多种不同的方式描述和解释过去，通过对史料的搜集、整理和辨析，辩证、客观地理解历史事物，不仅要将其描述出来，还要揭示其表象背后的深层因果关系。通过对历史事物的解释，不断接近历史真实。

（5）家国情怀

家国情怀是学习和探究历史应具有的人文追求，体现了对国家富强、人民幸福的情感，以及对国家的高度认同感、归属感、责任感和使命感。学习和探究历史应具有价值关怀，要充满人文情怀并关注现实问题，以服务于国家强盛、民族自强和人类社会的进步为使命。

唯物史观是诸素养得以达成的理论保证；时空观念是诸素养中学科本质的体现；史料实证是诸素养得以达成的必要途径；历史解释是诸素养中对历史思维与表达能力的要求；家国情怀是诸素养中价值追求的目标。通过诸素养的培育，达到立德树人的要求。

2. 学科核心素养培养与历史课程

高中阶段的历史学习对学生未来的发展十分重要，因此我们在教学过程中除了考虑到理论知识的讲解之外，还要考虑到学生人文素养的培养和价值观的构建，而历史学科的核心素养作为人文素养中不可或缺的组成部分，体现了学生在学习历史的时候形成的知识体系、分析方法、学习能力等。所以我们应该利用好人文气息浓厚的历史课程培养学生的历史素养，促进学生的全面发展。

历史课程要将培养和提高学生的历史学科核心素养作为目标。课程结构的设计、课程内容的选择、课程的实施等，都要始终贯穿发展学生历史学科核心素养这一任务。在结构设计上，要在体现基础性的同时，构建多视角、多类型、多层次的课程体系。在内容选择上，要精选基本的、重要的史事。在课程实施上，进一步改进教学方式和评价机制，将教、学、评有机结合，促进学生的自主学习、合作学习和探究学习，提高实践能力，培养创新精神。在教学实践中我们进行了探索和研究，项目式教学改变了传统教学以知识为本、以教师为中心的教学模式，形成了以能力为本、以学生为中心的新的教学模式，并能充分发挥出历史学科对学生的核心素养的培养。

3. 学科核心素养培养与高考

近三年高考题昭示了高考命题已由“知识立意”变为“能力立意”，注重历史学科思维能力及学科素养的考查。例如，2019年高考文科综合全国Ⅰ卷凸显以史育人的积极导向作用，结合时代精神与社会主义核心价值观，引导学生尊重劳动，尊重创造，既关注了历史对现实的资鉴，又考查了考生的正确价值观念和必备品格，有助于选拔出具有家国情怀、德才兼备、兼具历史使命感和社会责任感的学生，服务于高校选拔人才的需求。第42题以《国史大纲》序言为材料，要求考生评析观点，得出结论。试题强调对考生完整的思维过程和史学素养的考查。通过开放式设问，引导考生立足当前历史时期，体会历史学科魅力，最大限度发挥自身的优势和思维能力，论证历史问题和独立提出观点。第45题考查改革与时代要求的关系，要求考生运用辩证唯物主义和历史唯物主义的观点去说明历史现象，客观叙述历史事实，运用归纳、概括、比较等历史学科思维方法分析问题。第47题，以刘源张院士对现代化的贡献和李四光、刘源张等模范的精神进行设问，引导考生正确认识个人奋斗与时代精神的关系，培养正确的世界观、人生观和价值观。可见，2019年高考历史命题充分发挥了以史育人的积极导向作用，突出对必考知识、关键能力、学科素养、核心价值、人文精神与素养的考查，引导学生正确认识人类历史发展趋势。同时，依据高校人才选拔需求和国家课程标准，侧重考查基础性、综合性、应用性和创新性知识，命题不拘泥于教材，运用新材料，创设新情景，贯通古今，关联中外，突出了高考的选拔功能和发挥引导高中历史教学、助推素质教育的作用。

由此，在高中历史教学方面，教师要注重对学科知识的整合，构建中外贯通的学科框架体系，促进学生历史学科素养的发展和学科关键能力的形成。培养学生的创新意识，实现人文素养的综合提升。

二　历史项目式教学与核心素养的落实

党的十九大明确指出："要全面贯彻党的教育方针，落实立德树人的根本任务，发展素质教育，推进教育公平，培养德智体美全面发展的社会主义建设者和接班人。"要全面贯彻党的教育方针，体现先进的教育思想和理念，适应时代的发展要求，就要促进人才培养模式的转变，着力发展学生的核心素养。

传统教学方法普遍以教师为中心，注重知识的单向传递，而项目式教学以学生为中心，强调学生的主观能动性，教师和学生之间的活动是互动式的。学生在教师的帮助下构建学习共同体，共同经历提出问题、规划方案、修订方案、解决问题、形成成果、展示交流、评价改进各阶段。学生在解决问题的过程中获得知识与技能、实践应用能力、迁移创新能力和跨领域合作沟通能力，形成学科观念和思维方法。

将学习探究落到实处，落实历史学科的核心素养，达到真正的育人目标，是任何历史学科教学活动都不能脱离的主题。下面以我校历史组开展的项目式教学为例，展示核心素养如何在历史项目式教学中落实。

1. 以真实情境展示历史因果联系，发挥唯物史观的指导地位

新课标明确要求："历史课程要以唯物史观为指导，对人类历史发展进行科学的阐释。"唯物史观在诸素养中发挥指导作用，它认为社会存在决定社会意识，经济基础决定上层建筑，生产力发展水平决定生产关系，特别突出复杂的历史现象之间的因果联系。项目式教学在落实唯物史观素养上有独特的优势，它创设的真实历史情境同样包含复杂的历史要素，便于学生在理论指导下完整地应用唯物史观解决问题，加深学生对唯物史观的理解与认可。例如张洪悦老师设计并执教的《从建筑中发现历史——德占青岛的历史影响》中将学生分成了政治、经济、文化三个小组来探究德占青岛时期的历史影响，让学生认识到侵略者的一切行为都是基于自身的利益，中国只有在实现民族独立的基础上才能真正地走向富强，体现了社会存在决定社会意识、经济基础决定上层建筑的唯物史观。

2. 构建长时间、多空间的项目，培养准确的时空观念

时空观念要求学生在特定的时间联系和空间联系中对事物进行观察、分析，只有在特定的时空框架当中，才可能对史事有准确的理解。并非所有的历史课堂都着力强调时空观念，项目式教学也是如此。如果想重点培养时空观念素养，教师的情境创设可以选取同一空间下某历史要素的时间变迁，例如胡晓凡老师设计并执教的《循例与破格——中国古代选官制度的变迁》即以选官制度为脉贯穿封建社会始终，展示了不同时期因独特的社会背景而产生的人才选拔方式的变革。也可以选取同一时间下不同空间的对比，例如高辉英老师设计并执教的《回望“海上丝路”——马尼拉大帆船贸易》整合了16～19世纪中国明清时期和西欧崛起的相关教材内容，通过对大帆船贸易历史背景的探究，加深对“海禁”“闭关锁国”政策的理解，并了解明后期针对民间贸易政府曾有的开放姿态。

3. 在小组合作的史料实证中培养怀疑精神和实践能力

史料证据要求学生对获取的史料进行辨析，并运用可信的史料努力重现历史真实。史料实证是诸素养得以达成的必要途径，也是史学的基本能力，能启发学生思考，促进学生形成求实、辩证看待历史问题的思维习惯。项目式教学中的史料实证往往由小组合作完成，组内的每个成员都有自己的分工，其一般流程是：分组收集史料以树立基本史实、小组合作将史料串联以理解历史发展、史料辨析与甄选、将史料转化为书面或口头表达。例如郑天鸣老师设计并执教的《盛唐掠影——基于〈长安十二时辰〉的研究》将学生分成了政治制度、城市管理、社会经济和思想文化四个组，利用教师提供在下载平台的影视作品、古典文献和学术专著，对照项目清单完成史料搜集工作并制作初步成果，随后在与教师商讨后进行史料的甄选，加工成微项目情境供同学课堂探究。历史项目式教学通过确立主题，围绕主题项目，指导学生提升自己的归纳总结能力、利用史料分析问题的能力以及对史料之间联系的把握能力。

4. 突破思维束缚，鼓励历史解释，深化历史思维

历史解释是指以史料为依据，以历史理解为基础，对历史事物进行理性分析和客观评判的态度和能力。历史解释是诸素养的核心，最能够体现历史思维和表达能力，学生不但要在史料实证基础上描述历史，还要体现史观指导下的历史表象背后的深层因果关系。历史解释必须由学生自主得出，教师不可强行灌输，对学生有疑问的传统观点应鼓励通过探究进行验证或者提出新的观点。例如胡晓凡

老师设计并执教的《循例与破格——中国古代选官制度的变迁》中关于明清科举制的理解，因为明末以来对科举制的负面评价要多于正面评价，在学生的逻辑中很容易形成因为科举制负面作用大，所以被废除这样的观点，因此在进行项目式探究的过程中，需要通过展示不同的材料，引导学生纠正这种片面的认识，让学生认识到明代的八股文的设立是为了确立一个统一的录取标准，其最初目的还是在于录取真正的人才，最终，与时代脱节的是八股文，并不是整个科举考试。如此一来，学生就不会机械地认为八股取士一无是处。经过探究，学生自主得到新的历史解释，不断接近历史真实，锻炼了历史思维。

5. 潜移默化中，体验家国情怀

从学科育人的角度来看，历史学科不仅需要知识与技能的习得，更需要家国情怀素养这种体验和感悟的提升，并内化为优秀的品格，外化为崇高的行为，形成符合现代公民意识和国际视野的历史价值观念。家国情怀不是能力，更不是知识，不能用普通方式培养，而需在潜移默化中感悟，这就需要教师将情感立意贯穿教学始终，以春风化雨的过程沐浴学生的心灵。例如，胡晓凡老师设计并执教的《枯木逢春——改革开放下海尔企业的重生与崛起》让学生在整理资料的过程中了解海尔的发展，联系改革开放的进程，使学生从中感受改革开放对中国企业和中国经济产生的深刻影响，形成对改革开放的巨大心理认同，落实“四个自信”。项目式教学联系学生实际，拉近学生与历史的距离，学生自然深有感触与感悟。这样不仅可以激发学生的学习兴趣，还可以使学生在感知、体验和思考历史的过程中，深化对史事的认识与判断，进而生成鲜明的历史价值观。

项目式课程绝不是学科素养的泛泛而谈，一定是于无声中激起阵阵涟漪，让学科素养培育真实发生，让课堂成为造就具备学科素养的探究者、实践者的沃土。

余文森教授认为，为了培养学生的核心素养，要积极倡导原生态的教学、有高阶思维的教学。课堂需要真正地做到以学生为主体，让学生在真实的问题情境中去实践，在探究和解决问题的过程中获得基本知识和技能，培养学科能力，发展学科素养。项目式教学，强调学生的自我导向学习能力，倡导师生共同作出决策，注重学生在过程中技能的习得和核心素养的培养。这种教学方式，可以进一步培养学生的创新精神，促进学生个性的发展。这种教学方式，有利于发挥学科教学的育人价值，有利于促进学生核心素养的培养，有利于促进学生历史学科核心素养的发展。

第2章 历史项目式教学系统构建

第1节 历史项目式教学的内容选择与目标制订

一 历史项目式教学的内容选择

项目式教学是一种“做中学”的系统的教学方法，它是对复杂、真实问题的探究过程，也是精心设计项目作品、规划和实施项目任务的过程。实现项目式教学价值的载体是教师设计能让学生积极参与的项目，一个好的项目对落实教学任务起着至关重要的作用，所以项目内容的选取非常关键。对国家课程进行项目化改造，不能天马行空地去选择内容，必须充分领会课程标准和核心素养的要求，在深入挖掘教材的基础上，利用各种形式的资源进行项目内容的选取。

1. 切合课程标准

课程标准是教师授课的根本依据。项目式教学固然以能力和素养为最终导向，但其解决问题的载体依旧是知识，所以基于国家课程的项目式教学必须以课程标准为纲。最新的课程标准在给教师的教学建议中指出，“历史是过去的事情，学生要了解和认识历史，需要感知、体会历史的真实境况和当时人们所面临的实际问题，进而才能去理解历史和解释历史”，“因此在教学过程的设计中，教师要设法引领学生在历史情境中展开学习活动，对历史进行探究”，为教师开展项目式教学提供理论依据。

为保证课堂的完整性，教师需要对课标涵盖的目标做恰当的选取。有的课标内容涵盖数课乃至一单元的教学内容，难以寻找合适的项目，可以只选取一部分，切勿贪多，以致冲淡主题。例如，在《中外历史纲要（上）》中，根据“通过秦朝的统一业绩和汉朝削藩、开疆拓土、尊崇儒术等举措，认识大一统国家的建立及巩固在中国历史上的意义”的课标要求，可以仅从“汉朝削藩和尊崇儒术”的角度出发，以马王堆汉墓和海昏侯墓的出土文物为项目内容进行研究。有的项目可以整合不同模块的课标内容，考虑到课容量，一般情况下，一个项目的内容不要整合三处以上课标内容。例如，可将必修课程中的中国人民抗日战争部分与第二次世界大战的相关内容，整合为一个新的学习主题，可以使世界反法西斯战争的教学内容更有整体性，而且也有利于学生认识中国的抗战作为世界反法西斯战争东方主战场的地位和作用。

2. 深度挖掘教材

教材是依据课程标准编制的、系统反映学科内容的教学用书，教材是课程标准的具体化。虽然教材只是学生学习的工具之一，却也是教师备课和学生学习最重要的参考资料。项目式教学需要学生查找大量资料，所涉及的知识范围不是一本教材所能满足的，但在选题时应尽量贴近教材来减少学生的认知负担。统编版《中外历史纲要》内容丰富，教师应充分利用“学思之窗”“历史纵横”“史料阅读”和“探究与拓展”板块提供的史料和设问，发挥其对正文的补充作用，避免舍近求远、缘木求鱼。

3. 落实核心素养

历史课程要将发展和提高学生的历史学科核心素养作为目标，使学生逐步形成具有历史学科特征的关键能力、必备品格与价值观念。课程内容的选择要始终贯穿发展学生历史学科核心素养这一任务，注重展现人类优秀文明成果和历史发展大势，精选最基本、最重要的知识。历史学科的五大核心素养贯穿全部历史教学的内容，没必要在一个项目里全部体现，也很难能够全部涵盖，一般在设计项目时，可根据实际情况以一个或两个核心素养为导向设计问题，其他相关联的核心素养酌情涉及。核心素养应有机联系、融合交织在学习目标中，不能机械地割裂开来，忌讳一股脑将五大核心素养都生搬硬套进项目目标的“为素养而素养”的行为。例如，在讲述中国古代手工业经济时，可以采用《国家宝藏》栏目的展示形式，请三位学生做“国宝守护人”，用三件代表性文物的“前世今生”来梳理冶金、制瓷和纺织三大行业的发展历程。这个项目着重强调学生的历史解释和家国情怀素养，兼有对时空观念的培养。学生将史料客观分析后，对文物所反映的手工技艺作出评价，整理成讲解词，有助于提升历史解释素养。在国宝守护人慷慨激昂地讲述巧夺天工的艺术珍宝时，一种中国手工业源远流长、技艺精湛、享誉世界的民族自豪感和自信心油然而生，家国情怀素养润物无声。学生按照时间发展的顺序梳理手工业发展脉络，例如东汉的青瓷、北朝的白瓷、宋代的五大名窑、元代的青花、明代的斗彩、清代的粉彩等，进行精准时空定位，有助于时空观念的形成。

4. 充分利用历史资源

项目式教学的情境要求真实性和体验性，这就需要教师在生活中汲取历史资源设计项目内容。只要细心观察，生活中到处可以找到可用的项目资源，以下介绍四种类型。

（1）以学习过程为核心的生成式资源

随着课程改革的持续推进，高考的命题也越来越趋向情境化，更加注重考查学生的分析和应用能力，一些该模式的模拟题也大量涌现，很多题目完全可以为项目式教学提供资源。教师可以从学生真实的学习情境出发，将其在历史学习中遇到的问题，例如史料、图表、历史叙述、史论等问题转化为更为鲜活的项目情境，在开放式、探究式和互动式的课堂上进行解决。

以高辉英老师设计并执教的《回望“海上丝路”——马尼拉大帆船贸易》为例，她的项目内容就基于一道高考模拟题的题干：

> 16世纪以后，马尼拉大帆船满载中国商品，从马尼拉（位于菲律宾）横渡太平洋，前往美洲。这种贸易持续了二百多年。法国年鉴派历史学家布罗代尔在其名著《15至18世纪的物质文明、经济和资本主义》中认为，马尼拉大帆船代表着一条特殊的流通路线，形成了跨越太平洋的“银—丝”对流。

新航路开辟后中国与世界的贸易联系是学生熟悉的情境，“马尼拉大帆船贸易”却是陌生情境，旧知识的新呈现非常适合开展项目式教学。高老师以该题为切口，利用樊树志《“全球化”视野下的晚明》、《晚明大变局》和弗兰克《白银资本——重视经济全球化的东方》等学术资料构建项目，将教材进行整合，构建出新颖的问题情境。

（2）以乡土资源为载体的体验式资源

我们脚下的每一片土地都有着历史的痕迹，我们身边的每一位老人都是一个时代的见证。长辈们的口述史、家中的老物件、博物馆、百年老校、老字号企业、古建筑、名胜古迹、方志档案等都是可以充分利用的乡土资源。学生从真实而熟悉的生活场景出发，通过小组实践探究，亲身体验历史、展示成果，带着超过传统课堂的激情更加形象直观地学习历史。

以胡晓凡老师设计并执教的《枯木逢春——改革开放下海尔企业的重生与崛起》为例，本节课以海尔企业在改革开放浪潮下的发展为实例，学生通过实地探究和成果展示，感受海尔的企业精神与文化，并联系自身的发展，为自身的未来成长提供有益的思考。同时呈现出改革开放为中国企业以及中国经济带来的深刻影响，使学生对改革开放的伟大意义有更直观的感受。胡晓凡老师这节课充分挖掘了乡土资源，用“活的历史”代替“死的历史”，带领两个项目组学生深入海尔企业内部，获取其从1955年至今特别是1984年以后发展变革的一手史料，通过“濒临破产”和“世界一流”的鲜明对比，展示从计划经济到市场经济转轨中企业所迸发的巨大积极性和创造力。胡老师将海尔一个企业的个体命运置于中国经济制度变革的大时代观察，让学生从心底生出对改革开放巨大成就的认可，润物于无声。

（3）以通俗历史作品为媒介的考据式资源

通俗历史作品包括古代的传奇、笔记、戏剧、话本、小说，现当代的历史小说，反映时代变迁的作品及其改编而成的影视作品等。虽然真实的历史与虚构的文学是不完全对应的，但文学来自生活，能够在一定程度上反映历史，例如《唐语林》、《酉阳杂俎》和“四大名著”就被广泛应用于历史研究。近几年来，随着大众传媒的发展，一批向大众讲史的通俗史学兴起，成为民众喜闻乐见的文化产品，它们用文学艺术的手段让历史变得通俗化，扩大了史学的受众群体。历史课堂不同于严肃的历史研究，教师可以灵活改造符合历史事实的通俗历史作品，使之为课堂教学服务，激发学生学习历史的兴趣。教师可以选取与历史相关的文学或影视选段，让学生提取历史信息并进行史料实证，应用知识来解决生活中的问题。

以郑天鸣老师设计并执教的《盛唐掠影——基于〈长安十二时辰〉的研

究》为例，本课由教师在观剧后根据课标要求甄选剧中所呈现的相切合的历史场景，制作成项目任务清单发给学生。学生以项目清单为导向，以历史影视作品为媒介，以教材知识为主要载体，将不懂的问题经史料实证解决并展示，对三省六部制、科举制、坊市制、均田制、三教并行等旧知识进行知识迁移，掌握输籍法、租庸调制和唐与外来文化交融等新知识。学生通过思辨，掌握历史题材的文艺作品与历史的差别，正确认识历史剧的作用和价值，掌握“知其本质，探其究竟”的观剧方法和以史为证的存疑态度。学生通过观剧，了解唐代高度繁荣、多元开放、兼收并蓄的时代特征，激发对于民族文化的自豪感和自信心。学生在观看历史剧时，能够做到用所学知识解释剧情，用所学方法查阅历史资料来解答疑惑，这在某种程度上实现了历史学科的社会价值，体现了高考评价体系中的“应用性”。

（4）以社会热点为切口的思辨式资源

社会热点问题是某一特定时间段内人们集中关注的问题，例如民生、党的大政方针、世界大事、科技领域的变革、某文化热等，而所有问题的产生必有其历史根源，解读一个社会热点问题必须回到它的源头，沿着它发展变化的趋势寻找答案。社会热点问题涉及对未来的展望，所以往往没有一个标准化的答案，可以在言之有理的基础上畅所欲言。历史课堂要激发学生的学习动力，最便捷的方法就是以社会热点问题为切口“考镜源流”，通过探讨争鸣引发学生对于历史和现实之间的反思。

项目式教学内容设计应注意以下几点：

① 落实核心知识。尽管项目式教学形式新颖、探究性强、合作为主，但绝对不等于研学课程，而是对国家课程进行项目化改造，所以仍要将落实核心知识作为教学改革的归宿。核心知识即学科的考查要点，源自课标要求、各版本高中教材和高考真题，需要教师在仔细研读后归纳，以此作为开展项目式教学的基本出发点。教师可利用空闲时间研读统编版教材，将可以进行项目化改造的课时列表整理，创建电子文件夹，将平日积累的高考题及其变式按类归档，方便随时开设项目式教学课。

② 可操作性强。项目的可操作性指的是项目的难度和范围不宜过大，不能好高骛远，要切合教学实际去选择项目内容。为保证可操作性，需要遵循量力而行

的原则，根据学生的“学力”选择项目。维果斯基的“最近发展区”理论指出，在项目设计中应该依据学生已有的知识经验和智力发展水平，尽可能在学生的最近发展区内设置任务，让学生不断有挑战感。因为一旦有关项目设置超出学生的能力，会给学生一种巨大的压力，导致学生厌学情绪高涨，产生挫败感，失去学习的兴趣。项目内容也不能太简单，如果缺乏思维深度，就会让学生丧失探究的兴趣，失去项目式教学的价值。所以教师要根据学生自身的特点设计与学生能力相匹配的项目教学内容。同时，教师要对项目的后续实施提前预设，评估学生现有的技能水平，做到实时跟踪，使项目有效执行。

③ 激发学生的兴趣。兴趣是最好的老师，是推动学生探索知识、寻求真理的精神动力。项目式教学是培养学生主动探索知识、增强主体意识、发展自我能力的过程。因此，一个好的项目不但要满足教学需要，还要符合学生好奇、求新、求趣的心理特征，激发学生内心的热情，焕发学生内心强烈的学习欲望，让他们保持积极的心态去持续探索。例如郑天鸣老师设计并执教的《欧盟能否跳出历史的怪圈》项目中，以当下英国脱欧“逆区域经济一体化”的热点来回溯欧洲联合的历史进程，激发学生兴趣。为保证选题质量，师生要及时互动交流，避免教师选的题目学生不喜欢、学生选的题目脱离客观实际。良好的双向沟通有助于后期项目的顺利开展。

④ 项目周期适中。在敲定项目之前，要对项目大概的耗时和素材的范围进行仔细考虑。因为一个项目的实施，需要多个环节，例如实地考察、资料搜集、实时调研、方案实施、成果制作等，所以要对项目可能的周期做出客观预判，争取做到各个环节都可把控、可预测、可测量。一般来说，需要学生分多组进行实地考察的大项目周期较长，约两个月，而由教师当堂构建情境探究的小项目周期较短，给学生1～2周的准备时间即可。为保障项目能够按时完成，应做好充分的计划日程，并在进行过程中实时调整。

⑤ 情境具有真实性。项目式教学强调的是从问题解决的过程中发展素养和能力，因此只有真实的项目主题才能引发学生的共鸣，才有实践的意义。真实性源自可触摸的现实生活，陶行知先生指出：“生活即教育”，“教学做合一”。生活是教育的中心，项目的选择应将学生从课本知识中解脱出来，将学习植根于生活，使学生的体验源自生活，使学生的能力应用于生活。当前历史教学中，存在

基于人造史料的模拟情境教学，例如《雅典公民帕帕迪的一天》，在学界引起一定的争议。学者对于这种虚拟历史的素材是否可以应用于项目式教学有着不同的意见。夏雪梅认为，项目式教学并不是要求每个要素都必须是“真实”的，而是要让学生看到知识和世界的某种联系。她认为项目式教学所指的“真实”主要是从两个层面来说的，所学知识和能力的真实和所运用的思维方式的真实，至于它是虚构的还是真实事件再现，是历史的还未来的，都是可以的。例如很多教师喜欢使用“假如你是某某，你会……”的情境，尽管从历史的角度看是非真实的事件，但学生思维所置于的历史环境和应用的知识是真实的。

二 历史项目式教学的目标制订

教学目标是课堂教学活动的出发点，应该以历史学科核心素养的培养为宗旨，科学合理地设计课堂教学目标，教师要将项目任务过程与历史学科核心素养紧密结合，把握好历史核心素养的具体目标及其之间的内在联系，并要充分认识到学生核素养的培养是与学生的性格、心理发展变化、年龄发展特征和认知水平相适应的循序渐进、不断深化的过程，并非所有的核心素养目标都能在一节课中完成。教学目标的制订可以参考以下几点：

1. 依据课标和学情，落实核心素养

核心素养体现了学科独特的育人价值，是对学科思维能力的高度凝练，更是课堂教学的价值导向。教师一方面应仔细研读新课标，领悟核心素养的实质及水平划分，另一方面要依据学情选择适合特定学段认知水平的核心素养水平层级，内化在教学目标中。

2. 确立层次目标，细化教学目标，展现核心素养

过于空洞抽象的教学目标不但在教学实践中令教师无从下手，而且会让学生困惑，从而失去了教学目标的导向作用。教师要细化历史教学目标，确立分层分段目标，确保可操作性。从纵向上看，教学目标是由高到低三个层次整合而成的一整套目标体系，相互关联递进，共同服务于核心素养的培养。第一层次为课程目标，即将过去的三维目标升华，加入历史学科特质而成的核心素养，它作为第一层次目标对其他层次起着统领作用，其他层次目标是它的具体分类和实施方

式。第二层次为大项目目标，也就是整个实施周期内要完成的所有目标，对项目的分工、开展和成果制作及展示都有指导作用。第三层次为课堂项目目标，即成果展示与课堂探究所要实现的目标，是三个层次目标的具体化和学科核心素养培养的落脚点。教师要着眼于整体目标，合理分解层次目标，把历史核心素养的培养融合进项目目标中。

从横向上看，教学目标依据班级学生水平差异也要分层设计。单一的课堂教学目标忽视了学生个体认知水平的差异性和性格的多样性，难以保证历史学科核心素养的落实达到预期。因此，教学目标应该根据学生学习能力、性格特征和认知水平之间的差异进行有层级梯度的设计，从而使每一个学生都能获得适合自己的发展。

3. 加强目标监控，调整教学目标，优化核心素养

教学目标可以依据学生的水平适当地做出调整。在教学过程中，教师应主动参与学生的合作探究，通过询问进展和课时跟踪监测等方式，及时获取学生的学习情况，了解学生遇到的困难，不断对教学目标做出调整，以适应学生的实际认知水平。

第2节 历史项目式教学的素材收集、开发与问题设计

一 历史项目式教学的素材收集与开发

传统意义上的项目式教学中教学项目的选择来源于工程实际，注重理论与实践教学的有机结合，强调“做中学”，所谓教学素材则更多强调工科语境之下的工业设备的搭建、操作和实施。然而，中学历史教学和评价方式更偏重理论，实践性并不强。我校历史组在探索项目式教学之初，长期苦于项目式教学在历史学科中如何应用的问题，遑论素材收集与开发。后经过长时间项目式教学的探索与实践，我校摸索出以下几种项目式教学素材收集与开发的方式，具体策略与个中利弊见仁见智，希望能对诸君有所启发。

1. 基于乡土资源的博物馆、历史遗址等实地考察

学者葛懋春这样定义史料：“所谓史料，就是以往人类所留下而为我们今日所见，并能为我们进行研究各种社会形态发展规律提供的痕迹。这类痕迹有实物，有遗址，也有用大量文字记录下来的东西，简单地说，史料就是研究历史和编纂历史所用的资料，或称之为历史的信息。”史料几乎成为历史教学中最重要的素材。项目式教学的素材收集实质上便是史料收集。而项目式教学中的实地考察所收集的素材，几乎都属于一手史料，具有得天独厚的优势。

我校历史组张洪悦老师设计并执教的《从建筑中发现历史——德占青岛的历史影响》便是在教师具体的指导和任务分工下，师生共同搜集和开发了大量青岛本地的德式建筑的相关实地资料，包括建筑设计风格、当下建筑的功用和保护状况、藏在建筑背后的历史细节等。胡晓凡老师设计并执教的《枯木逢春——改革

开放下海尔企业的重生与崛起》则基于师生在青岛海尔博物馆搜集整理的大量一手资料：文字档案、实物照片、影像记录等。高辉英老师基于青岛纺织博物馆及周边工业遗址的实地考察设计并执教的《青岛纺织业的前世今生》、曲鹏老师基于青岛啤酒博物馆馆藏史料设计并执教的《从近现代中国经济发展看社会变迁——以青岛啤酒发展史为例》皆是如此。

基于博物馆、历史遗址等实地考察收集历史教学素材的优势不言而喻。首先，此种形式可以搜集到大量证据力颇强、鲜活生动充满历史感的一手史料，这些鲜活的一手史料不仅可以对教材知识进行生动化、形象化论证，还可以提供私人化、地域化、与教材宏观叙述不同甚至相反的历史叙述角度。其次，此种形式的重点在于学生的全程参与，颇能体现项目式教学“做中学”之内涵。传统课堂在史料搜集方面多由教师一手操刀，教师精心选择史料构建精美的教学设计，学生的任务演变为在教师的带领下感受、体会、理解史料（无论是否为一手史料），进入和理解教师构建的历史叙述中。而在实地考察的形式之下，学生更有现场感、参与感、历史感，而且参与、见证了大量一手史料的搜集、整理工作。搜集项目式素材的过程中，学生会基于自己的感悟、理解产生私人化的历史叙述和历史疑问，而这些问题生成本身便是项目式教学的极佳素材。第三，实地考察进行史料收集，学生需要在教师的带领下走出教室、走出学校，这种空间转换本身对于学生而言本身便是极受欢迎的形式。故而相比于传统网络资源的素材收集方式，学生的参与感、积极性会明显提高。第四，实地考察多基于本土资源的开发，故而很多社会资源得以利用，拓宽了项目教学的素材选择范围。例如在开发青岛纺织业的相关素材时，学生家长的参与度较高，家长本人结合自身经历的现场讲述更加生动且鲜活，让学生能更好地深入历史之中，更深刻地理解历史。

但是在教学实践中，这种素材收集形式的局限性也同样突出。只有与本土历史发生时空交织的课程内容才能适用乡土资源素材。例如青岛地区在古代史中寂寂无闻，却在近代史中留下浓墨重彩，保留了大量近现代历史遗址，所以我校此种形式的项目式素材的搜集与开发几乎全部集中于近现代史，以至于开发的项目指向多有重合之处：德式建筑、青岛啤酒厂、青岛纺织业等项目几乎皆指向青岛近代的工业化与城市化，而古代史素材的开发则受资源限制。其次，此种项目式教学素材的收集难以常态化。传统历史课堂的教学素材多来源网络，与日常教学相配合，机动灵活，搜集者无论师生皆相对方便。而基于实地考察的项目式教学素材收集，则受限于场所开放空间或场所管理政策，学生出行的交通、费用、安全难以保障，与日常教学时间冲突，需要学校予以系统支持。

2. 基于项目开展过程的生成性素材

项目式教学强调“做中学”，强调学生的参与、实践，项目的开发也强调基于学生在具体情境中产生的真实问题。而学生在参与、实践的过程中必然会产生各种各样的问题，这就要求教师根据项目进度捕捉问题，使之成为教学素材。

首先，学生在实践中产生的、不自知的真实问题，可以成为教学素材。

例如，高辉英老师设计并执教的《青岛纺织业的前世今生》一课基于学生在参观博物馆时对史料及其分类、来源的陌生感及对史料内容缺乏辨析精神的问题，教师适时地将项目设计重点转变为史料研习。同样，项目式教学强调分组合作，学生在教师的指导下完成了史料的收集、整理工作，也以论文、课件等多种形式展示。但是在小组展示的过程中，学生很容易强调史料本身的内容，而忽略史料开发的过程，这种问题也可以成为项目式教学的素材。例如张洪悦老师在《从建筑中发现历史——德占青岛的历史影响》项目式教学的展示环节发现了学生的这个问题，于是适时调整教学内容，指导组内学生结合史料发掘的艰难过程、史料细节的发现等亲身经历讲述史料内容，得到极佳的教学效果。指导之前学生侧重于史料内容的表达，多呈现出背稿、紧张、语言僵硬等问题。而改变教学内容后，因所讲之事属于学生亲自参与的熟悉的内容，指导之后学生的讲述明显流畅自然了许多，而且充满了过程分享的热情。

此种教学素材的收集、开发，得益于项目式教学中学生的参与、实践。教师要全程参与、指导，及时发现学生在实践中出现的且不自知的问题，进而将其开发为教学素材。

其次，学生在项目式教学实践中自发形成的疑惑、主动提问的问题，也可以成为教学素材。

例如郑天鸣老师在进行《盛唐掠影——基于〈长安十二时辰〉的研究》的项目式教学中，诸多素材的收集便是基于学生在观影过程中产生的真实疑问。最典型的案例就是学生发现剧中多次出现“干谒”一词，而在查阅相关资料后仍不十分了解，于是向教师请教。郑老师适时将学生的疑惑开发为科举制教学中的重要一环，在教师的指导下，该学生搜集了“干谒”的相关史实典故和作品，了解了何谓“干谒”、“干谒”的积极作用与局限性等内容。该生作为小组展示的代表，通过做“小老师”的方式向全体学生讲解相关知识。

这些教学素材产生于学生的真实而有意识的疑问，非常符合项目式教学的要求。学生在学习中会产生各种各样的疑问，从而形成丰富的教学素材。这要求教师设计项目时，既要照顾到大项目与小项目之间的联系和完整性，防止历史教学碎片化以及历史知识之间的割裂，同时任务设计应当灵活开放而不能过于具体，给予学生足够的、自己产生疑问的空间。郑老师所设计的任务清单便是如此，翔实而不乏灵活开放。

此种教学素材虽丰富而真实，但因学生掌握的历史知识水平不同，很容易产生碎片化而难成体系、表面化而难以深入、细节化而难以理论化等诸多问题，同时学生又很容易在枝节而无关宏旨的问题上产生疑惑。这就要求教师对自身所开发的项目有较为深厚的历史专业素养，既能及时发现学生细节问题背后的历史实质，又能将学生所提问题相互联系从而构成教学设计中的有效一环，对素材进行大胆取舍。

3. 基于现实热点问题的素材开发

基于现实热点问题的素材开发并非项目式教学所独有，但颇符合项目式教学的“真实情境”。故我校历史组同仁在素材开发方面广泛采取现实热点问题。

例如郑天鸣老师以热播影视剧为素材设计并执教的《盛唐掠影——基于〈长安十二时辰〉的研究》，曲鸿飞老师基于网络流行词语、热点新闻等素材设计并执教的《战争记忆与记忆战争——从热点新闻探究中日历史争执》皆是如此。以曲鸿飞老师的项目为例，在信息爆炸的时代，信息几乎成为人类“异己”的力量，人们在不对称的信息和诸多抽象概念之下表达看法、宣泄情绪，迷失于网络狂欢之中，甚至一些拥有社会影响力的自媒体也加入其中，而高中学生更是难以分辨信息真假。曲老师以此现实热点内容为素材，结合专业历史书籍和历史档案，开发出以学生为主体、以史料实证为主要目标的项目，既符合学生的日常生活和认知，又具有深远的现实意义。

二 历史项目式教学的问题设计原则

教学问题设计亦属于老生常谈但常谈常新的话题。笔者认为项目式教学作为教学的一种方式，应服务于历史教学，而不能为其所累。故历史项目式教学问题设计应遵循历史教学问题设计的一般原则与方法，例如问题设置应有梯度、基于情境设计、有一定的思维含量、留有思考的空间、具有一定的启发性等。而项目式教学语境之下的问题设计又应该注意哪些问题，或者项目式教学在历史教学问题的设计方面可以给予我们哪些启示呢?

1. 学生中心原则应贯穿项目式教学各个环节

传统课堂模式中，课堂问题皆由教师精心设计，可以保证教学的完整性和知识的连贯性，但可能会产生忽略学生个性化的要求和疑问的问题。如前所述，项目式教学强调“做中学”，强调学生的参与与实践，那么问题设计同样如此。一方面这是由项目式教学本身特点所决定；另一方面，学生在项目式教学实践中更容易激发、生成各种疑问，而这些便成为最佳的问题设计素材。

教师可以在具体开展项目式教学之前，设计调查问卷，先就相关内容收集学生的可能存在的疑问，然后以此为基础，在任务清单设置中增加“提问”一项，在组织教学与成果展示中解决。

2. 问题设计应相互关联，保证历史叙述的完整性和深刻性

项目式教学最初基于工科教学实践，强调可操作性与具体问题的解决。但是历史问题的解决更多地强调知识之间的关联与历史现象背后的深化，不应割裂成一个个碎片知识。针对项目式教学过程中，学生容易产生碎片化、枝节化、表面化的问题，教师则更应注意问题设计之间的关联性，无关宏旨的问题可以大胆舍弃。

3. 史料指向的问题设计更符合项目式要求

笔者认为历史学科与理工科的实践性的相似之处是史料的搜集、整理、爬梳、辨析的史料实证环节。所以项目式教学对历史教学问题设计最大的启示应为问题设计的史料指向。以下以高辉英老师的实践过程为例，具体说明知识指向和史料指向的问题设计的区别。

在青岛纺织博物馆内，高老师和学生读到以下史料。

1902年（清光绪二十八年）德国柏林蚕丝工业公司，在沧口辟地350亩，建立青岛德华缫丝厂，创建了青岛最早的大规模机器化生产纺织企业。

德华缫丝厂按照近代西方理念建设企业，建筑具欧陆风格；引入欧洲工厂管理模式。创办职工学校，开展技能培训，普及生产知识，注重产品质量。1902～1907年间，先后有1 700人通过培训进入生产岗位。产品全部返销欧洲。

德华缫丝厂的建成，推进了青岛的工业化进程；把西方企业管理模式引入青岛，促进了中西融合。

高老师对待上述史料最初处理方式是，提供给学生更多的史料：胶济线上的胶河铁路桥图片以及我国棉花生产分布图。

高老师最初的问题设计为：结合以上材料和所学知识回答，1902年的德国在青岛沧口建立缫丝厂有哪些有利因素？

问题设计指向了瓜分狂潮、资本输出等知识，具有明显的知识指向性。但我们会发现这种问题设计之下史料功能的单一性：史料是用来论证或者说明某一个观点的。因为史料本身有还原现场的作用，这种方式可以在某种程度上激活知识，提高学生历史学习的兴趣。但是在知识指向性问题设计中，史料几乎等同于证据或史实，对史料本身的形式和来源等问题，教师和学生则皆不深究，学生的思维被局限在论证而非质疑、辨析之中。

项目式教学关注激活学生的思维，关注做中学，也就是学生不应局限于史料内容的搜集、归纳与整理，而应集中于史料的质疑、辨析与应用。史料指向性的问题设计者运用这则史料，效果将会大不同。

（1）这则史料的作者是谁？写于何时？

（2）是否存在立场或者偏见？

（3）史料的主要内容是什么？哪些属于历史史实类叙述？哪些属于历史解释类叙述？

（4）本则史料可以是一手史料吗？

这样的问题设计将学生的思维引向鉴别史料本身，以支持或质疑书中的结论。由此学生的思维将大大拓展，学生不再单一地认同书中的结论，而是开始探讨以下问题。

（1）博物馆提供的权威史料也可以质疑吗？

（2）教材中的知识哪些属于历史史实？哪些又属于历史解释？

（3）具有说服力的史料需要具备哪些基本特征？

所以，史料指向的问题设计更符合历史项目式教学的要求，同时这也是项目式教学作为一种教学方式，给予历史教学问题设计的最大启示。

第3节 历史项目式教学的工具支持与活动组织

项目式教学要求针对真实情境下的驱动问题，精准且有梯度地设计教学环节和学生活动任务。针对不同的情境问题选择合适的活动形式很重要，历史学科常采用的活动形式多为社会参与型，比如实地考察、访谈、调研、开展情景剧、辩论、搜集资料等。学生可以通过系列活动，形成手抄报、口述史、舞台剧等成果，感悟历史，锻炼历史思维，并且在这一过程中凝练对历史认知的客观思考。对于学生而言，真实情境问题的设置要求活动能够最大限度开发利用各种校外资源，包括当地社区、科研院所、博物馆、社交媒体、史志办、企业等。通过活动实现有效的学习效果，离不开教师对项目的研究和对课堂活动的预设和组织，在活动中教师要引导和要求学生，发挥理论教学和实践教学的作用，充分利用多种教学手段进行教学，使理论教学和实践教学有机地结合起来。

本部分主要就历史项目式教学如何更好地开发利用工具资源，以及教师进行活动组织需要注意的问题进行探索。

一 历史项目式教学的工具支持

项目式教学的工具支持的说法脱胎自建筑学、医学和工程学等理工科概念，指的是利用各种书本以外的教学媒介辅助实现教学目标，包括硬件工具支持和软件工具支持。对历史学科而言，照搬理工科的概念并不现实，它不需要烦琐的实体媒介作为工具即可达成教学效果。历史学具有认识价值、鉴定功能、教育功能、文化继承和传播功能以及经济价值，是人类文化的重要组成部分，在传承人类文明的共同遗产、提高公民文化素质等方面起着不可替代的作用。历史学科因其社会性和涉及层面的广泛性，在开展活动时，需要大量社会资源的支持，所以一般认为历史项目式教学的工具支持即资源支持，可以具体分为：人力资源、技术资源、环境资源、文本资源等。人力资源，即家长、同学、老师和社会中的其他人；技术资源，同自然科学类的技术不同，历史作为人文学科，需要学生具有人文关怀、历史视野和历史思维，要求学生会搜集资料，利用资料，从资料中有所发现和收获；环境资源即家庭资源、学校资源、社会资源、网络资源等，学生可以就近利用学校的校史馆、学科文化墙和学科功能教室，也可以走出去，充分开发更大范围的环境资源，例如当地社区、博物馆、科研院所、史志办、企业等；文本资源的范围较广，除了教材文本、报刊媒体及论文中的文本信息，还包括学生自主进行的访谈记录等。历史学科对于文本资源的使用具有独特的要求，要求学生能够重视对史料的搜集、整理和辨析，去伪存真，并对收集到的资料在历史唯物主义的指导下，形成对历史的正确、客观的认识。

每一个活动项目的开展，都不是单独对哪一种资源的利用，而是对多种资源的整合利用。历史项目式教学设计中能够利用的资源可分为已有资源、新的资源及特色资源三种类型。

1. 筛选和整理已有资源

在准备一个项目时，可以先考虑从手头已有的资源入手。例如人力资源方面，可以充分利用学生以及学生家长资源，他们曾经的经历或者从事的职业，也许可以为项目提供便利。例如由胡晓凡老师执教的《枯木逢春——改革开放下海尔企业的重生与崛起》这一课，便充分调动学生及家长资源。海尔集团是青岛的支柱品牌企业，很多学生的家长或者家中长辈都在海尔集团工作。青岛的家庭家里也或多或少都有海尔家电产品，这就为这一课的文字史料、实物史料、图片史料、口述史料等珍贵史料的搜集奠定了基础，真正让学生感知身边的历史，在体会海尔集团的发展进程中与国家民族命运紧密相连，进一步增强对国家的高度认同感、荣誉感和归属感。

已有的文本资源，尤其像学生手中的历史教材，是最容易利用的。教材中呈现的信息是经众多专家探讨确定的，其叙述具有权威性，学生结合搜集到的网络资料、论文、史学经典等，能够对本课呈现的内容有更深入的感知、理解和辨析。例如教材中《近代西方资本主义政体的建立》这一单元，在阐释欧美资产阶级代议制的确立与发展进程时，将当前主要资产阶级代议制国家的重要政治特征进行了清晰明了的分析总结，描绘从走上资本主义道路的多样性到代议制政体呈现的复杂性，让学生学会从文明史观的角度看待历史发展，形成对历史前进道路的多样性和一致性的统一认识。由于国情不同，民主化程度存在差异，世界各国革命或改革的道路也不尽相同。历史学科项目式教学正是架构在这一基础上，以史明智，使学生从学习中深刻了解文明具有多样性，进行民主建设必须立足国情，切合自己国家的历史文化传统和社会现实条件，充分借鉴和吸取人类政治文明的优秀成果，形成自己国家独特的文明。

2. 开发利用新的资源

历史学科的新资源以文本资源和社会资源最为常见。文本资源层面，教师在教学过程中要把历史与现实紧密结合，关注由于史料的解读、搜集、辩伪等技术进步引发更新的理论和历史观点和理论。社会资源层面，历史学科特性要求教师紧密关注社会现实和项目设计内容，灵活地把握时机，利用好新出现的资源，展开对应的项目式活动探索。例如“庆祝改革开放40周年大会”上受表彰的各界人士的典型案例，都可以成为项目式教学的新资源。

3. 探索创新特色资源

历史项目式教学的资源挖掘应该是灵活、多样化的。一方面，教师可以基于乡土历史挖掘独特资源，每个学校每个地区都有自己的历史，有其他地方不具备的优势，在进行项目设计时，要充分考虑地区、学校特色历史资源的开发利用。另一方面，教师更要本着有为的态度主动创造资源，例如借助高校历史学院的数据库、校际之间分享交流资源、关注并整理学术前沿、引进大数据分析等。

二 历史项目式教学的活动组织

历史项目式教学的活动组织是指贯穿项目式教学始终的师生互动，既包括项目研究过程中的活动组织，也包括课堂教学中的活动组织，教师在其中发挥引导作用，充分调动学生的主体地位。

1. 项目研究的组织

这里探讨的项目研究的组织，是在制订项目教学目标、进行问题设计的基础上，针对学生开展的项目活动，进行有秩序、有目的的组织活动。教师在进行活动组织时，要首先明确自己设计项目的目的以及要达成的目标，需要完成：预先梳理项目，拆解问题；针对性制定任务，明确驱动；进行活动设计，制订计划；引导实践探究，形成结论。项目主要强调教师的引导作用，通过驱动性问题激发学生的学习动力，充分发挥学生的自主性。由于项目组织涉及学生、教师以及社会环境等众多因素，在进行实际项目组织时，可能面临以下困难：

第一，教师自身局限性。在高中历史教学中，一方面，教师在对学生进行引导时，可能没有真正关注到学生的兴趣点，存在一定形式主义的倾向，或者出现学生热烈参与，但深度不够的情况；另一方面，历史项目式教学的形式对教师而言也是需要进行探索的。在项目研究组织过程中，教师要避免包揽一切、替学生完成任务的想法和做法。

第二，学生活动主动性较低。一方面，历史学科的项目式教学，对学生的资料搜集、辨别归纳能力有比较高的要求。有效性更高的资源（人力资源、文本资源等）是进行有效讨论的铺垫和基础，学生在收集到资料后，需要对其进行合理的整合并得出结论。搜集和整理的过程，学生可能无处着手，需要教师给予更多的支持和关注。另一方面，当前我国高中生普遍注重学习成绩，对占用较多时间的项目活动可能兴趣不高，所以实践过程中可能出现需要教师推着走的情况。

第三，项目操作难以达到预设效果。教师在进行项目设计时，实际上也是在对学生参与活动的情况进行预设，这个预设需要提前了解学习者先前的知识、经验、认知能力、兴趣等方面和项目设计中涉及的环境特征。受众多因素的影响，预设不准确是很常见的情况，所以如何针对课堂内容进行有效的项目设计、提高项目的可操作性，需要教师在项目式教学实践中予以关注和重视。

以上问题的解决，需要教师在教学过程中脚踏实地去摸索。以下是我校历史组在项目式教学过程中总结的设计和实施手段，并附有具体案例。

第一，项目研究主体有针对性、时效性、代表性，项目清单任务简洁明确。

项目清单是学生进行项目活动的工具，也是教师进行项目式教学要提前准备的必不可少的部分。高中历史学科课程内容涉及政治、经济、思想文化多个层面，要求学生在唯物史观的指导下，整合多种史观解读史料，因此历史学科的项目设计目前形成两个切入点，分别是“大视角、新情境、深剖析”和“小切口、新情境、深剖析”，都是通过创设情境，引导学生基于史料进行合作探究，并且引领学生建构历史解释，以点及面，既能使项目活动更具备操作性，也能增强学生的参与热情。

例如，在进行《从近现代中国经济发展看社会变迁——以青岛啤酒发展史为例》的项目设计时，旨在通过中国近现代民族工业的变迁展现中国近现代经济发展，最初的项目设计，试图通过青岛啤酒的百年发展呈现民族工业的发展，从中选取了青岛啤酒品牌商标的演变、生产技术的革新、青岛啤酒国际化的经过。但是研讨后认为这样选取三个方面涉及近百年的时代变迁，时间跨度太大、相关知识过多过杂，重叠烦冗。修改后尝试重新定位时空，以时间为续，以新中国成立为界，聚焦到民族企业的发展，通过青岛啤酒企业的发展情况来展现伟大中国旺盛的生命力，国家强大的发展力，增强民族认同感与自豪感。

《从近现代中国经济发展看社会变迁——以青岛啤酒发展史为例》项目优化

<table>
<tr><th>修改前（试讲）</th><th colspan="2">修改后（正讲）</th></tr>
<tr><td>【项目一】（第一小组）：
青岛啤酒商标在时代浪潮中的演变</td><td rowspan="3">以时间为续，
第一阶段从青岛啤酒商标的前世今生看新中国成立前在时代浪潮下民族工业的曲折发展；
第二阶段从青岛啤酒的国际市场发展看中国在全球化浪潮下与世界接轨的新发展</td><td rowspan="2">第一小组：青岛啤酒商标的前世今生
商标图案文字的演变反映了以青岛为例的中国沿海城市从近代到走向解放的历程，使学生切身走进历史，从而勿忘历史，砥砺前行</td></tr>
<tr><td>【项目二】（第二小组）：
青岛啤酒生产技术的更新，呈现工业革命的浪潮</td></tr>
<tr><td>【项目三】（第三小组）：
青岛啤酒国际化
中国民族企业面对经济全球化趋势的挑战</td><td>第二小组：从青岛啤酒的国际市场发展看社会变迁
“二战”后世界格局的变迁使青岛啤酒得以立足于一个广阔的发展空间，同时经济全球化规模进一步扩大，新中国综合国力的上升与市场经济体制的完善也成为青岛啤酒发展过程中坚实的后盾</td></tr>
</table>

第二，转变教师和学生角色，突出学生的主体性和自觉性。

学生是教学活动的主体，教师是教学过程的组织者，也是教学活动的指导者，应与学生共设计。历史项目式教学中，教师的角色是需要重新定义的，教师可以大胆转变角色，成为引导者，引导学生搜集资料，建立知识体系，随时接受和处理学生反馈的信息，从而更好地指引整个教学活动的进程。项目活动要想取得实效，驱动型问题的设置非常重要，教师可以邀请学生参与，重视学生的意见，并给予指导，把握方向，增强学生的参与热情和意愿，尊重学生的个体差异，倡导合作、探究、创新。学生可以从真实的情境中获得学习经验，掌握学科技能，不仅有利于提升发现问题和解决问题的能力，还提高了动手操作、协作学习等能力。总之，教师要帮助学生在解决问题的过程中达到知识建构与能力提升，从而实现全面发展和综合素质的提高。在历史项目式教学中，教师角色应从传统的“控制者”向“促进者”转换，教师作为“促进者”的主要作用在于帮助学生明确学习目标、选择合适的学习活动和材料、进行有效的合作学习等，这也将促进教师教学能力的提升。

第三，合理发挥微项目学习合作小组的作用。

学习小组的构成要遵循“组内异质，组间同质”的原则，这样既便于组内帮扶，又实现了组间竞争。围绕微项目学习任务的方案计划的制订可由师生共同完成，也可以在教师的指导下由小组独立完成，一般分为两个部分：一是自主完成部分。每个学生要独立完成个体任务，旨在培养自主学习探究与独立解决问题的能力，当然学生在搜集、整理资料有困难时可以向老师和同学寻求帮助。二是协作探究部分。通过协作完成小组微项目，利用团队的智慧集体攻克学习重难点。小组交流使学生由封闭走向开放，在协作探究时碰撞出思想的火花，增加了课堂生机与活力。在过程检查时，要督促学生完成个人及小组任务，并注意利用小组作用增强学生自我监督、自我激励意识，防止学生掉队，不留盲点和死角，提高知识技能的应知应会率。

在展示成果时，要根据不同的情况，安排全员展示或推荐小组代表。小组代表展示组内成果时，组员可以补充完善。小组展示可以反映小组的风采和创新成果，也能够充分反映学生存在的不足和问题。这一过程中教师可以组织各小组公开挑战，彼此竞争，通过评价修正完善。对学生的表现按小组进行量化评比，分阶段统计分数，表扬先进，鞭策后进。学生能解决的问题都由学生来解决，教师暂不做任何评判，以免左右学生的思路、禁锢学生的思维。学生修正完善结束之后，教师再进行必要的点评。

2. 课堂教学的组织

课堂教学的组织主要围绕几个环节进行：课堂成员分工、项目成果展示、探究思考。课堂成员分工，包括教师和学生身份、地位的调整，教师是引导身份和主导身份，学生是主体地位和受学地位；项目成果展示是体现学生深度学习和深度思考效果的重要环节，小组成员在互助学习、合作交流的基础上形成整体的展示思路、展示内容、展示过程；探究思考包括老师、学生对其项目成果的探究讨论，也是评价环节的重要组成部分。

在课堂教学组织过程中，要注意的问题如下。

教师在项目式教学课堂中担任的角色。在课堂中可能出现较多的情况大概有两种：第一种情况，学生通过项目式教学可以得出一定的结论，课堂可以完全成为学生展示的舞台，教师担任课堂的引导者和观察者，赋予学生更多的时间思考、讨论和总结，教师作为各个小组展示成果之间的衔接者，连接整个课堂，针对学生展示中的不足提出问题，或者针对生成点进行更多拓展，做课堂大方向的主导者，落实学生的“学”与“思”。第二种情况，如果学生通过活动，有所收获，但仍具有提升空间，或学生在课堂上提出新问题、新角度，这时教师就需要更为灵活地把握课堂，将学生学习成果与课堂内容巧妙结合，引导学生思考总结，通过对项目活动成果进行深层次的挖掘解决问题。

课堂上各个环节时间的掌控要求更精细。项目式教学的课堂展现形式更为灵活，当出现多个组进行学习成果展示时，教师要帮助学生学会掌控时间，帮助学生学会总结学习成果，提升学生语言实际应用能力和逻辑性思维、创造性思维、批判性思维及合作能力。

学生评价的组织与反馈。注重课堂学习评价和实践活动评价的有机结合。在评价过程中，既要关注学生在课堂学习活动中的表现，也要关注学生在复杂情境下开展相关实践活动的能力。教师、学生、家长等都应成为评价主体。综合运用课堂提问、测试、实践活动、自我反思、同伴互评、教师评语、家长评价等方式，多方面提升学生的历史学科核心素养发展水平。同时针对学生具体情况调整、修改教学策略，提出有针对性的学习建议；及时、准确地通过合适渠道向学生反馈某些结果信息，主动告知或引导学生改善学习；建立师生对话交流的沟通途径，共同解读和分析评价结果信息，发挥评价反馈的最大效用；尊重学生的心理感受。

历史项目式教学方法多样，充分开发、利用各种资源，组织有效多样的项目活动和课堂教学，我们仍在不断摸索、尝试、完善，启以今日浅薄之经验，为来日之成果提供微薄之力。

第 4 节　历史项目式教学的过程评价与目标达成

一　高中历史项目式教学评价的含义

评价是通过定性和定量的方法对事物进行全面而客观的评述和估价。人们通过合理的评价能够较为全面而贴近实际地认识到事物的面貌。高中历史项目式教学评价，就是根据新课标的指导思想、基本原则和教学与评价建议以及本学科项目式教学评估对象的实际情况，通过运用定性和定量分析相结合的方法，对高中历史学科项目式教学的过程与效果进行客观的、全面的、具体的分析，以更好地指导教学工作。

高中历史项目式教学的评价从本质上来说，是对高中历史项目式教学中的教学目标和实现程度做出判断与评估，一方面对项目式教学课堂进行监控，对学生在学习过程中学科素养的提升进行诊断与反馈；另一方面发现项目式教学课堂的不足之处，以便能够更好地指导下一步的教学活动。高中历史的教学目标本身具有复杂性的特点，既有容易观测的显性目标，也有隐藏在行为和态度背后的隐性目标，既需要对教学的结果进行评估，也需要对教学的过程、资源和教学环境进行评估。高中历史本身的特点决定了项目式教学的复杂性和特殊性，只有运用科学的测量方法、统计技术和评价工具，才能较为客观地反映基于项目式教学的高中历史学科的实际教学结果。

二　高中历史项目式教学过程评价的主要原则

教学评价是课程改革的一大难点，也是培养学生核心素养的一个支撑点，同时还是检测教学效度的重要方法。当前，常规教学的教学评价理论体系较为完善，但历史项目式教学作为一种培育核心素养的新模式，其教学评价细则可在参考常规教学评价的基础上，结合项目式教学模式的特点进行有益补充。总的来说，一堂历史项目式教学课应该从过程性评价和终结性评价两个维度加以考量。项目式教学评价中，应体现如下原则：

1. 评价主体多元化原则

要充分重视学生在评价过程中的主体地位，教师不是唯一的评估者，学生可以自我评价、相互评价，专家、家长、社区成员等都可以是评估者，让学生听到不同角度的反馈。主体多元原则又可以细分为自评主体原则和团队互评原则。

（1）自评主体原则

项目式教学的评价要让学生明确自己应当做什么、怎么做，学什么、怎么学，在哪些方面要对自我进行评价。学生的自我评价是让学生能够明确自己的努力方向。在历史项目式教学过程中，学生在组建研究团队、拟定探究主题的方法后，能够自觉按照既定方向去搜集和解决问题。当所负责的一个小的问题完成后，学生自然会形成自我评价，教师对学生的适时监控，此时仅是对学生自评的一种补充与激励，通过自评要使学生发现自我的进步、自身的价值，从而把学习变成主动的过程。历史项目式教学中学生是活动的主体，对主体的评价是评价原则的核心，其他的评价应当围绕学生这一主体进行。

（2）互动互评原则

历史项目式教学是以新情境展开的围绕知识与技能的教学。这一过程有几个典型特征：团队合作、共同探究、互相促进等。在项目活动中要鼓励学生积极地开展互评、互学、互助，善于发现别人的优点（例如速度快、质量好），既要评价表扬优点，也要乐于帮助他人克服缺点（例如操作错误、思路不合理等）。

项目式教学本身就是一个团队合作学习的情境，在这个情境中，要充分注意组内互评、组间互动的原则，别人的操作经验就是自己的一面镜子，有利于自己少走弯路，当然自己更应当争做“一面优秀的镜子”供别人借鉴。

2. 评价标准的多元化

常规教学中的教学评价有一个非常重要的内容——考试，通过考试对学生的学科素养进行甄别、鉴定。与常规教学相比，项目式教学在评价标准上更为灵活，在激励学生的自主性、探究性、发展性上更具优势。

在项目式教学过程中，恰当的评价方式能够调动学生的学习积极性，激发学生的学习热情，也有利于学生的个性发展，拉近师生之间的距离，提高教学效果，为学生的成长奠定坚实基础。因此，在课堂教学中教师应该注重评价的作用，准确适当地评价每一个学生。

首先，评价要尊重学生，根据不同学段学生的特点，给予他们适时、适当的鼓励、表扬、赞许，让学生体验成功的喜悦，产生积极的情感体验，从而激发其浓厚的学习兴趣。尊重他们在学习中的独特感受，少评分，多评估。调动学生的非智力因素，让学生找到自身定位，发挥独特优势。

其次，教师评价与学生互评相结合。向学生解释清楚评估过程和要求，在项目活动中要鼓励学生积极地开展互评、互学、互助，善于发现别人的优点。在学习中，经常让学习小组成员互相评价，选出最佳组员，并让班级各小组之间互评。这样一来，学生的竞争意识、团队意识愈渐强烈，好学、争上的氛围逐渐形成。最后，评价要有激励与发展性。项目式教学的评价是营造一种让每个学生的个性都得到充分发展的评价机制，肯定学生研究性学习、创造性工作的价值，评价的是学生取得了哪些进步，让学生得到充分的发展。本着以上原则，可以在以下方面进行评价：

（1）评价学生对基础知识和基本技能的理解和掌握。

（2）评价学生发现问题和解决问题的能力。

可以考查以下几个方面：学生能否在教师的指导下发现和提出问题，能否尝试选择适当的方法解决问题，能否愿意与同伴合作交流解决问题，能否用自己的语言表达解决问题的大致过程。

3. 评价目标的多元化

教师既要重视学生对知识的理解、对素养和技能的掌握，又要重视对发现问题、解决问题能力的评价，更要重视对学生情感、态度与价值观的评价。从这个层面而言，项目式教学评价目标又可以细化为以下三点原则。

（1）过程性与终结性评价相结合的原则

每一个项目完成后，我们都应当进行评价，而这一评价主要采用自评与教师评价相结合的方法。此时若用学生互评的方法对学生个体进行评价，一是浪费时间，二是标准容易失控，欠公平公正。项目评价采用过程性评价与终结性评价相结合的方式。在日常教学过程中，我们在对学生进行评价时，应留有一定的空间，允许差异化的学习形式，承认每个学生都是独一无二的个体。过程评价是自然生成的，但它对学生技能的形成、知识的学习起着至关重要的作用，过程评价应当在项目学习过程中去体现，还要能体现问题的解决是否有效。在评价时，可以采用记录表的方式，以反映学生进步的历程。教师要尊重个体差异性，着眼于个体学生的成长观察，用鼓励性的语言充分肯定学生的努力和取得的成绩，特别是对学习有进步的学生更应该及时捕捉闪光点，把着眼点放在个体的发展进步上，引导学生明确努力的方向，鼓励学生继续前进，让学生都能体验成功，树立信心。

除此之外，我们还必须要有终结性评价。终结性评价是对一门课程进行的技能与知识的考核，是集理论与实践于一体的评价。项目式教学有着做学合一、理论与实践并重且相互促进的特点。因而，项目式教学的终结性评价必须坚持理论与实践一体的原则，既要对项目式教学进行有效测评，还要注重考查学生在相似情境上的迁移再运用的能力。终结性评价可以以试题的方式呈现，通过创设新的情境，将知识技能与迁移应用有机结合，学生综合成绩评定比例可设计为6：4（过程加项目考核成绩：终结考核成绩）或5：5。学生的技能、知识掌握的个体差异可以通过总成绩及终结性评价来体现，学生的素质、平时学习的成效应通过形成性评价来体现，两者结合对学生进行综合评价。

（2）重视以情感发挥育人价值的原则

历史教学过程是一个知识与情感相互交织的学习和体验过程，但情感教育不是在朝夕之间便可速成的，而是一种“情动—体验—理解—内化”的过程。为此，教师在课堂教学中，必须运用多种行之有效的方法将家国情怀无痕地渗透到历史课堂教学中，陶冶学生的情操。例如，有些史事比较枯燥无味，很难激起学生的情感体验，教师便可以运用富有魅力的讲述法，以丰沛的情感、生动形象的语言和抑扬顿挫的声调，再现历史人物的容貌、言行与精神，例如威武不屈的民族气节、忧国忧民的爱国情怀、奋发精进的人生态度、厚德载物的博大胸怀等，这些都是拨动学生思想情感的琴弦，使学生在教师绘声绘色的讲述中，接受精神熏陶，汲取前人智慧，提升精神境界。为了拉近学生与历史的距离，教师还可以借助多媒体播放相关的影视和图片资料，创设声、像、图、文并茂的教学情境，使学生有身临其境、如历其事之感，这不仅可以激发学生的学习兴趣，又可以在感知、体验和思考历史的过程中，深化对史事的认识与判断，进而生成鲜明的历史价值观。以价值观为代表的情感带有强烈的主观色彩，在众多评价中难度最大。教师可以通过创设历史剧、布置小论文或观后感、开设论坛等方式让学生拥有情感碰撞的平台，让历史的育人价值效果有可以量化的方式。

4. 评价方式的多元化

可以将口头性评价和书面性评价相结合、自评与互评相结合，还可以设计对评价结果的再评价，例如对学生自评、小组互评的再评价。需要注意的是，在教学评价过程中，教师要避免为评价而评价，形成空洞的评价；要合理选择评价方式，交替选用评价方法，避免评价方法单调，降低评价效果；要合理控制评价的时间，不能本末倒置，尽量选择直截了当的评价方法，提高评价效率。

综上，在项目式教学的评价过程中，为了促进学生的全面发展，教师要建构一种多元化的评价模式：评价目标的多元化、评价主体的多元化、评价方式的多元化和评价标准的多元化。评价目标的多元化，是指对学生进行评价时，既要重视学生对历史知识的理解与历史技能的掌握，也要重视对发现问题和解决问题能力的评价，更要重视对学生情感、态度与价值观的评价；评价主体的多元化，是指要充分重视学生在评价过程中的主体地位，不仅是教师评价学生，还应该有学生自我评价和相互评价等；评价方式的多元化，是指要以过程性评价为主，既要看学生对历史知识掌握的结果，更要看学生在学习过程中是否感悟历史，进而体验到一种历史情怀。评价的手段也要灵活多样，除了测试外，还可以采用表演历史剧、撰写历史小论文、开展历史调查活动等方式；评价标准的多元化，是指要尊重学生的个体差异，针对不同学生的优劣势与存在的问题，提出解决问题的最佳方案，尤其是对于缺乏信心的学生的评价更要以鼓励为主，以充分发挥评价的激励和发展性作用。培养与发展学生的核心素养绝非一朝一夕之事，必须靠一线历史教师在观念上更新，在专业上提升，在教学中渗透，在日常生活中积累，唯其如此，才能真正培养学生的优秀品格与创新能力，使学生得到全面发展。

三 高中历史项目式教学目标的诊断策略

历史项目式教学的过程是师生合作在真实情境中解决问题的过程，所以不但要对学生的“学”进行多元化评价，也要对教师的“教”进行评价，项目式教学的目标达成度是衡量教学完成度的重要标志，也是教师进行教学反思和自我评价的重要依据。教师只有通过努力达成预定教学目标，才能确保项目的成功实施。达成教学目标的前提是确保教学目标科学可行，在开展项目的过程中随时检验并及时调整。项目式教学结束后，可以应用如下方法诊断目标达成情况，形成教师的自我评价。

1. 学生量表反馈法

学生对教学目标的完成有着较为清晰的自我认知，教师在应用于学生自测的等级评价量表中可以加入学习目标达成度的检测指标，以学生为评价主体，将其个人行为和学习内容、学习水平转化为数据，最终以等级或分数的形式呈现。教师根据该项数据计算出样本的平均值和中位数，即可了解学生整体的学习目标达成状况。例如，在学生自测的等级评价量表中，将学习目标达成度分为“非常好、好、一般、尚有不足”，并指出完成目标中存在的困难，教师通过真实的学生反馈，有利于掌握学生学习的成效，更好地服务于学习目标的制订和实施。

2. 知识能力检测法

不管教学的方式如何变化，教学的理念如何升级，其结果都离不开知识的掌握与能力的培养，历史项目式教学只是由教师传授为主转变为学生自主获取为主。可以用知识能力检测法所获取的数据看学生的知识生成、运用以及能力提升水平。为有效测控项目式教学的目标达成情况，教师可以对学生进行前测与后测。所谓的前测是指在项目任务还没有实施前对学生的已有能力和知识储备进行摸底测试。所谓的后测是指在项目式任务实施后，特别是课堂小组交流展示后，对学生进行相关知识生成和能力迁移的检测。通过纵向和横向的对比，明确学生从低阶能力向高阶能力发展过程中存在的问题，从而有效地帮助学生在知识的整合生成和迁移运用上实现有效突破。理论上讲，实施历史项目式教学的实验班的后测提升值应该更高，教师可以将提升的比率进行等值划分用于评价。

3. 作品倒推法

项目作品是学生在项目目标的指导下根据驱动问题进行合作探究的产物。项目作品的好坏集中反映了目标达成与否。有的作品明显无法满足要求，尚未达到目标，有些作品尽管符合要求，但作品是小组集体的结晶，学生个体往往只负责项目作品中的某一环节，并未全面参与，个体所执行的项目目标是不完整的。教师可以要求学生根据项目作品倒推回项目目标，领悟关键过程，以独立的姿态举一反三，重新梳理初次操作的不足，拿出更符合条件的项目作品。对于学生的作品，回答以下三个问题才能做出评判：①学生对学习内容掌握的程度如何？②学生的技能水平怎样？③在学生准备项目作品的过程中，他们是如何应用自己掌握的知识和技能的？教师要从每一件学生作品中解读出其对学习目标的理解和实施状况，更好地因材施教，促使教学目标真正达成。

4. 过程监控法

所谓的过程监控法是指一种动态的评价过程，即从项目任务实施到项目任务结束过程的跟踪评价。既包括对个体学习和参与活动的跟踪评价，又包括对小组活动的跟踪评价。教师定期安排学生交流进展状况与心得体会，帮助学生发现问题或解答驱动问题的可能途径，设定任务完成的期限，指导学生管理时间并制订每日计划清单，收集项目进展过程中学生的过程性文件，关注项目的进展状况，判断学生是否能够成功完成项目。对于绝大多数学生感觉有困难的任务，如果有必要，教师可以停下来给予一些即时指导，向学生提供必要的知识补给，推动项目进展。 教师的过程性指导是促使目标达成的关键一环，在此过程中教师充当“脚手架”的作用，推动项目进展。

5. 目标拆解法

教学目标是教师精心设计的符合学情、课标、任务和素养的复杂的任务综合体，具有高度的概括性，实践难，验证也难。为使目标达成度可量化，可以将教学目标拆解为知识目标、能力目标、方法目标和素养目标。知识目标用于检测学生对课标要求的知识点的掌握情况。能力目标用于检测学生解决问题的能力、应用知识的能力、社会实践的能力、合作探究的能力、团队组织协调的能力、时间管理的能力等21世纪人才必备的关键能力。方法目标侧重检测对历史学科的研究能力，包括史料的获取、甄别和分析能力，历史规律的概括归纳能力等。素养目标则用于检测学生对历史学科核心素养的习得。教师通过拆解目标进行深入分析，找出学生的欠缺领域，可以对症下药强化指导。

附：我校在项目式教学实际授课的过程中对项目式教学评价量表进行了设计，以下是其中一种

首先，应阐述针对本节项目式教学课所应用的评价原则：

（1）过程性评价和终结性评价相结合。

（2）教师评价和学生互评相结合。

（3）自我评价既包括对个人表现和收获的评价，也包括对课堂的评价。

其次，制作基于本节课所应用的评价原则设计的自评表、组内互评表和组间互评表。

自我评价表

评价标准	非常好	好	一　般	尚有不足
本课的学习目标完成度				
本课历史学科核心素养落实情况				
本课知识掌握情况				
研究能力增长情况				
对自己在本项目中的表现的评分（满分20分，结果记入总评价）				
你是否对该项目的情境构建满意？请写出你感兴趣的针对此课的项目情境。				
你认为同学展示与老师讲授哪个更能提高你的注意力和学习效率？为什么？				
你对本堂课哪些地方还有建议？				

组内互评表

组　别						
评价人						
行为表现 组员姓名	参与意识	参与度	明确个人角色/责任	倾听并尊重他人	向他人提供帮助	总　分
组内互评为形成性评价，评定个人在完成任务中所作贡献，占比40%						

小组互评表

组　别	内容丰富 价值较大 （40分）	表达清晰 讲解到位 （30分）	讨论问题 较好互动 （30分）	总　分 （100分）
小组互评为终结性评价，检验小组研究性学习的质量，占比40%。				

最后，印制评价量表，并发给每一位学生。

第3章 历史项目式教学实施

第1节 历史项目式教学的操作流程

一 项目背景

构建项目背景是实施项目式教学的第一步。项目背景应该是由教师创设的，能够引发学生进行自主探究的具体情境，一个好的项目应该符合下面几项标准：

1. 以课程标准为依据

国家课程标准是教材编写、教学、评估和考试命题的依据，从根本上指导着教学活动的开展。我们将项目式教学运用在历史课程时，应该围绕课程标准中对学科知识和能力的具体要求，让项目式教学真正为历史教学服务，推进项目式教学常态化。

2. 以历史教材为参考，适当地整合教材内容

通史和专题史体例的历史教材各有其优缺点。此前使用的专题史教材将历史事件分门别类，让学生聚焦于历史上的重要问题，有助于对其进行更深入的认识和理解，但缺点在于把同一时期的内容从政治、经济和文化三个方面分别讲述，让学生难以从整体上把握阶段特征，事件的先后顺序也容易混淆。现今采用的通史教材按时间顺序铺陈史实，历史发展的脉络清晰，时序性强，更加符合学生的认知规律，但会使得原来同一专题下前后有关联的内容被分散在不同的历史时空

中，一些关键问题上的历史纵向联系被弱化，需要师生对这部分知识点进行重新整合和梳理。我们应该充分发挥历史学科项目式教学模式的特色，以弥补当前历史教材在叙史上的不足。在设计项目主题时，可以将教材中的有关联的教学内容整合在一起，创设新的综合性学习主题，组织学生进行有深度的拓展性学习。

3. 从学生的现有学情出发，任务具体而有可操作性

项目式教学是一种以学生为中心的教学方法，强调学生在学习过程中的主动参与和合作探究。因此教师在设定项目时要始终把学生放在首位，以学生知识的获得和能力的提升为落脚点，设计出贴近学生、适合学生的学习项目。教师应仔细斟酌项目任务的难度设置是否恰当，过难的问题会因超越学生实际的知识储备和学科能力而难以完成，从而让学生产生无力感和挫败感；反之会让学生非常轻易地就完成了任务，从而无法达成能力的锻炼和提高。因此，历史的项目式教学应当选择对学生有一定挑战性的合作化探究式主题，就是所谓的让学生“跳一跳，摘个桃”，激发学生的学习兴趣和求知欲望。

4. 适应课程改革要求，让学生学会学习

在当前的信息社会，科技的变革日新月异，知识在不断地增加和更新，为了适应时代发展的需要，我们必须学会学习，成为终身学习者。从20世纪90年代中期开始，我国大力推进素质教育。2001年，新一轮的基础教育课程改革启动，素质教育因之取得突破性进展。从目前的教学实践中可以看到，项目式教学是一种基本符合课程改革要求和素质教育理念的教学模式。在传统的教育模式之下，教师照本宣科、全程灌输，学生则被动接受、死记硬背，思维得不到锻炼，俨然变成了学习机器。学习历史，本身应该是一件很快乐的事，教师应该做的是激发学生对于学习的积极性和主动性，学习知识不一定要通过传统的授课方式，大多数问题的解决是可以经由合作学习来完成的，学生会享受到探索和求知带给他们的无尽乐趣。在项目式教学中，我们将课堂还给学生，让他们学会主动地进行思考和探究，学会发现问题和解决问题，培养创新精神和实践能力，促进他们全面、个性化地发展。

5. 将项目式教学与历史学科核心素养的培育结合起来

2016年《中国学生发展核心素养》总体框架正式发布，随之各学科核心素养应运而生。2017年版高中历史课程标准中强调“历史课程要将培养和提高学生的

历史学科核心素养作为目标，使学生通过历史课程的学习逐步形成具有历史学科特征的正确价值观念、必备品格与关键能力”。为促进学生历史学科核心素养的发展，我们在开展历史学科项目式教学时要坚持以学生为主体，让学生逐渐掌握研究历史的基本方法和技能，能够全面客观多角度地看待历史问题。

6. 创设真实的历史情境

通常的项目式教学强调要让学生解决现实生活中具有实践意义的真实问题。但囿于历史学科的特点，历史本来就是发生在过去的事情，因此我们所创设的是基于史实的历史情境，所要解决的也是基于史实的历史问题。虽然和通常的项目式教学所强调的现实真实性有所区别，但历史项目式教学的真实性也是一种通过史料构建的历史的真实，学生面对的应该是历史背景下的真实问题，让学生了解、感受、体会历史的真实境况，进而运用可信的史料来认识并解释历史，深化对所学知识的理解，从中感悟历史学科求真求实的严谨治学精神。历史项目式教学主张的在陌生、复杂、具有开放性的新情境下解决问题，是提升和检验学生核心素养水平的重要方式。这与当前新高考改革的命题方向不谋而合，通过在项目任务中的历练，学生知识迁移的能力将不断提高。

7. 项目主题具有吸引力、趣味性，促进学生主动地求知

好奇心和求知欲是支撑着我们进行终身学习的源源不断的动力，驱使着我们不断地去探寻世界的奥秘，从而就感兴趣的问题进行深入的探究和思考。教师所确定的项目主题最好能与学生的已有经验、现实感受和兴趣点相联系，如此容易激发学生对于所学知识的兴趣和好奇心，使得学生能够更有动力和积极性去进行自主探究和发现。也许数年之后，当年学习的具体知识早已被遗忘，但是那种发现问题并解决问题的激动和喜悦一定会长久地留在他们的记忆中。而且，若能无论何时何地都能保有一份积极的好奇心，他们也必将受益终身。

二 项目设计

（一）制订项目目标

项目目标不只是教师的教学目标，更是学生的学习目标，完成目标的行为主

体是学生。因此项目目标的制订非常重要，起到了统筹全局的作用。从目标类型的角度来划分，项目目标包括知识目标、能力目标、情感目标和素养目标等几个维度。教师在制订项目目标时需要关注以下几个方面。

1. 依据学科课程标准

课程标准是教学活动开展的指南，项目目标应该达成课标中对相关教学内容提出的对知识、能力和素养方面的要求。

2. 落实学科核心素养

从发展学生历史学科核心素养的角度制订教学目标，将核心素养的培养作为教学的出发点和落脚点。制订目标时要认识到学生历史学科素养的发展是一个持续提升的过程，要将项目式教学与历史学科核心素养的培养有机结合起来，避免将核心素养的五个方面机械地分离。

3. 贴合现实学情，目标可操作、可评价、可测量

项目目标要根据现阶段学生的认知水平，围绕学生的最近发展区制订，项目目标要有一定的探究意义和挑战性。要把项目目标用明确、具体、可检测性强、易于学生理解的语言表述出来。

4. 具有可分解性

常规教学模式下，教学目标主要是在教师的主导下达成的，教学过程基本由教师掌控。与其不同的是，项目式教学强调学生是教学活动的主体，放手让学生通过小组合作和自主探究来解决问题。此外，项目式教学主题一般是较为复杂和多元的历史问题，如果让学生都独立完成全部探究工作，实在会有些头绪繁多、无从下手，甚至还会让学生产生畏难情绪和放弃心理。所以在开展探究活动前，教师往往需要先将项目任务进行拆解，并让学生按照兴趣组成小组，以小组为单位承担分解后的课题，使得每个项目组的学生学习能够有的放矢，不偏离主方向。因此，项目式教学目标分为总体项目目标和各组任务目标两部分。在拆解项目目标时可以针对不同主题的特点，从纵向或者横向的角度入手进行拆分。如果项目主题是依据史料，探讨某一历史时期在各方面的表现，则可以将其横向拆分为“探究政治上的表现”“探究经济上的表现”“探究思想上的表现”等。如果项目主题是考查某一历史事物的发展特点与不同阶段时代背景的联

系，则可以根据其发展历史纵向划分为不同的时段，交由多个小组分时期来进行探究。

（二）开发项目资源

项目式教学模式让教师从课堂的主宰者化身为“幕后工作者”，成为学生学习的引导者、促进者、合作者。在该模式下，教师先要设定出作为教学核心内容的主题，并为学生提供研究时必要的素材和资料，组织学生开展活动的、合作的、探究式的学习，最后让学生呈现和共享自己的学习成果，使得学生在和同伴的交流中进行反思性的思考，更加透彻清楚地领会知识和技能。

项目资源即学生进行项目学习时所利用的素材和资料。项目资源是否充足且严谨关系着项目式教学既定目标能否达成和学生的探究活动能否顺利开展。因此，在对可选的项目主题进行取舍时，项目资源是否充足、严谨应是被纳入参考的重要因素之一。教师为学生指明项目学习的目标和方向后，应该把探究的过程交给学生。教师不应过多地参与和干涉，更不需要事无巨细地都替学生做好。所谓“授之以鱼不如授之以渔”，除了一些基础性的必备资源需由教师提供之外，其余在探究中需要使用的资源应该交由学生自主地搜寻和获取。为此，教师还应该教授学生获取资源的途径和方法，并让学生学会辨析资源的可信度和真实性，这样更有利于学生主动性的发挥和学习能力的提高。在历史学科的项目式教学中，项目资源主要是进行历史研究时所使用的史料。因此对历史学科来说，搜寻和获取项目资源的过程主要就是搜集、整理和分析史料的过程，这一过程可以充分锻炼学生的历史思维能力和实证意识，拓展其历史认识的广度和深度，逐步培育历史学科核心素养。

在历史学科项目式教学中常使用的项目资源有以下几类。

1. 文本资源

文本资源的范围较广，包括教材、报刊、专业论文、史学著作、档案、口述史材料等。教师和学生在使用文本资源时要注意对史料进行整理和辨析，去伪存真。教师应提醒学生注意要尽量使用原始史料，对史料要合理利用，把史料放到历史环境中解读，做到史论结合、论由史出。另外还要注意综合运用多种史料，把文献史料和实物史料等进行比对、多种印证，以保证史料的真实性和可信性。

这一过程可以很好地锻炼学生史料实证的核心素养。

2. 社会资源

项目式教学强调亲身体验和实地考察，让学生在真实情境下解决问题。针对历史学科的特点，我们不可能再度还原历史时空，但是可以借助实物史料来再现历史的图景，通过研究这些历史发展的见证物，帮助我们了解历史和文化的价值。因此在历史学科的项目式探究中，特别是在基于乡土资源的开发和实施一类的项目式教学中，我们要利用好校外社会资源，例如博物馆、档案馆、历史建筑和遗址遗迹等，让学生置身其中，犹如回到了当时的历史时空之下，亲身去感受历史的脉搏，使得看似遥远的历史重新鲜活起来，赋予历史生命力。

3. 网络资源

在信息技术飞速发展的今天，网络是我们获取信息和知识的一大重要来源，教师要发挥网络的积极作用，利用网络这一巨大的信息库，开发多种多样的课程资源。例如，我们在学习古代史的相关内容时，因为距今时间久远，学生往往对所学内容产生距离感和陌生感，只是对知识点进行死记硬背，从而感到枯燥乏味，对历史问题的理解也不甚透彻。在项目式教学中，为了创设真实的历史情境，教师可以利用网络上一些博物馆开设的线上展览，让学生了解、感受、体会历史的真实境况和当时人们所面临的实际问题。现今逐步发展的虚拟现实技术让学生虽然无法亲临现场，但同样可以徜徉纵览，宛若置身于历史时空中，感受徐徐展开的历史画卷。另外，网络上丰富的历史资源为学生自主探究的展开提供了保障，学生可以根据自己的需要，搜寻相应的历史信息，进行深入学习。

4. 音像资源

现代科学技术带来了录音、录像等记录历史的手段，与传统的实物史料和文献史料相比，音像史料更加直观、生动地反映了历史的原貌，具有重要的史学价值和教学价值，可以起到图像证史、图像补史、图像明史等作用。教师在向学生介绍项目背景时，使用音像史料补充背景知识，能快速激起学生的学习兴趣，让原本枯燥难懂的内容一下子变得鲜活形象，便于理解。学生在进行项目探究时，也可以从相应的音像资源中提取所需信息，利用多样化的史料佐证自己的结论或观点。

三 项目架构

项目式教学在知识和能力上对教师提出了更高的要求，要求教师对课程有系统的思路，明了学生的学习进程，根据学生特点设计出全面平衡的教学方案，使学生积极参与课程的学习。历史学科项目式教学的设计大体遵循以下流程。

1. 确立任务主题，创设学习情境，整合项目资源

这是项目式教学开展的首要环节，教师要以核心素养为重心，以课程标准为指导，并综合考虑多方面的因素，确定一个恰当的切合学生学情的项目主题。接下来教师应根据选定的主题，搜集整理相关的项目资源，确保在项目实施环节有着充足的材料为学生开展探究提供保障。此外，教师要对项目背景进行梳理，进一步完善所构建的历史情境，并用简明易懂且富有感染力的语言将其描述出来，最后将具有吸引力的问题背景呈现给学生。

2. 根据项目主题，确立项目目标，预测研究成果

教师先要从整体上确立整个项目式教学要达成的总体目标，要注意教学目标中描述的行为主体应该是学生本身。教师可以根据学生的现有学情，对学生最终呈现的研究成果进行预测，推测学生可能会遇到的困难，以便于能够及时地给予帮助和指导。

3. 梳理项目内容，进行项目拆解

对于一些复杂多元的问题情境，教师要按照项目内容的特点，将整体性的项目问题细化拆解为各个小组的项目任务，同时将总体项目目标细化拆解为各个小组的具体目标。这些具体目标从根本上指导着各小组的探究活动，因此目标的表述一定要明确易懂，包括对学生知识、素养和能力上的要求。

4. 依据学生兴趣进行小组划分，制订项目计划，明确成员分工

兴趣是最好的老师，在分组时教师应尽量让学生依照自己的学习兴趣选择组别，以激发其学习动力和积极性。学习小组的构成要遵循“组内异质，组间同质”的原则，这样既便于组内帮扶，又适用于组间竞争。

5. 小组自主探究，合作解决问题；教师适时指导，及时修正问题

这是项目式教学的核心环节。在项目式教学中教师先要设定出作为教学核心

内容的主题，并为学生提供研究时必要的素材和资料，组织学生开展活动的、合作的、探究式的学习，使得学生在和同伴的交流中进行反思，更加透彻清楚地领会知识和技能。值得注意的是，在这个过程中，教师并不是一个可有可无的、袖手旁观的角色。相反，比之以往教师需要具备更多的教育智慧和技巧，发挥出自己的洞察力。教师需要集中精力深入观察每个学生，促进学生之间相互交流意见或发现，鼓励学生发表自己的见解，在学生遇到困难时要给予必要的支持和帮助。此外，教师要推动学生的想法碰撞出火花，使个体与个体相互交融。

6. 小组项目结题，学生进行成果展示，教师对项目主题进行总结和升华

在各小组的项目探究完成之后，学生要将学习成果加以梳理和总结，形成自己的作品，并且在全班进行交流和展示，作品的形式可以多种多样，例如小论文、课件、历史话剧、视频等。此外，学生还可以借此机会交流项目探究过程中的经验和体会、解决困难的方法，分享成功的欣喜。在这个过程中，可以从他人身上汲取更多成功的经验和失败的教训，相互学习、共同进步。

7. 依据核心素养，进行多元评价

项目式教学中对学生的评价体系应具备多元化的特点，做到评价主体、评价方式和评价内容多元化。在评价主体上，要让教师和学生个体以及小组成员都参与进来，结合学生自评、组内评价、组间评价等多种方式进行评价。在评价方式和内容上，将形成性评价和终结性评价相结合，评价内容包括：学生参加项目活动的积极程度、学生知识的掌握程度、在小组活动中与他人交流合作的情况以及分析问题、解决问题的能力等。评价内容不仅要关注学习的结果，更要关注学生在项目探究过程中的表现。另外，教师还要注意个体差异，对学生进行发展性的评价，关注学生个体的进步，并给予充分的鼓励和肯定，激发其学习的积极性和自信力。

四　项目实施

这一阶段是项目式教学的主体，是项目式教学区别于其他传统教学活动的一个重要特征。在此阶段，教师更多的是学生学习的组织者与引导者，而学生才是项目式教学活动中真正的探究主体。

1. 制订任务清单，设置驱动型问题

对于较为容易操作的项目，教师可以只设定目标，由各小组根据本组的选题和组员的知识与能力的实际情况，制订项目进展计划和步骤；而对于一些复杂多元的项目任务，教师可以先为学生提供一份任务清单，设置若干驱动型问题，再让学生一步步地尝试去解决问题。教师在设置驱动型问题时，需要保证问题围绕着项目目标展开，问题之间应该具有逻辑性和联系性，做到环环相扣、循序渐进，让学生在解决相应问题后就能建构相应的知识框架，同时激发学生进一步学习的动力，在解决问题的过程中掌握知识，发展思维。

2. 以学生为主体，小组合作、共同突破

项目式教学以学生的合作式学习为基础，合作是建立在独立学习和独立思考的基础之上的。合作学习是双向受益的过程，一方面，在组内的讨论交流中，大家集思广益，为集体项目任务的完成贡献自己的力量；另一方面，从组内每位成员的各具特色发言中，学生可以汲取他人的经验，取长补短，完善自己的知识体系，主动地建构新知识体系，进一步提升综合能力。学生在交往中学习，产生思维的相互碰撞，相互启发，共同进步，有助于培养沟通协调能力和团队合作精神。

3. 教师要成为学生学习的引导者、促进者、合作者

虽然在项目式教学中，教师不再是课堂的主宰者，但依然发挥着十分重要的作用。项目式教学能否顺利开展很大程度上取决于教师能否发挥指导作用。项目式教学对教师来说是一种新的挑战，对教师的综合素质提出了更高的要求。教师不仅要有扎实的学科基础和丰富的教学技能，还要进一步提升在项目设计、规划和管理方面的能力。在项目式教学开展的过程中，教师要时刻关注各组的任务进展，适时地加以提醒和指导，并且要能从整体上预判各环节可能出现的突发情况，做好充分准备，保障项目式教学活动能够正常且有效率的持续开展。

五 项目评价

项目评价主要针对学生在应用所学知识和技能解决新情境下的问题时所体现

出的学科核心素养水平。教师应该根据教学需要提供多种评价方式，例如过程性评价、终结性评价、组内互评、组间互评和教师评价、个人自评等，注重评价主体的多元化和评价方式的多元化，多维度进行学习评价。项目评价应该贯穿于项目进行的始终，将教、学、评有机结合，在项目过程中及时发现学生的强项和弱项，为学生提供相应的建议，促进学生的自主学习、合作学习和探究学习的开展，促进个人和小组的进步。

1. 注重形成性评价和终结性评价的有机结合

学生历史学科核心素养的培养是一个渐进的过程，是在学生进行课题研究的动态过程中体现出来的，因此在对学生进行终结性评价的同时，必须关注学生在进行该项目式教学探究过程中的表现。终结性评价关注的是学生最终的学习成果，教师可以用小论文、测验等形式进行检测。形成性评价关注的是学生在小组项目任务当中的参与度，通常采用评价量规的形式，从多个维度来进行衡量。

2. 注重评价主体的多元化和评价方式的多样化

在评价过程中，不仅要关注教师的评价，还应当关注学生的自我评价以及学生相互之间的评价，多方面呈现学生的历史学科核心素养的发展水平。评价内容不仅要关注学习的结果，更要关注学生在项目探究过程中的表现。

3. 关注个体差异，进行发展性的评价

不以分数作为评价学生的标准。学生在发展的起点和速度水平上存在差异，如果用一把尺子来衡量学生，则会有失公平，甚至会打击学生的自尊心和自信心。教师应更多地着眼于学生在项目探究过程中的努力程度和参与程度，关注学生的进步，促进学生个性化的发展和学习积极性的提高。

4. 量性评价和质性评价相结合，全面客观地评价学生，及时进行反馈，发挥评价的激励作用

评价既要有一定的标准和要求，从而指导学生积极有效地参与探究活动，内容还要丰富全面，能够多角度地展现学生的努力程度。进行评价时，既要肯定学生的进步之处，也要及时指出学生的不足，并提出改进意见，让学生能够尽快纠偏补弊，取得更大的进步。

以下为我校在开展历史学科项目式教学时所采用的过程性评价量表举例。

自我评价表

标　准	5 很好	4 比较好	3 有一点	2 比较差	1 差
我能投入时间完成小组任务					
我能提出建设性意见帮助小组					
我接受同学的意见					
我认真听组员的意见					

组内互评表

组　别						
评价人						
行为表现 组员姓名	参与意识	参与度	明确个人责任/角色	倾听并尊重他人	向他人提供帮助	总　分

小组互评表

组 别	组 长	史料正确（10分）	史料丰富、详尽（10分）	表达清晰（10分）	史论结合，论从史出（10分）	课件精美（10分）	合 计

六 自我反思

教学反思可以激活教师的教学智慧，改进教学环节，不断探索项目式教学与历史学科更好的结合形式。在进行完项目式教学之后，自我反思可以从以下几个角度进行。

1. 反思教学目标的达成情况

结合课程评价的结果，反思教学目标是否达成，学生是否在掌握了应有知识的同时，获得了能力和素养的提升和发展。对于教学中出现的问题，教师应反思教学目标的设置是否合理。

2. 反思学生的参与度

学生是项目式教学的主体，学生的参与状态要从参与的深度和广度来衡量。就广度而言，要反思学生是否都积极主动地参与项目探究，是否参与了项目探究的各个环节；就深度而言，学生是被动地、消极地参与，还是积极地、主动地探究。此外，还要注意反思学生是否都发挥了自己的应有水平和能力，是否对之后的学习更有信心。在致力于面向全体学生的同时，了解每一个学生是否在原有基础上得到了尽可能大的进步与发展，是否真正地做到以学生为中心，有效地促进每一个学生的成长和发展。

3. 反思课程实施的实际效果

对项目式教学开展的全程进行回顾。要记录成功的举措，例如教学方法上的改革与创新等，以供以后教学时加以参考，并可在此基础上不断地改进和完善。同时也要记录遗憾，即便是成功的课堂也难免会有失误之处，要对其进行探究和分析，尝试寻找原因和更好的解决方案，以便以后吸取教训。在行动与研究中不断提高自己的反思水平，做一个研究型的教师，应该是我们为之努力的方向。

4. 进行再教设计

在进行完一次项目式教学之后，在总结成功的经验和失败的教训的基础上，可以在已有设计之外，另辟蹊径，换一个思路重新设计教学过程，以锻炼教师的创新能力。

第2节 历史项目式教学实践路径及案例

一 基于国家课程的整合与重构实践路径与具体案例

（一）基于国家课程的整合与重构实践路径

历史不仅仅是过往的沉淀，更蕴含着人类活动的精神。中学历史教育也不再是简单照本宣科的“填鸭式教学”，培育具备“21世纪型能力”（亦称核心素养、关键能力、通用能力）的人才已成为21世纪前沿教育的主流。学科核心素养是学科育人价值的集中体现，是学生通过学科学习而逐步形成的正确价值观念、必备品格和关键能力。如何有效发展核心素养是当前基础教育改革的重大课题。自新课标颁布实施以来，将新课标和核心素养奉为圭臬的中学历史教学呈现出“千篇一律”的现象，不少教师在进行教学设计时将课程标准、核心素养和教学内容未经选择地杂烩糅合于历史课堂中，难以真正发展学生的历史思维。历史教学的模式亟待转换，实现从知识型教学（重复性机械性记忆）到能力型教学（逻辑性思维提升）的转变可通过项目式的教学模式来实现。一堂好的历史课，应是在潜移默化中渗透学科的育人价值，浑然天成。

历史项目式教学是通过集中关注学科或跨学科的核心概念和主题，设计驱动性的问题，使学生在自主或合作进行基于项目任务的问题解决过程中，积极学习和自主建构，生成知识和培育素养的一种教学方式。高中历史项目式教学主要是指教师和学生就某一具体的项目主题达成共识，学生围绕大的项目主题框架自主选择研究课题，充分挖掘、整合、运用已有的历史资源，对实践过程中发现的疑问进行解答，形成自己独立的解释。最终，在课堂呈现上，充分发挥学生主体性和教师主导性，提高学生分析问题、解决问题的能力，以期达到落实核心素养的目的。

基于国家课程的整合与重构的历史项目式教学是依托于学科课程标准实施的。这一类型的项目式教学主要依据新课标的关键概念或能力，聚焦核心素养，对历史学科教材中某一类相似或相近的学习内容进行整合或重构，创设一个新的情境，将其与现实问题结合。学生基于材料进行合作探究，有效地认识、分析和解决问题，运用知识并以史料为支撑建构历史解释，落实发展核心素养的目标。整合重构类型的历史项目式教学是夯实基础再创造的一种建构，在教学过程中，教师不再是讲授者，而是学习的支持者。学生依据教师所设计的驱动性问题，体验项目式教学的流程，实现由记忆到应用基础知识的转变。

重构与整合国家课程内容的模式最具挑战性的地方在于项目式探究主题的拟定。一般而言，项目探究主题在拟定过程中可分为如下两步：

第一步，应契合学科课程标准对高中学段的具有思考性的知识进行梳理归纳。依据学科课程标准，按照通史的方式可将高中学段的历史学科知识归纳为以下专题内容。

中国古代史专题

1. 中国古代史的阶段特征

（1）夏商周和春秋战国的阶段特征

（2）秦汉时期的阶段特征

（3）魏晋南北朝隋唐时期的阶段特征

（4）五代辽宋夏金元时期的阶段特征

（5）明清时期的阶段特征

2. 专题内容侧重点

中国古代政治

（1）叙述秦汉至明清加强中央集权和君主专制的发展脉络

（2）说明宗法制、分封制（用具体案例、图示说明什么是宗法制、分封制）

（3）评价中国古代的中央集权制度

（4）分析明清君主专制制度的加强对中国社会发展的影响

（5）鉴别中国古代中央集权和君主专制制度相关史料的类型，史料的可靠性和适用性

中国古代经济

（1）叙述中国古代农业、手工业和商业发展的基本脉络

（2）概括中国古代农业、手工业和商业发展的基本特点

（3）评价中国古代经济政策（“重农抑商”和“海禁”等）

（4）鉴别中国古代经济发展相关史料的类型，史料的可靠性和适用性

中国传统文化主流思想的演变

（1）叙述从春秋战国到明清儒家思想的发展脉络

（2）说明儒家思想的核心观点（从各个时期代表人物中各选一个观点，举例说明）

（3）概括中国古代儒家思想发展的特点（分阶段概括）

（4）评价春秋战国时期的“百家争鸣”

（5）评价对中国古代儒家思想的不同观点（先比较异同，再分析评价）

中国古代科技文化

（1）识记中国古代各个阶段的主要科技文化成就

（2）概括中国古代文学发展的阶段特点

（3）概括中国书画的基本特征和发展脉络

（4）探究中国优秀传统文化的当代价值

中国近现代史专题
1. 中国近现代史的阶段特征 （1）中国近代史的主线与阶段特征 （2）中国现代史的主线与阶段特征 2. 列强侵略与中国人民的反抗斗争 （1）识记1840年至1900年间西方列强的侵华史实，以及中国军民反抗外来侵略斗争的事迹 （2）概括侵华日军的罪行、中国军民抗日斗争的主要史实 （3）举例说明抗日战争是全民族的抗战 （4）评价抗日战争的历史地位 （5）鉴别抗日战争相关史料的类型，史料的可靠性和适用性 3. 近代中国的民主革命 （1）识记近代中国民主革命的主要史实（太平天国运动、辛亥革命、五四运动、中国共产党成立、国民革命、革命根据地的建立、解放战争） （2）概括近代中国民主革命各阶段的特点 （3）比较新旧民主主义革命的异同 （4）分析新民主主义革命胜利的原因 （5）鉴别民主革命相关史料的类型，史料的可靠性和适用性 4. 近代中国经济结构的变动 （1）识记中国近代民族工业兴起和曲折发展的主要史实 （2）说明鸦片战争后自然经济逐步解体 （3）概括近代民族资本主义发展阶段特点 （4）分析影响中国资本主义发展的主要因素 （5）探究资本主义在中国近代历史发展进程中的地位和作用 5. 近代以来中国的思想解放与社会变迁 （1）识记近代各派思想家及主张（分阶段识记，含三民主义） （2）分析各派思想产生的原因和影响 （3）概括新文化运动的主要内容 （4）评析对新文化运动的不同观点（含比较、分析、评价） （5）探究影响近代以来人们物质生活和社会习俗变化的因素（分阶段呈现变化，分析导致各阶段变化的因素，含交通、通信工具的进步、近现代报刊、影视和互联网的逐渐普及） 6. 中国特色社会主义道路的确立和发展 （1）识记我国向社会主义过渡及社会主义建设道路探索时期的主要史实 （2）说明新中国政治制度的特点 （3）概括新中国不同阶段的成就、特点 （4）评价现代中国的改革开放 （5）叙述中国特色社会主义理论产生、发展的过程

世界史专题

1. 世界史的阶段特征
（1）世界近代史的主线与阶段特征
（2）世界现代史的主线与阶段特征
2. 古代希腊罗马的政治制度
（1）识记雅典民主政治的主要内容
（2）概括雅典民主政治的特点
（3）分析古希腊民主政治产生的历史条件
（4）评价罗马法（从罗马法产生的背景、内容、作用进行评价）
3. 新航路的开辟、殖民扩张与资本主义世界市场的形成和发展
（1）识记迪亚士、哥伦布开辟新航路，荷兰、英国抢夺殖民地和建立海外商品市场的史实
（2）识记两次工业革命的基本史实
（3）分析资本主义世界市场形成和发展的原因
4. 西方人文主义精神的产生与发展
（1）识记古希腊思想家的主张、文艺复兴的主要内容、宗教改革的内容、启蒙思想家的主张
（2）说明人文精神和人文主义的内涵
（3）概括西方人文主义精神产生与发展的阶段特点
（4）比较文艺复兴与启蒙运动
（5）探究西方人文主义思想与资产阶级革命、资本主义制度确立之间的关系
5. 西方资本主义制度的确立与发展
（1）识记欧美资产阶级代议制确立与发展的主要史实
（2）说明资产阶级代议制
（3）概括欧美主要国家政体的特点
（4）比较美国总统制、英国君主立宪制、德意志帝国君主立宪制与法国共和制的异同
（5）分析资产阶级代议制在西方政治发展中的作用
6. 社会主义的理论与实践
（1）识记《共产党宣言》的主要内容，巴黎公社革命的主要史实，俄国十月革命胜利的史实
（2）评价巴黎公社革命
（3）评价俄国十月革命
（4）评价斯大林模式
（5）叙述苏联社会主义建设的历程
7. 资本主义的新变化
（1）识记罗斯福新政和“二战”后资本主义新变化的主要内容
（2）概括1929～1933年资本主义世界经济危机爆发的原因、特点和影响
（3）说明罗斯福新政的特点
（4）评价罗斯福新政
（5）分析当代资本主义新变化的原因和影响

续表

世界史专题
8.“二战”后世界政治格局的演变 （1）识记美苏两极对峙格局形成的主要史实 （2）说明世界多极化趋势在曲折中发展（欧洲共同体的形成、日本成为世界经济大国和中国的振兴以及不结盟运动的兴起） （3）评价美苏“冷战” （4）叙述苏联解体后两极格局瓦解和多极化趋势加强的史实 9. 当今世界经济的全球化趋势 （1）识记“布雷顿森林体系”的内容，世界贸易组织（WTO）的由来和发展相关史实 （2）比较欧洲联盟、北美自由贸易区及亚太经济合作组织 （3）分析中国参加世界贸易组织（WTO）的影响和作用 （4）评价“布雷顿森林体系” （5）评析对于经济全球化的不同观点 10. 近现代世界科技文化发展 （1）识记近现代科技与文化的主要成就 （2）说明科学技术进步对社会发展的作用 （3）概括近现代文学流派特点 （4）分析19世纪以来世界文学艺术发展的背景 （5）评析对于经济全球化的不同观点

第二步，紧跟时代发展主题，深度挖掘教材，联系中外（古今）内容，交融聚合。基于国家课程的整合与重构，在主题设计上有着科学性、时代性、真实性的主要特征。案例是抽象理论的具象化，下面以高辉英老师执教的一堂历史项目式课程为例进行阐述。高老师讲述的是新航路开辟这一内容。常规课的讲授，大多从背景、过程、影响进行递进式设计，但作为高三一轮复习课，这种方式显然不符合高三复习课强调能力的定位。在进行组内教研的时候，教研组建议结合学校如火如荼开展的国家课程课题化的一些要素进行设计。高老师结合历史上马尼拉大帆船贸易的相关学科前沿研究，创设了马尼拉大帆船贸易的历史情境。学生对马尼拉大帆船贸易并不熟悉，面对一个崭新的课题，学生往往有探究的兴趣。教师提供给学生一幅世界地图和相关的几则材料，让学生情不自禁地走入教师所创设的历史情境中来，并在此过程中培养核心素养中的时空观念。新航路开辟后打通了东南亚到美洲的航线，此时的中国已开始与美洲进行联系，这也就是把16～19世纪的明清王朝纳入全球视野中进行审视。改变了专题史教材下原有的孤立的知识点的传授，学生通过地图上的航线直接代入到当时的历史情境中，得以

培养历史核心素养的时空观念和历史解释。

总体而言，基于项目式的国家课程整合与重构是基于历史教材进行整合或重构，结合学科前沿研究、时代发展热点，创设一个新的情境，学生基于材料进行合作探究，运用知识并以材料为支撑建构历史解释，落实核心素养。这一模式是以情境——知识——核心素养为设计主线。

（二）基于国家课程的整合与重构的具体案例

案例 1

《华夏传承，匠心千年：国家宝藏之古代中国的手工业经济特展》

一 项目开发背景

（一）创新项目式教学模式，发挥学生的主体地位

众所周知，中国的手工业门类极广，演进历史极长，所以一堂课只能选取几个重要的手工业门类按照时代顺序着重讲解，以点连线，以线带面。教材选择的是冶金、纺织和制瓷行业，涉及大量文物用语，史实部分零碎，学生阅读后的直观感受是重点不明、记忆困难。针对该问题，可以采用项目式教学的方法，把每个手工业门类作为子项目交给学生去完成，在任务驱动下学生搜集资料并结合生活经验展示、解读，将所学知识与实际生活有机结合，更利于知识的学习和应用。

（二）应用热点资源，诠释“活的”教材

笔者设计的这节项目式教学课以热门文化综艺节目《国家宝藏》为项目主题，借鉴节目“国宝守护人”讲解文物前世今生故事的叙事方法进行教学内容整合。内容设置上，教师化身“001号讲解员”，起到把握课程整体结构、起承转合的作用，教材列举的冶金、纺织和制瓷业的发展历程及先进成就由学生在教师指导下收集资料和编写文案，以“讲解国宝”的形式为同学们娓娓道来，并与“主

持人”互动。本课既有国宝守护人重点讲解某文物，有助于学生提高兴趣，重点突破，又在互动中讲述该手工业发展的历史，扩大涵盖面，落实家国情怀、时空观念和史料实证素养。该形式不但实现了“让国宝活起来”，更让“教材”活起来。

二　项目开发过程

（一）制订项目目标

负责展示的“国宝守护人”通过互联网等媒介搜集国宝的相关资料（史料实证），整理成切合课标知识要求、通俗易懂、有历史底蕴的讲解稿（历史解释），学生通过文字、图片、视频和讲解的多维沉浸式体验，体悟到中国古代手工业经济的源远流长、博大精深（家国情怀），理顺在生产力不断发展的刺激下中国手工业不断革新的各项重要时间节点（唯物史观、时空观念），最后在综合探究中掌握官私手工业彼此消长的时代命运（史料实证）。

（二）开发项目资源

1. 媒体资源

一方面，本项目的设计灵感来自央视热播文化综艺节目《国家宝藏》，另一方面，笔者通过精美绝伦的中国风幻灯片、《国家宝藏》文物选段及开场音效、高清实物图片为学生呈现沉浸式的历史学习体验。本项目充分发挥了现代多媒体技术带给教学的便利作用。

2. 教师资源

笔者为营造课堂效果，定制了一块“国宝守护人水晶”。笔者将自身在陕西历史博物馆做志愿者的经验传授给学生，使学生的讲解更富感染力。

（三）设计项目框架

本项目在时间把控上以学生展示为主，以当堂探究为辅。

学生展示环节：如何指导学生恰当选择国宝是课前准备的核心问题。冶金业分为青铜冶炼和钢铁冶炼，所选择的国宝无法涵盖两种冶炼方式，最终敲定的国宝是代表青铜文明的越王勾践剑，在学生充分了解青铜文明后，指出青铜过脆易折的特性使其作为兵器走不长远，并最终被新的坚韧、廉价的材质取代——

钢铁，进一步过渡到钢铁冶炼的发展与燃料进步。纺织业也遇到了同样的问题，笔者依然选择用较早出现的丝织业为例讲述五星出东方利中国锦护帛，再以设问“尽管有织机可以量产，但丝绸仍然是贵重物品，平民百姓也可以穿得起吗”过渡到棉纺织业。关于制瓷业，笔者选择的是集各种烧造工艺于一身的“瓷母”——各种釉彩大瓶，以此为引讲述陶瓷业发展史。通过意大利文艺复兴时期画作《群神宴》、“黑石号”沉船瓷器和清代“欧洲音乐家”外销瓷青花大盘的展示和激起疑问，展示中国手工艺品通过海上丝绸之路享誉世界这一特点。

当堂探究环节：本节课不但要求掌握中国古代手工业“源远流长，享誉世界”的史实，还要总结归纳，透过现象看本质，进行思维升华。所以笔者设计了“互动环节”，通过史料实证解读“官私手工业的消长”子目。为了配合课堂项目，除配套学案外，笔者还制作了项目清单来进行反馈，让学生选出自己心中最喜欢的国宝、总结中国古代手工业的特点、通过官私手工业消长联系现实国企与民营企业的情况得出启示等，让学生既感觉到课堂的娱乐性，又能在真实情境中有所思考，解决实际问题，落实核心素养。

三 项目实施

导入

让国宝活起来，这里是大型文博探索节目《国家宝藏》，我是001号讲解员。这是一档年轻的节目，到底有多年轻？（学生：上下五千年。）五千年的文明，延续着中华民族的精神血脉，告诉我们从何而来；五千年的文明，创造的每一件文物都是文化，时代的印记告诉我们将走向何处。本期《国家宝藏》中国古代手工业特展走进青岛第三十九中学，带来冶金、纺织和制瓷行业传承千年的匠心。第一件出场的国宝是什么？它的守护人又是谁？

设计意图：利用《国家宝藏》节目的原始开场视频的配乐点燃气氛，创设情境，使学生在积极的情绪中提高学习效率。

子项目一：冶金——越王勾践剑

【生】我是国宝守护人张某某，我要守护的国宝是“越王勾践剑”。

【师】自二里头文化到春秋末期，是我国的青铜时代。商周时期青铜铸造技术就已经相当成熟，不仅数量多、种类齐备，有食器、酒器、乐器、水器、武器等，而且工艺精湛、造型生动，可以守护的国宝有很多，比如皿天全方罍、大克鼎、莲鹤方壶、四羊方尊等，那么为什么你偏偏要守护一把剑呢？

【生】因为越王勾践剑实在太过惊艳和传奇了，它以华丽的外表和高超的工艺征服后人，也与勾践一起卧薪尝胆，见证了那段沧海沉浮的乱世春秋。令人惊异的是，它作为越王勾践之剑，却出土于楚墓，据推测，勾践为求得与楚同盟共灭吴国，答应了楚王的苛刻要求，将此绝世宝剑献给楚王。勾践在大局面前舍弃个人利益，方成春秋五霸之一。此剑立下不世之功。它通高55.6厘米，而重量只有875克，不足两瓶矿泉水的重量。不仅如此，它的剑身千年不朽，出土时光芒依旧，经测试可以毫不费力割破20层A4纸，剑柄处有11道同心圆，距离仅为0.2毫米，和现代机床的技术相比也毫不逊色。目前出土的越王剑有很多把，但能证明是勾践的只此一把。我们看一下越王勾践剑在显微镜下的样子。剑身等部分分布着树枝晶，宛若星盘，菱形纹褪去的黑色表面显露银色的光芒，这是金属锡，这银光闪闪的王者之色才是它的真容。诸位同学知道这把剑为什么千年不腐吗？传统说法是它经历了硫化处理，但是最新研究表明，含硫的部分反而腐蚀地更严重。它的不朽原因有三：选材好，含碳量低；墓葬保存条件好；出土时带着剑鞘。三大因素齐备，它才完整保存至今。我们探索着勾践剑无与伦比的浩瀚风景，也探索着先人无与伦比的智慧，这是时代进步、科技进步赋予我们的机遇，让我们能从另一个维度解读国宝，窥见历史。

【师】越王勾践剑举世无双，自古吴越之地善铸剑，诞生了许多铸剑大师如干将莫邪、欧冶子，它是官营手工业工匠们呕心沥血之作，勾践剑只有一把，而残酷的战争却要求每一个士兵都拥有廉价好用的兵戈，青铜过脆易折的特性让它的位置很快被铁取代。从春秋起，冶铁炼钢的技术就逐步发展起来，冶炼所需燃料，从煤炭到焦炭，逐步改进，炉温的提高的背后是百炼成钢的千百次锻造。人手一把坚固耐用、做工精良的钢铁兵刃已不再是奢望。铁匠用锤子与汗水，锲而不舍，铸旷世利器，卫家国命运。下面有请张同学宣读国宝守护人誓言。

【生】我是张某某，我志愿守护越王勾践剑，守护历史，守护中国剑魂！

子项目二：纺织——五星出东方利中国锦护帛

【师】下一件请出的国宝是什么？它的国宝守护人又是谁呢？

【生】我是国宝守护人韩某，我要守护的国宝是“五星出东方利中国锦护帛”。

【师】中国的纺织业举世闻名。中国是最早发明丝织技术的国家，神话传说中就有皇帝的妻子嫘祖养蚕缫丝。自汉代起，中国精美的丝绸就通过丝绸之路源源不断远销海外，在罗马，轻薄柔软的丝绸让上流社会痴迷，据说一两丝的价格与一两黄金等价。西方人也因此把中国唤作“丝国”，他们还以为丝是从中国特有的土壤中长出来的。如果让人举出一件丝绸国宝，我想绝大多数人都会想起马王堆汉墓出土的薄如蝉翼的素纱禅衣，而你守护的这件东西似乎毫不起眼，它莫非还有什么不可告人的秘密？

【生】你可别小看这小小护帛，它可是我国首批禁止出境的文物。“五星出东方利中国”就是指五大行星金木水火土同时出现在东方，是一种吉相。这个织锦用了五种颜色，蓝色、绿色、红色、黄色和白色，对应五大行星，方寸之间表现得淋漓尽致。“五星出东方利中国”这句吉祥的守护语，出自西汉名将赵充国。公元前61年，76岁的老将赵充国领兵平羌，面对羌人屡次挑衅，赵充国将军均闭门不出、按兵不动，最终等得羌人内部因利益纠纷离心离德，不战而屈人之兵，在投诚羌族的帮助下一举剿灭祸首部族。这场平羌大捷恰逢五星出东方的天象奇观，“五星出东方利中国”锦护帛也因此诞生。时光流转，这件护帛被东汉后期一位君主当作守护神物带进了坟墓，他相信“五星出东方利中国”能护佑他百战百胜；1995年，黄沙下的尼雅遗址重现人间，这件智慧祥瑞之物破土而出，逾千年而益新，被誉为二十世纪中国考古学最伟大的发现之一，同时也是丝绸之路文明交流的见证。

【师】真没想到这样一件小小的护帛背后居然有这么大的秘密，那要放在古代，绣出如此精致的图案恐怕极其费时费力吧？

【生】没有那么复杂，当时完全可以做到机械化批量生产，程序非常简单，在座的各位都可以完成，当然这离不开劳动人民创造出来的先进纺织工具，请看视频中的织机（视频中中国纺织博物馆馆长示范老官山汉墓的复原织机，只需要几步即可完成一个图案，并用3D建模说明织机的原理与现代计算机的二进制编码殊途同归）。这还只是汉朝的织机，唐代的大花楼织机甚至可以完整织出整件衣服的图案。织机所承载的储存提花程序的计算机意识，在两千年前的中国就早早地确定了。我们现在总说丝绸之路，大家有没有想过，为什么中国人能在历史上铺就丝绸之路？这么多的丝绸从哪里来？就是从这些存储了提花程序的织机上来的，就是从这些匠心独运的劳动人民的智慧和创造中来的。

【师】的确如此，通过织机我们看到了丝绸之路背后所积淀的是何其雄厚的物质基础与文化自信。但我还有个疑问，尽管拥有织机可以量产，但丝帛仍然是很贵重的材质，一般的百姓也能穿丝帛衣物吗？我看影视剧里一般老百姓都是穿朴实的素衣。

【生】没错，丝绸即使是在中国也并非所有人都穿得起，那些短褐穿结的下层劳动者则多以麻、毛和棉为衣料材质。棉花柔软保暖、贴身吸汗，是制作衣物的上好材料，最早产自中亚，逐渐传到我国新疆一代，宋末元初随着海上丝绸之路在南方地区得到推广，棉纺织业成为新兴的手工业部门。元代的黄道婆全面革新棉纺织技术，发明了脚踏三锭纺纱车，能同时纺出三根纱。先进技术的推广，使江苏的松江在元明时期迅速崛起成为全国棉纺织业中心。到明代后期，棉已经取代丝、麻、毛成为广大民众的主要衣料，成为上至达官贵人下至黔首百姓都喜爱的衣料。在男耕女织、自给自足的小农经济中，“一女不织，或受其寒”，老百姓的衣物大多为家庭手工业自行织就，这些衣物虽然技术和外观上较官营手工业和私营手工业相差甚远，但这一针一线都饱含着女性对家人的挂牵，它是“衣裘卒岁吟翁暖，机杼终年织妇勤”的大道至孝，它是“呕呕轧轧，织成春恨，留着待郎归”的思夫怨妇，它是“慈母手中线，游子身上衣”的骨肉情深。

【师】纺织是构梦的艺术，劳动者用精巧的双手，朴素的想象，铺起丝绸之路的盛世华章。有请国宝守护人宣读守护誓言。

【生】我是韩某，我志愿守护五星出东方利中国锦护帛，守护历史，守护丝路传奇。

子项目三：制瓷——各种釉彩大瓶

【师】下一件请出的国宝是什么？它的国宝守护人又是谁呢？

【生】我是李某，我要守护的国宝是“清乾隆各种釉彩大瓶”。这件色彩斑斓的瓷器在中国陶瓷史上具有举足轻重的地位，将历代工艺集于一身，被称为瓷母。这件瓷器是乾隆皇帝的夙愿，他希望烧造出集各种烧造方法为一身的瓷器，最终这个奇迹还真的在他手中实现了。

【师】快给大家讲一讲这件瓷器吧。

【生】这件瓷器太复杂，我可讲不了，不过我请了故宫博物馆的志愿者，下面由他为大家讲解（视频中故宫博物馆志愿者讲述该文物所用的17种工艺，并估算了这件器物的烧造概率，以每种釉70%的烧制成功概率计算，70%的17次方约是0.26%，几乎是不可能完成的）。

【师】这件瓷瓶的工艺真是令人叹为观止，它的出现的确是个奇迹。

【生】中国是瓷器的故乡，素以销售瓷器闻名于世，英文China实为景德镇曾用名“昌南”的音译。让我们一起来梳理一下中国的陶瓷发展史。

陶瓷从制作原理上讲，陶是瓷的源，瓷是陶的流。陶器一般用黏土做胎，烧制温度不超过1000℃，表面无釉，有吸水性，敲击声低闷；瓷器用高岭土做胎，表面施高温玻璃釉，在1200℃以上高温烧成，无吸水性，半透明，敲击声如金属般清脆。早在新石器时代，世界各国都普遍使用陶器，但最终演进到瓷器的只有中国。

陶器可以分为红陶、黑陶和白陶，白陶从烧制温度和材质来讲已经逼近瓷器，商朝时已经出现原始瓷器。

东汉晚期，我们成功烧出了青瓷，南北朝时期进一步控制瓷中含铁量，烧出白瓷。隋唐盛世也是瓷器的盛世，工艺臻于成熟，瓷窑遍布南北，制瓷业成为独立的生产部门，瓷器成为人们生活中不可缺少的用品。唐代最著名的两大瓷器就是“类玉类冰”的南方越窑青瓷和“类银类雪”的北方邢窑白瓷。

宋代开始中国开启真正意义上的瓷器时代，五大名窑钧窑、汝窑、官窑、定窑、哥窑风行全国。钧窑盛产青紫色窑变釉，素有“黄金有价钧无价”和“家有万贯，不如钧瓷一件”的美誉。汝窑胎质细腻，釉色天青，晶莹发亮，有“雨过天晴云破处”，“千峰碧波翠色来”的美誉，哥窑则以盛产冰裂纹著称。宋代还有八大民窑，这些都是丝毫不亚于官窑的私营手工业，大量占据市场。瓷都江西景德镇也在此时因产青白瓷闻名。

元代开启了彩瓷烧造的里程碑，景德镇摸索出成熟的青花瓷烧造工艺，这是一种釉下彩，以氧化钴为着色剂，在陶瓷坯体上描绘纹饰，再施釉高温烧制。构图丰满，层次多而不乱，青色浓郁鲜艳，深受人们的喜爱。

到明清时釉上彩工艺广泛使用，它是在已经烧成的瓷器釉面上用各种彩料绘制各种纹饰，然后二次入窑，低温固化彩料而成。明成化年间开始烧制的斗彩和清朝的珐琅彩、粉彩均是釉上彩工艺。

【师】说的非常好。中国的制瓷业源远流长，技艺精湛。而且瓷器诞生于中国，却属于世界。不信？请看文艺复兴时期意大利画作《群神宴》，你会发现什么中国元素？（生：青花瓷。）为什么西方人也在使用青花瓷？他们是通过什么方式获得的呢？（生：海上丝绸之路。）从中国东南沿海的泉州、广州、宁波等地每天都会满载中国瓷器扬帆出海，将来自东方的精美瓷器送入西方的寻常百姓家。1998年，在印度尼西亚海域附近打捞起了一艘唐代的阿拉伯商人沉船“黑石号”，上面竟然发现了六万七千多件中国的瓷器。像这样沉睡在海底的中国瓷器还有许多，我们期待它们有一天能够重见天日。如果《群神图》已经使你惊讶，那接下来你可能会更惊讶。仔细观察图案，你又会发现什么？其实这件瓷器是外销品，法国皇室在景德镇定制的符合他们审美的器皿，所用的底稿是尼古拉斯·伯纳特的铜版画。画面中正在举办有东方情调的音乐晚会，与四周的中国山水纹饰相得益彰，珠联璧合。而据考证，它所使用的钴料着色剂产自中亚。一方瓷器，汇一个世界，见证着中西方商贸的繁荣景象，诉说着海上丝绸之路的文明交流。瓷是火焰与泥土的搏斗场，千百次失败中华丽蜕变；釉是匠人心灵的画板，万般变化初心不改；穿过时空，跨越文明，今生再会。有请国宝守护人宣读国宝守护人誓言。

【生】我是国宝守护人李某。我志愿守护各种釉彩大瓶，守护历史，守护中国色彩。

子项目设计意图：历史是一门人文学科，没有高深的难度，要想学好必须要有发自内心的热爱，即钱穆先生所说对历史“有一种温情与敬意”。本课最基本的目的在于让学生了解史实，激发情感，三个子项目中国宝守护人讲解的文物都是最顶级、最精湛、最能体现中国古代手工业水平的瑰宝，国宝吸引着学生探索手工业的发展史。通过子项目让学生的历史核心素养落地：用国宝激发学生文化自信的“家国情怀”，学习不同阶段手工业发展状况的“时空观念”，用活生生的文物资料来证明中国古代手工业“源远流长、享誉世界”特点的“史料实证、历史解释”。

互动反馈

【师】感谢三位国宝守护人为我们展示了以冶金、纺织和制瓷为代表的中国手工业发展史，请拿起手中的投票纸，为你喜欢的国宝投上一票，并在课下将理由写在评价表上。接下来进入互动环节。首先我们再把目光集中在各种釉彩大瓶上，它是官营手工业品还是私营手工业品？

【生】官营手工业品。

【师】请同学们阅读教材第18、19页，找出官营手工业的特点。

【生】资金雄厚、规模经营、细密分工、质量严格、官府统一提供原料、不计成本、不进入市场、匠籍制度，强制工匠服役等。

【师】正因为官营手工业的这些特点，这件成功率极低的各种釉彩大瓶才被技艺精湛的工匠们不计一切代价烧造了出来。然而这个时代其实是官营手工业的没落时代，请看这段材料，官窑在明朝中期出现了什么状况？

材料一：（官窑）按逐年存贮器皿，堆积日多，库役皂快乘机盗窃，董事者且拣择馈送。是以公家之物，徒济贪鄙之私。隆庆五年春，蒙抚院议行将存留器皿委官查解折俸，因验得东、西库房贮存各器体质粗粝、花色暗黑，类多不堪。近年如此，远可类推。节经建议发卖或兑民窑，乞无成兑者。

——《江西大志·陶书》

【生】（翻译略）经营不善，管理腐败，工匠生产积极性低，产品质量低下，缺乏竞争力。

【师】所以官窑为了上贡，采取了什么措施？

【生】官搭民烧。

【师】与此同时，民窑取得了突飞猛进的发展，请阅读下列材料，思考官窑呈现的特点。请同学回答一下。

材料二：这一时期，民窑充满活力，其技术实力在很多方面已经远远超过官窑……宫廷的日用瓷器只能依赖民间的窑口……清代形成分工协作关系，官窑负责瓷器的成形与彩绘，而民营只负责烧窑……出现只提供窑位的“包青窑”。

> 制瓷工艺的分工细化程度令人瞠目结舌。明末成书的《天工开物》载："共计一坯之力，过手七十二方克成器。"大意是一件瓷器的制作，从头到尾要经过七十二人之手，引申为七十二道工序。
>
> ——涂睿明《捡来的瓷器史》

【生】明朝中叶后，民营手工业在制瓷业占据主导地位，自负盈亏，市场竞争力逐步增强，社会分工细化。

【师】因为民窑要进入市场，以赚钱为目的，所以生产积极性高，技术革新动力旺盛，最终占据主导地位。结合官私手工业的发展变化，请在评价表上谈谈自己的看法。文化传天下，匠心永相随。两千年前的驼铃还在回响，"一带一路"再次横贯西东，跨越千年的中国人，以工匠之心雕琢时光，以文化之美传扬天下，守护丝路芬芳，守护中国创造。国家宝藏，我们下期再见。

互动反馈设计思路：历史学习的目的不是记忆，而是规律的归纳探索。互动反馈旨在用小组合作的方式分析史料研究"为什么盛极一时的官营手工业最终却落后于私营手工业"，用问题导向引发学生深层次思考，培养历史思维，使学生着眼当下、关注现实，总结官私手工业消长对现代企业发展的经验，发挥历史学科的社会价值。

四　项目评价

项目式教学在评价方式上更具有多元性，融合了定性与定量评价、形成性与总结性评价、多元主体评价等多种方式。笔者在学案外设计了评价表进行评价和反馈。第1题采取定量评价和他评，用于反馈展示效果。第2～4题则是结合本节课知识进行问题作答，由教师批阅后赋分，采取定量评价和师评。

农耕时代的手工业经济评价反馈

1. 请在你支持的国宝上打钩（单选）

A. 越王勾践剑　　B. 五星出东方利中国锦护帛　　C. 各种釉彩大瓶

2. 请利用本课所学知识说明你选择的理由。（要求：史论结合，言之有理，200字以上）

3. 根据本课所学归纳中国古代手工业的特点。

4. 谈谈你从官营手工业和私营手工业的消长中得到的启示。

五 自我反思

本堂课紧跟媒体热点，以《国家宝藏》为主体结构，形式新颖，趣味性强，受到学生的欢迎。国宝守护人韩某说："通过这堂课收获了很多感兴趣的文物知识，也锻炼了自我，在同学面前展示了自我，很受用。"国宝守护人张某某说："我从小酷爱中国冷兵器，很感谢这节课我能够作为越王勾践剑的守护人，将自己擅长的方面展示出来。"国宝守护人李某说："虽然历史成绩并不好，但我仍然超爱历史，历史特别有意思，我也特别爱看《国家宝藏》，每一期都不落下，这次能够担任国宝守护人真的很激动，希望能够通过这样的课堂更快提升自己的成绩。"学生的反馈证明以项目式教学整合国家课程，能够解决学生创新意识不强、研究性学习能力不强的问题，激发学生学习兴趣，提高学生学科核心素养。

本节课仍有很大的提升空间。有观点认为，项目式教学是通过让学生开展跨学科项目，制作出真实的成果和产品。本节课所涉及的冶金和陶瓷的制作工艺、古诗文中对器物的描绘等，完全可以与化学和语文进行学科融合交叉。如果条件允许，可以将学生带进工厂，在现代车间亲自体会冶金、纺织和制瓷的奥秘。此外，项目式教学要求学生积极参与项目，本课囿于时间，只能让三个学生自愿报名讲解，对其他学生来说，课堂上有半个小时的时间仍在被动接受，只是讲授人由教师变成了学生。笔者尝试在下一次项目式教学中发起全员参与的项目。

案例 2

《回望“海上丝路”——马尼拉大帆船贸易》

一　项目开发背景

（一）高三一轮复习的探索与实践

项目式教学强调项目本身应为学生热切需要解决的真实问题，强调知识学习与能力培养的综合。对高中历史学科而言，项目式教学至少要做到：涵盖学科核心知识，体现历史学科的特点、方法，操作难度与学生的认知水平相符。

对于高三学生而言，高考无疑成为摆在面前最真实、最现实、最急需解决的问题。针对高三学子的项目式教学必须在贴合课标要求、教材、高考，夯实基础知识的同时注重能力和素养的提升。结合教学实际，本课设计为建立在学生已经复习完基础知识之上的总结和提升课。故基于课标的国家课程项目化重构与整合便成为笔者探索高中历史项目式教学的最初形式。

（二）国家课程整合与重构的尝试

本课力图以马尼拉大帆船贸易为切入点，整合高中历史教材《农耕时代的商业与城市》（明清部分）、《近代前夜的发展与迟滞》、《新航路的开辟》、《欧洲的殖民扩张与掠夺》以及《明清之际的进步思潮》，也就是16～19世纪中国明清时期和西欧崛起的相关教材基础知识。进而以此为切入点打破明清五百余年被笼统地视为专制、独裁、保守、闭关的“超稳定版块”的传统认知。

二　项目开发过程

（一）制订项目目标

1. 通过辨析来源不同、形式不同的有关马尼拉大帆船概念的材料，引导学生

提炼、分析和归纳文本信息。（史料实证）

2. 通过给历史事件重新命名的环节，引导学生注意历史叙述中不可避免地存在立场和角度等问题，同时学会旧知识新应用的知识迁移。（历史解释）

3. 通过对大帆船贸易历史背景的探究，加深对“海禁”“闭关锁国”政策的理解，并了解明后期针对民间贸易政府曾有的开放姿态。（时空观念）

4. 通过探究马尼拉大帆船贸易对中国历史的影响，学会透过历史现象探究历史的本质，学会用联系的观点看问题。（唯物史观）

5. 通过学习历史的过程把握历史细节，深入思考形成明清之际中国卷入全球化有多深，则政策束缚经济活力的历史遗憾就有多大的历史感悟。（家国情怀）

（二）开发项目资源

1. 高考模拟题、优秀同行资源的借鉴与开发

关于具体项目“马尼拉大帆船贸易”的确立与开发，来源于笔者的教学实践。在高三一轮复习的过程中，有大量以马尼拉大帆船贸易为情境的高考模拟题，学生对此情境充满好奇、兴趣浓厚，笔者便决定将其开发为项目式教学。而在笔者参加青岛市高三一轮复习的公开课活动中，发现青岛一中的丁彦平老师独具慧眼、先行一步，对此情境资源做了较为详细和高水平的开发。笔者深有感触、受益良多，决定从与丁老师不同的角度对此情境资源进行进一步的开发与实践。

2. 高三项目式教学视角下的网络资源开发

网络资源固然丰富，然其芜杂也是现实。历史学科的严谨性要求教师筛选的网络资源符合学生认知的同时，必须保证严谨、准确、学术。搜集、梳理、印证或质疑网络资源的过程必将花费教师大量精力。故在高三教学实践中，笔者转变网络资源开发的思路，在开发高质量、学术性网络资源的同时，以史料实证的方式开发常见的网络资源，在课堂中与学生一同梳理、质疑或印证史料。以马尼拉大帆船贸易为例，笔者放弃简单地将百度百科的概念定义介绍给学生的方法，而是提供来源于百度百科、维基百科、学者著作等不同形式的定义，以“学生自己下定义”的设问方式锻炼学生提取有效信息、辨析信息、整合概括信息的能力。

（三）设计项目框架

1. 分析教学内容，确立项目主题

16～19世纪的明清时期在中国历史上占有特殊的地位。一方面，此时期已经处于近代前夜，农耕经济处于高度繁荣和发展时期；另一方面，政府重农抑商、闭关锁国抑制了向近代化转型。再加上此时专制集权强化，八股取士束缚士人思想，明清之际便很容易被笼统地视为专制、独裁、保守、闭关的“超稳定版块”。

然而有相当一部分学者认为16～19世纪的明清，尤其是“明朝中后期的社会各方面大体与西方社会同步发展和保持着较为顺畅的交流，并非入清以后的19世纪与西方相去甚远、天各一方”。

把明清之际的中国放在全球经济的视野下考察，会引出许多新启示。马尼拉大帆船贸易恰恰为16～19世纪中国与“新大陆”的经济纽带，与其他贸易航线相比较，更能凸显此阶段的全球性。

2. 根据项目主题，选择项目素材

如前所述，项目素材的选择基于教师的教学实践、学生学习过程中兴趣与疑问的生成，素材来源于网络、学者著作等。

3. 梳理项目内容，进行问题拆解

高三一轮复习背景之下的项目内容梳理与问题拆解相对比较简单，确定“马尼拉大帆船贸易”的项目主题之后，根据学生的认知规律和高考的知识和能力要求，笔者将其梳理为以下三个部分，相应地拆解为多个具有思考梯度的问题：

（1）何谓马尼拉大帆船贸易

① 从已知定义中提取信息，自己定义马尼拉大帆船贸易。（提取信息、概括信息）

② 根据材料，从欧洲和中国的立场重新定义马尼拉大帆船贸易。（辨析信息）

（2）全球视野和明代中国视角之下的马尼拉大帆船贸易

① 回顾明清时期“闭关锁国”“海禁政策”的原因、影响。（学案提问形式、自主复习）

② 根据材料思考“闭关”“海禁”之下马尼拉大帆船贸易何以繁荣。（思维冲突、提取信息、知识迁移与应用、发现新问题）

（3）根据马尼拉大帆船贸易重新定义明代中国“闭关”

① 提供细节化材料，找出知识关联。（提取信息、概括历史本质与联系）

② 知识总结与提升，夯实基础，问题升华。

③ 探讨观点，巩固落实所学。

三 项目实施

在高三一轮复习的特殊背景之下，本项目采取高三一轮复习课的形式。项目式教学的探索一直在路上。以下是本课的具体教学设计过程，以供读者参考。

课堂导入

很多同学在看到本课的题目之时便产生了疑问：什么是马尼拉大帆船贸易？可能还有一部分同学并不熟悉马尼拉这个地方：它是今天菲律宾的一个城市。而我们今天所要讲的便是16～19世纪明清之际的中国与菲律宾城市马尼拉，以及将二者连接的西班牙有关。

设计意图：概念导入，简洁直接地激发疑问、进入主题。

第一节 历史概况

（一）马尼拉大帆船贸易的不同定义

1. The Manila Galleon Trade的直译为：16世纪下半叶至19世纪初的250年间，西班牙殖民地墨西哥和菲律宾之间的垄断贸易。

——网上的解释

2. 大帆船把福建月港来的明朝商品运往美洲墨西哥、巴拿马等地，实际上就是用美洲的金银与其他商品换取亚洲，尤其是当时风靡全球的丝绸与陶瓷等为主的中国商品，又称“银丝对流”。

——法国学者布罗代尔的解释

3. 参见网上的地图示意。

问题：以上是来源不同、形式也不同的材料。请尽可能从以上材料提取有关马尼拉大帆船贸易的信息，并用最简洁的语言重新给予解释或者定义。

设计意图：用来源不同、形式不同的材料使学生认识到历史概念的解释内容和形式可以多样，引导学生归纳马尼拉大帆船贸易概念的核心内容：由西班牙垄断，以对华贸易为基础，以菲律宾为中转站，从16世纪下半叶绵延至19世纪初的银丝对流贸易。通过问题提问，锻炼学生文本信息的提炼、分析和归纳能力。

（二）贸易盛况

教师展示材料，引导学生阅读：

吴承明关于1570～1649年间抵达马尼拉之中国商船数量与运回白银数量统计表

年　代	船只数	输入白银（万两）
1570～1579	75	28.5
1580～1589	234	88.9
1590～1599	185	70.3
1600～1609	274	104.1
1610～1619	273	103.7
1620～1629	237	90.1
1630～1639	368	139.8
1640～1649	181	68.8

设计意图：通过具体的数据使学生进一步感受大帆船贸易的盛况，从而也渗透实证意识。引导学生进一步认识到马尼拉大帆船贸易的实质：银丝对流。

（三）重新命名

展示材料：

1. 因马尼拉是大帆船贸易的中转站，同时帆船主要由马尼拉当地木材所造，故这条贸易航线被称为马尼拉大帆船贸易。

2. 中国往往是大帆船贸易货物的主要来源，就新西班牙（墨西哥及其附近广大地区）的人民来说，大帆船就是中国船，马尼拉就是中国与墨西哥之间的转运站，作为大帆船贸易的最重要商品的中国丝货，都以它为集散地而横渡太平洋。在墨西哥的西班牙人，当无拘无束地谈及菲律宾的时候，有如谈及中国的一个省那样。

——《铭记中国与菲律宾间的贸易》

问题：大家仔细阅读材料，分析材料分别怎样命名马尼拉大帆船贸易。分别以欧洲和中国的立场，从航线的角度重新命名马尼拉大帆船贸易。

设计意图：使学生注意历史叙述中不可避免地存在立场和角度等问题；理解中国的对外贸易优势。

第二节 历史背景

“闭关锁国”和“海禁”下贸易的繁盛。

材料：穆宗隆庆元年（1567年），在福建漳州月港部分开放海禁，“开海禁，准贩东西二洋”，对日本仍海禁，对于澳门葡萄牙人、菲律宾西班牙人的贸易实行开放，不久便开始了马尼拉大帆船贸易。

问题：根据材料并结合所学知识，概括马尼拉大帆船贸易能够繁荣的原因。

设计意图：学生理解什么是马尼拉大帆船贸易之后，对其背景则不会陌生。教师提供开禁政策的相关资料，同时调动并进一步夯实学生有关新航路开辟和明清农耕经济繁荣的相关知识。

第三节 历史影响

展示材料：

你能看出以下事例与马尼拉大帆船贸易之间有什么关系吗？
西班牙殖民菲律宾与波托西银矿的发现
岭南农户碗中的土豆：可以再生个娃
中国最穷的人也随身携带一把剪子和小秤
买不尽松江布，收不尽魏塘纱
读书人的困惑：王守仁的克服私欲还是李贽的人皆有私？

问题：以上是发生在16～19世纪的中国和世界的一些历史事件。你能看出这些事件之间的联系吗？

设计意图：对于历史事件的影响，一般教学思路是教师精心梳理材料并根据材料设置有针对性的问题，学生则根据材料一一对应得出结论。但学生并不能理解为什么教师要选取这些材料（也就是思考问题的角度），同时也并不能理解材料与材料之间到底有何关联。有出处的材料通过教师截取、摘编，形成生动活泼的具体史实，一方面保证了材料的科学性，另一方面生动化、情境化的材料则会激发学生的思考兴趣，与此同时问题的思维含量也在增大：学生首先要通过这些历史现象看到历史的本质，然后与所学知识（新航路开辟、早期殖民扩张、农耕经济繁荣的具体史实等）相结合，最后才能看出材料与材料之间的关系。而针对材料之间的联系而非材料本身提出问题，则会引导学生应用全球史观和唯物史观来看待历史。

第四节　观点争鸣

展示材料：1500～1800年，经济全球化中的东方是世界经济中心。在欧洲工业革命前，世界经济中心不在欧洲，而在亚洲，特别是中国。

——《白银资本——重视经济全球化的东方》

问题：学界对于明清经济的地位问题有着极大的争议。而美国学者弗兰克则提出了自己的观点。请根据以上所学内容和材料，评价弗兰克的观点。（要求：观点明确，史论结合；紧扣评论对象）

设计意图：高考题目中最能体现学生能力的往往为小论文题，因其对学生的历史知识掌握程度、历史理解和解释能力、逻辑分析和阐释能力、语言表达和概括能力都有着极高的要求。这里设置观点争鸣环节，一方面落实高考要求，服务于高三一轮复习，同时也是对马尼拉大帆船贸易的相关知识的总结和升华。这里不期学生有着怎样的观点、观点如何，只期通过学习和思考，学生能在全球视野下对16～19世纪的明清有着重新思考和认识。

四　项目评价

对高中教学的评价维度不可不谓多元：过程性评价、终结性评价、学生自我评价、教师评价、同学之间相互评价等。评价标准也较为多样：教学目标达成与否、师生课堂状态是否具有生命力、历史课堂是否具备“历史味”等。笔者根据高三一轮复习的教学实践要求、本课的具体内容以及项目式教学的评价要求，采用以下评价方式：

1. 过程性评价：以师生的课堂互动为主，以是否形成课堂生成问题为标准。

2. 终结性评价：学案课后习题、课堂问题设计。

3. 学生评价：为更好地落实基础知识、了解学情、提高课堂效率，本课的学生评价内容设计只针对教师与课堂。

课堂学习自我检测				
你是否理解什么是马尼拉大帆船贸易？	仍不清楚	可自我复述	可讲与他人	有新想法
你对马尼拉大帆船贸易是否产生兴趣？	仍无兴趣	有些兴趣	深感兴趣	早已了然
你觉得本课的学习可能涉及教材上的哪些内容？				
请写出学习本课之后你的新认识。				
本课有无让你印象深刻的问题设计？有的话请写下。				
你对本堂课哪些地方还有建议？				

五　自我反思

高三一轮复习课很容易产生教材知识整合度不够、课堂上学生思维紧张和思维质量不够、教师重复高一高二所讲“炒冷饭”、学生重复学习以前所学等“老生常谈”问题。本课力图提供一个新情境下高三一轮复习的案例：注重教材基础知识的整合、增加学生复习的思维含量、新情境下激发学生复习思考兴趣。

本课的内容量不大，但思维量不可谓不大，一节45分钟的课堂难以容纳。从学生的反馈来看，第一环节和第二环节因有充分的思考时间而反应良好，第三环节从情境设计上看是最能调动学生学习积极性的，但因时间紧张，结论得出相对仓促，加之问题时间跨度较大、涵盖知识面较广，部分学生在知识的调动和迁移应用上有些吃力。如果压缩内容，则只能牺牲教学质量或者情境的完整性。所以项目式教学的最后展示环节或许可以不局限于45分钟。

另外，本课的形式是否完全符合项目式教学的模式？或者说项目式教学有无更多的形式和可能性？对于高中历史教学而言，界定项目式教学区别于其他教学形式的核心特质仍值得我们进一步探讨。

路漫漫其修远兮，吾将上下而求索。

案例3

《从荣氏家族的兴衰看中国近代民族工业的发展》

一　项目开发背景

（一）学生需求

自2013年起，教育部针对21世纪以来中国社会发展的实际，结合国际教育发展方向构建具有中国特色的普通高中课程体系，并在2013年全面启动了《普通高中历史课程标准（2017年版）》的起草工作，其主要目的就是为了贯彻落实党中央提出的“立德树人”根本任务，深入总结21世纪以来普通高中历史课程改革的宝贵经验，充分借鉴国际课程改革的优秀成果，努力将我国高中历史课程标准修订成既具有国际先进水平又符合我国实际情况的纲领性教学文件。经过四年的努力，教育部正式颁布了新课标。新课标的第一个重大变化，即在课程目标上由“三维目标”发展到“历史学科核心素养”。历史学科核心素养是以学科知识技能为基础，整合了情感、态度或价值观在内的能够满足特定现实需求的综合品质和相关能力。学科核心素养不是简单的知识或技能，而是既包括一般意义上的知识与能力，还包括情感、态度、价值观等维度。可以说，历史学科核心素养，是学生学习历史之后所形成的、具有历史学科特点的关键成就。这一变化不仅仅是表述上的变化，还是国家在育人目标上的新要求，是基础教育落实立德树人根本任务的具体体现。它将有效地实现从学科本位、知识本位到育人本位、学生素养发展本位的根本转型。而本课正是在这转型之际的一次尝试。

高一正是学生的抽象逻辑和历史思维能力培养塑造的阶段，而且通过高一第一学期的历史知识的学习和技能的培养，初步具备了获取和解读历史史料的能力，因此，分析、甄别本节课需要的文字史料和图片史料的信息，对于学生来讲是一个锻炼提升的过程，在此基础上，学生要进一步从已学习过的历史知识中进行选择，运用相关学科的基本技能解决历史问题，进而用历史语言和逻辑关系表达出历史问题的过程与结果。

（二）学科实际

中学历史课程承载着历史学的育人功能。学生通过高中历史课程的学习，进一步拓宽历史视野，发展历史思维，提高历史学科核心素养，能够从历史发展的角度理解并认同社会主义核心价值观和中华优秀传统文化，认识并弘扬以爱国主义为核心的民族精神和以改革创新为核心的时代精神，具有广阔的国际视野，树立正确的世界观、人生观、价值观和历史观，为未来的学习、工作与生活打下基础。

本课是在高中新授课的基础上进行的复习课设计，主要涉及高中历史教材中的《近代中国社会经济结构的变动》和《民国时期民族工业的曲折发展》。工业是一个民族的脊梁，是实现中华民族伟大复兴的基础，工业强则国强，民族工业的发展关系到民族、国家的前途和命运。在与教材内容的衔接上，它上承古代手工业和近代洋务运动，下启中国现代化市场经济，对中国紧跟世界潮流并形成中国特色经济发展形式有很大影响。探究民族工业的产生、发展，揭示中国近代民族经济发展的基本规律和趋势，利用历史思维重塑知识体系，从多视角、多类型、多层次探究思考历史，有助于学生理解在半殖民地半封建的社会背景下中国经济近代化的艰难发展，进而培养正确的人生观，为国家现代化发展贡献自己的力量。

荣氏家族，是以荣毅仁为代表的中国民族资本家家族。他们靠实业兴国、护国、荣国，在中国乃至世界写下了一段辉煌的历史。中国人民大学经济学院教授高德步评价说：“从近代开始，荣家三代对中国经济的发展做出了巨大贡献。荣宗敬和荣德生兄弟创办的企业是中国民族企业的前驱；新中国成立后，荣毅仁支持政府的三大改造，对我国经济的发展起到非常积极的作用；改革开放以后，荣家第三代荣智健等人对中国市场经济、新兴民族企业的发展做出了重大贡献。”

二　项目开发过程

（一）制订项目目标

2017年7月，为继续深入研究如何将核心素养落地到教育教学的主战场——课堂教学中，进一步深化教育改革，北京师范大学与青岛市教育局和青岛第三十九中学合作开展“基于项目式教学促进学生核心素养发展的课程整合及课堂教学改进实践研究”。本课是基于本校课程改革和课堂教学改进下的一次探索与尝试，是项目式教学与历史学科教学的有机结合。将历史教学内容转化为课题性教学，帮助学生形成知识体系、提高创新迁移能力，突出学生主体地位。本节课所制定的小课题都是学生在学习过程中自己主动思考提出的，真正由学生去思考、探究、搜集、提炼资料，从而得出结论，这就突出了学生在课堂中的主体地位。

◎ 知识目标

本课是基于本校“基于项目式教学促进学生核心素养发展的课程整合及课堂教学改进实践研究”下的一次探索与尝试。这次尝试的目的是希望将项目式教学和历史学科教学有效结合起来，帮助学生深入了解历史，用历史知识来解决历史问题。

在《以荣氏兴衰历程探索中国近代民族工业曲折发展》里，学生分组收集大量史料，动脑思考，制作课件和演讲稿，利用小组内分工和小组间交流，互相学习、鼓励，每个人都参与学习，大大提升史料阅读、整理、搜集和辨析能力，在课堂展示中以时空为脉络，探索解决课堂重难点，较好地发展了历史学科核心素养。

◎ 素养目标

1. 本节课例与高中历史教材必修二经济成长历程第二单元《工业文明的崛起和对中国的冲击》第10课《近代中国社会经济结构的变动》、第11课《民国时期民族工业的曲折发展》相联系。本节课从教学内容来看综合性较强，从教材的使用上来看，涉及必修一的侵略史与抗争史，所以教师需要打破教材的束缚，以时空观念为跨度形成对知识的整合与思考。

2. 运用唯物史观的立场、观点和方法，形成对历史的全面、客观的认识。

学生通过搜集、整理相关史料，锻炼历史学科核心素养中史料实证能力所要求的“对获取的史料进行辨析，并运用可信的史料努力重现历史真实的态度和方法”；引导学生在纷繁复杂的史料中通过多种途径辨别真伪，并在讲述中锻炼历史解释能力中要求的“通过多种不同的方式描述和解释过去，通过对史料的搜集、整理和辨析，辩证、客观地理解历史事物，并揭示其表象背后的深层因果关系”。

3. 引导学生在整理史料的过程中联系民族工业发展的进程，回顾高中历史教材必修一和必修二中所学习的相关历史知识的重要时间节点，认识到民族工业的发展是在特定的、具体的时间和空间条件下发生的，从而使学生认识到时空观念素养中描述的“只有在特定的时空框架当中，才可能对史事有准确的理解”，形成未来学习历史的基本时空思维。

4. 通过了解近代民族工业的曲折发展，使学生感受时代发展对中国民族工业和中国经济产生的深刻影响，让学生深入了解中国经济近代化的曲折历程，有助于学生更好地理解中国社会发展的不易，培养“对国家富强、人民幸福的情感，对国家的高度认同感、归属感、责任感和使命感”的历史价值观。

（二）开发项目资源

◎ 学校资源

我校历来重视学生的课题研究能力。学校积极依托海洋资源优势，在学生中推行课题研究，做到“人人有课题，人人搞研究”。每位学生自进入我校起，每一学年都有一个课题，都要经过严格的选题、立项、开题、实验、评价、撰写结题报告、答辩、评奖等环节，在研究中学习，在学习中研究。通过课题研究，学生的综合素质获得提高，发现问题、研究问题和解决问题的能力得到极大提升。

◎ 学科资源

在日常的教学工作中，教师已经有意识地向学生展示一些历史学科前沿的研究资料，学校的图书馆中也有很多关于改革开放的资料。学生还能够通过网络、社会实践等获得多种类型的资料。

民族工业在中国近代作为一种新的经济因素，顺应了历史发展的趋势，其产生和发展有利于社会进步，其先进的近代资本主义生产方式和管理模式，有利于解放社会生产力，有力地推动了中国社会的近代化进程，并且在改善民生、促进经济近代化的同时也推动了中国近代经济结构的变动，为资产阶级的政治斗争提供了阶级基础和社会经济基础，也带来无产阶级队伍的壮大，为旧民主主义革命向新民主主义革命的转化和中国共产党的成立提供了条件。随着民族工业的发展和中国社会的近代化，人们的视野不断得以开阔，人们的思想观念和生活方式得到转变，社会风气日益开化，人们革除陋习，移风易俗，以适应近代工业社会的发展为追求。

这一部分相关资料非常丰富，也为探索民族工业的发展历程、重要影响和前景留下了充足的思考空间，学生通过收集大量史料，探究百年企业发展，搜寻网上资料，大大提升了史料阅读能力。

（三）设计项目框架

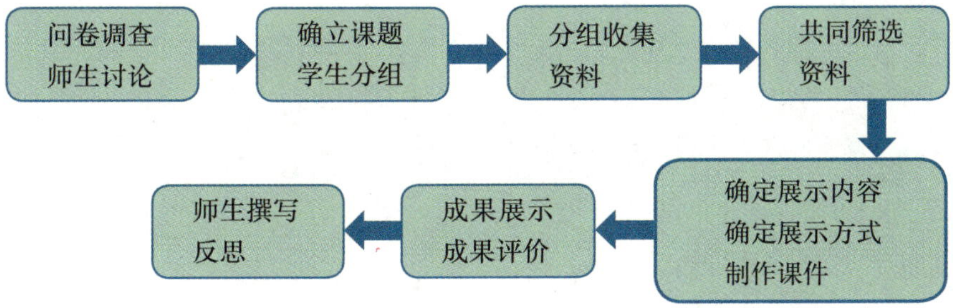

三　项目实施

（一）实施方式

1. 查阅资料法：本节课的重要知识目标在于使学生通过对中国近现代民族工业发展历程的学习，掌握中国近代民族工业曲折发展的基本史实及发展的基本脉络，并总结概括民族工业发展的阶段特征。这要求建立在学生掌握大量的相关基础知识的背景下，因此在本课题的探究过程中，学生应当利用书籍、论文、网络等，获取与该课题相关的大量的文字、图片或者影视资料。

2. 小组合作探究法：本节课重点探究学生在学习中思考的问题，通过搜集资料、探究交流、解决问题而呈现学生的思考过程和对知识的融会贯通程度。

在这种前提下，教师将学生分成三个小组，分别探讨近代中国工业萧条的表现、近代中国轻工业发展状况对民族工业的影响、官僚资本对近代中国发展的作用。

（二）过程案例

1. 宏观把握，创设情境

教师通过纪录片《2016年荣氏家族介绍（无锡荣奕霖）》引入本节课的学习，并引导学生回顾之前所学，填写大事年表，使学生认识到特定的历史事件是在特定的时间背景下发生的。同时使学生对整个民族工业曲折发展历程形成宏观的认知，梳理脉络，定位时空，感知客观历史事件背后的发展趋势。

阶　段	时　代	背　景	阶段特征
产生			
初步发展			
黄金时代			
萎缩			
新生			

2. 微观分析，深化认识

通过大事年表，学生对中国近代民族工业曲折发展的历程已经形成了宏观的认知，在此基础上，我们继续进行下一步的探究，也就是以时间为脉络来深入解析、认知本课。

（1）中国民族资本主义工业在中国工业发展史上占据怎样的地位？

设计意图：用所学历史知识解决实际问题。帮助学生回忆基础知识点，更重要的是帮助学生厘清思路，看待工业发展变迁要从特定的历史时空出发，并且将时代背景细化为政治、经济、思想、文化各个方面。

通过复习，学生快速回忆民族工业发展历程的基础知识，用渐次递进的方式，层层深入本课，并尝试分析民族工业的时代背景，对其进行阶段划分并说明每一阶段表现出的特点；教师在此基础上进行深入讲解，提升学生学习兴趣，也锻炼其语言表达能力和逻辑思维能力。

民族工业曲折发展历程

①艰难产生篇：千呼万唤始出来（1870～1895年）

②初步发展篇：小荷才露尖尖角（1895～1911年）

③短暂春天篇：忽如一夜春风来（1912～1919年）

④迅速萧条篇：无可奈何花落去（1919～1927年）

⑤较快发展篇：柳暗花明又一村（1927～1937年）

⑥日益萎缩篇：北风卷地白草折（1937～1945年）

⑦陷入绝境篇：荷尽已无擎天盖（1945～1949年）

⑧获得新生篇：脱胎换骨焕新生（1949～1956年）

学生：思考、讨论、回答、感悟。

（2）近代中国和西方一样都是从轻工业开始近代化，为什么说近代中国经济结构是不合理的？

设计意图：夯实历史基础知识，在探索中国经济结构比重的同时对西方工业革命进行深层次复习，让学生增强思考能力，深刻了解中国国情，对于特定历史条件和特定时代表现加强认知。

学生：讨论、探究，并且结合小组展示回答。

答：中国民族工业开端从轻工业开始，与西方一样，因为投资轻工业，投资少、收效快，这并不错误，但西方为了追求高额的利润，进行了血腥的殖民贸易，有了大量的资本原始积累，资金雄厚。并且在多种元素支持下，例如科学理论和生产力的发展，西方开始工业转型，发展重工业，但中国工业是从外国进口机器、引进技术创办的，企业资金少、规模小、技术力量弱、经营管理落后，没有强大的资本支持，无法发展重工业，民族工业一直停留在轻工业阶段。所以说近代中国经济结构不合理。西方国家政治稳定，中国半封建半殖民地社会则受多重压迫。英国等西方资本主义国家的农业也发展为农业资本主义，但中国大体上还是自给自足的小农经济，经济结构不合理。

（3）1919年～1927年间民族工业发展萧条的原因及表现有哪些？

设计意图：学生课下自主搜集资料进行探究，有利于达成史料实证要求的“能够尝试从多种渠道获取与该问题相关的史料能力”；学生在课堂中展示他们的研究结果，有助于提升学习主体性地位，锻炼语言表达能力和逻辑思维能力。

学生：讨论、探究，并且结合小组展示结果回答。

答：① 缺乏发展的空间。中国民族工业是在欧美列强忙于“一战”，暂时放松对中国压迫的间隙中发展起来的，因此，这种发展只能是暂时的、畸形的。“一战”结束以后，列强卷土重来。当时，中国工业产品除满足国内市场需求外，还要满足帝国主义战争的需要。“一战”期间，面粉工业和冶铁工业由于帝国主义战争的需要发展得较快，纺织业由于进口的减少也得到较快发展。但“一战”结束后不久，中国民族工业立即萎缩和萧条，面粉进出口马上转为入超。

② 没有形成完整独立的工业体系。由于民族资产阶级的经济力量弱小和当时中国是半殖民地半封建社会的性质，薄弱的民族工业最终在这一时期没有、也不可能形成完整独立的工业体系。在这期间开办的企业表现为轻工业多、重工业少，小工厂多、大工厂少。许多行业无从发展，工厂增加的数量也非常有限。纺织业“一战”前有231家，1920年增至475家；而冶炼工业由“一战”前的八家仅增至十二家。

③ 没有完全摆脱帝国主义国家的控制。“一战”期间，欧美列强虽然忙于战争，但仍然通过直接、间接投资或扶植傀儡政权等方式来控制中国的工业。可见，“一战”期间，中国民族工业并没有摆脱帝国主义的控制。

④ 国内动荡，民族资本主义没有良好的内部环境。中国这一时期陷入了军阀割据混战的黑暗统治之中。为维护自身的利益，各派军阀割据称雄，纷纷寻找帝国主义作靠山，连年混战，整个社会经济特别是农业，遭到沉重打击。为支付庞大的战争费用，各派军阀肆意搜刮人民，把其负担转嫁到人民头上，导致人民的生活更加贫困，并且北洋政府参加了第一次世界大战，把中国卷入帝国主义列强之间的冲突中，极度动乱的社会，没有给民族资本主义的发展提供必要的和平、安定环境。

教师：总结

① 缺乏发展的空间。

② 没有形成完整独立的工业体系。

③ 没有完全摆脱帝国主义国家的控制。

④ 国内动荡，民族资本主义没有良好的内部发展环境。

（4）虽然官僚资本主义阻碍了民族资本主义的发展，但其对于中国近代化发展具有怎样的推动作用？

设计意图： 学生通过探讨、思考的过程，学会用辩证的方法看待历史问题。

学生：讨论、探究，并且结合小组展示结果回答。

答：中国的官僚资本主义特点是官商勾结，掌握政府权力的同时与大资本家、大买办勾结，控制国家经济命脉，掠取国家财富为己有。官僚资本主义是通过权力以获取超额暴利为目的的资本主义形态。

产生：半殖民地半封建社会的背景下，国民党发生蜕变，成为新的军阀。

形成：蒋、宋、陈、孔四大家族政治联姻，分别控制金融、货币等。

现在除少数学者还坚持传统观点，认为官僚资本是反动的生产关系，严重阻碍和破坏了国民经济的发展外，很多学者认为它除了反动和消极的一面外，也有积极的、进步的一面。抗战时期官僚资本经济不仅对工厂的内迁和大后方工矿业的开发起了积极作用，在金融、工矿、贸易三个领域都有利于抗战和国计民生。可以认为官僚资本例如资源委员会所属企业对抗战提供了必不可少的物质资源，对经济的发展起了一些积极有益的作用。它与私营工矿业合资经营，同利用政治权力巧取豪夺的“吞并”是不同的。但同时它对民间资本起了排挤和压抑作用，它对民间资本的吞并现象是大量存在的。

在这里教师用新中国成立初期国家在经济恢复建设中，官僚资本所起作用的相关史料进行拓展补充，以此点明：每种经济成分都是在中国特有社会环境下产生，并起到重要作用的，是近现代中国经济的重要组成部分。

（5）外国列强对中国进行经济掠夺与资本输出，同时为中国带来先进的生产技术和资金，是否功过相抵？

设计意图： 通过对本问题的解读和探讨，能够把握相关史料的时间、空间联系，运用特定的时间和空间术语对史事加以概括和说明，并且学会选择、组织和运用相关材料并使用相关历史术语，学会正确对待殖民文化，在正确的历史价值观和方法论的指导下，对历史事件作出解释并论证观点。

学生：自由讨论，各抒己见，学会用历史语言和历史史实解决问题。

小结提升： 荣氏家族的沉浮、民族工业的曲折发展体现了怎样的家国观？我们应该怎样处理个人与国家的关系？

整体思路： 学生可以对历史做出反思，从历史中汲取经验教训，将历史学习所得与家乡、民族和国家的发展繁荣结合起来，立志为新时代中国特色社会主义建设、为实现中华民族的伟大复兴做出自己的贡献。

四 项目评价

根据新课标的要求，教师对学生的评价应当是多维度的。针对本节课，制订以下评价方式：

（1）根据学生实际，结合具体内容，制订等级化、个性化的评价目标，注重评价目标与教学目标的一致性，尽可能使教学和评价围绕学生学习这一中心展开，使教、学、评相互促进，共同服务于学生历史学科核心素养的发展。

（2）注重评价主体的多元化和评价方式的多样化，以及量化评价和质性评价的有机结合。

（3）重视评价反馈。课题完成之后，教师既要引导学生对课堂进行反思总结，也要在教学过程中针对学生具体情况调整、修改教学策略，提出针对性、准确性的学习方法指导学生。

五 自我反思

本课内容多而复杂，学生对中国近代民族工业发展的整体脉络可能不甚清晰，对不同阶段的时代特征、发展表现，都可能理解不到位，教师应将梳理民族工业发展阶段这一部分作为课前任务完成；课堂上则通过案例切入，以荣氏家族兴衰为线索，既更正了答案，又集中解决了重难点（发展特点及根本原因）问题。思路明晰，有利于教师教学和学生理解。对不同层次的学生，要了解他们学习的难点，以明确教学的改进方向。

本节课通过项目式教学，让学生真正掌握思考的方式，既加深了对课本知识的理解，又扩展了视野。上课分三组进行讨论，一组分析一个案例，找出原因，最后教师总结发展阶段，然后引导学生归纳，这样可以在课堂上学生的合作下完成所有知识点的教学，体现出新课标要求学生自主学习的精神。

案例 4

《循例与破格——中国古代选官制度的变迁》

一　项目开发背景

（一）学生需求

总体来说，本节课的设计牢牢地依托了新课标，是对新课标精神落实的一种探索。新课标更为关注学生综合素质的培养，这在课程方案和学科课程标准中表现得尤为明确。从课程方案角度来看，新课标进一步明确了普通高中教育的定位：普通高中教育的目标应当是进一步提升学生的综合素质，着重培养其学科核心素养，注重对学生综合能力的塑造和理想信念的提升。从学科课程标准角度来看，首先，新课标凝练了学科核心素养，打破了原有的不同学科采用同样的三维目标的做法，针对不同学科凝练出了不同的学科核心素养，更大限度地体现出不同学科的特色；其次，新课标更新了教学内容，以学科大概念为核心，结合学生的实际情况以及我国的社会实际，将社会上的热点问题有机融合，通过内容的调整来促成学生核心素养的达成。因此，本节课设计时，牢牢把握住新课标的精神，尤其关注对学生综合素质的培养。

（二）学科实际

新课标第二章《学科核心素养与课程目标》中对历史学科核心素养进行了详细的阐述，历史学科核心素养包括唯物史观、时空观念、史料实证、历史解释和家国情怀五个部分，每个部分有不同的要求，高中历史教学的目的就在于通过对诸素养的培养，达到立德树人的要求。历史学科核心素养应当指导具体教学，因此课程目标的制订也是与历史学科核心素养紧密相连的，学生应当能够通过高中历史的学习了解唯物史观的基本观点和方法；知道特定的史事是与特定的时间和空间相联系的；知道史料是通向历史认识的桥梁，了解史料的多种类型，掌握搜集史料的途径和方法；能够区分历史叙述中的史实与解释；在树立正确历史观的基础上，从历史的角度认识中国的国情，形成对祖国的认同感和正确的国家观。在教学与评价建议中，新课标又进一步指出，教师应当转变自己的教学观念，从知识本位转变为素养本位，将传统的知识讲授的过程转化为历史学科核心素养培养的过程。本课试图以项目式教学的形式进行，教师必须牢牢把握培养学生历史学科核心素养这一基础。

就本项目来说，学生对中国古代主要的选官制度已经有所了解，对于其发展脉络已有初步感知。在课前学生进行了长期的项目式探究，分组查阅了大量资料，对于察举制和科举制形成的时代背景、选官标准及发展脉络已有较为清晰的认识。但是缺乏宏观把握，对时代背景的思考不够全面，对材料的解读存在偏差。本课试图以项目式教学的形式将课下的实践探究与课上的讲述相结合，促使学生展开合作探究和自主学习，进一步提升学生的核心素养，具有非常重大的意义。

二 项目设计过程

（一）制订项目目标

◎ 知识目标

1. 通过对中国古代选官制度发展历程的学习，列举中国古代选官制度发展的基本史实及基本脉络，概括中国古代选官制度发展的趋势。

2. 对本节课重点探究的察举制和科举制，说出其出现的时代背景、选官的依据及其发展的过程。

◎ 素养目标

1. 通过课前探究，锻炼学生史料实证能力：知道史料是通向历史认识的桥梁，了解史料的多种类型，掌握搜集史料的途径与方法；能够从史料中提取有效信息，作为历史叙述的可靠证据，并据此提出自己的历史认识；能够以实证精神对待历史与现实问题。培养学生从多种渠道获取与该问题相关的史料的能力，在项目探究过程中能够举一反三，形成项目研究思维。

2. 通过课上解读资料，学生能够在教师的指导下读懂史料，概括史料的中心思想，并对史料中不同学者的观点进行讨论，能够比较分析不同来源、不同观点的史料，能够在辨别史料作者意图的基础上利用史料。

3. 使学生在探究不同史料的过程中知道对同一历史事物可能有不同解释，并能对各种历史解释加以评析和价值判断，能够认识历史解释的重要性，学会从历史表象中发现问题，对历史事物之间的因果关系做出解释。

4. 通过对中国古代选官制度的探究，使学生体会到中国古代在选官方面的智慧，并了解中国古代选官制度对现代选官制度及西方文官制度产生的影响，培养家国情怀中所要求的对国家的高度认同感、归属感、责任感和使命感，引导学生树立正确的文化观，增强对中华优秀传统文化的认同。

（二）开发项目资源

经过长期探索，我校形成了“基础型课程 + 拓展型课程 + 实践型课程”三位一体的海洋特色课程体系。在这一课程体系中，基础型课程严格按照新课标要求的必修基础课程进行，同时渗透海洋知识，培养海洋意识，传承海洋文化教育。拓展型课程包括必修和选修课程，以专家讲座、海洋课程超市等形式完成，实现了每周一节海洋校本课程。这一系列的活动在激发学生兴趣的同时，培养了学生的实践能力和创新精神。通过课题化研究的锻炼，当学生面临新课题的时候，往往能够自然地想到课题研究的基本过程，这为进一步开展项目式教学提供了很好的资源。

（三）设计项目框架

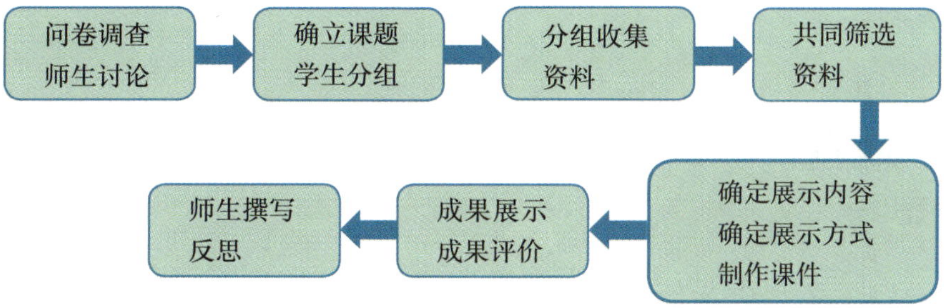

三　项目实施

（一）实施方式

1. 查阅资料法：本节课的一个重要知识目标在于使学生通过对中国古代选官制度发展历程的学习，列举中国古代选官制度发展的基本史实及发展的基本脉络，并概括中国古代选官制度发展的趋势，这应当建立在学生掌握大量的相关基础知识的前提下，因此在本项目的探究过程中，学生应当利用书籍、论文、网络等多种渠道，获取与该项目相关的大量的文字、图片或者影视资料。

2. 小组合作探究法：本节课重点探究察举制及科举制这两种重要的选官制度，要求学生能够说出其出现的时代背景、选官的依据及其发展的过程，这就要求学生能够深入地对这两种选官制度进行了解与探究。在这种背景下，将学生分为两个小组，有利于他们对所探究的选官制度形成更深刻细致的认识。

（二）过程案例

1. 宏观把握，创设情境

教师以唐太宗的“为政之要，唯在得人”引入本节课的学习，并引导学生回顾之前所学知识，填写大事年表，使学生认识到特定的历史事件是在特定的时间背景下发生的。同时使学生对整个选官制度的演变形成宏观的认知，感知客观历史事件背后的发展趋势。

不同朝代的选官制度及用官标准

朝　代	选官制度	用官标准
西周		
战国、秦汉		
汉朝		
魏晋南北朝		
隋、唐—元朝		
明、清		

2. 微观分析，深化认识

通过大事年表，学生对中国古代的选官制度形成宏观的认知，在此基础上，继续进行下一步的探究，也就是对不同的选官制度进行细致的分析。

（1）察举制：尽敛天下德才之士——继承与创新

以察举制的讲述为例，在讲解汉代选官制度时，教师请小组代表上台展示他们通过上网搜索、文献查阅以及咨询等途径得出的关于察举制的认知，尝试分析察举制出现的时代背景，对其进行阶段划分并说明每一阶段的特点；教师展示资料，在此基础上进行深入讲解。该环节的设计恰恰体现出“项目式教学”的内涵，学生课下自主搜集资料进行探究，有利于达成史料实证素养中要求的“能够尝试从多种渠道获取与该问题相关的史料能力”；让学生在课堂中展示他们的探究结果，提升了学生的主体性地位，也锻炼了其语言表达能力和逻辑思维能力；教师通过材料的展示以及讲解，使学生明白西汉时期察举制发展的三个阶段以及各个阶段所表现出的特点。

在学生概括的察举制发展的三个阶段的基础上，教师向学生展示相关材料。

材料1：举民孝、悌、力田者，复其身。

——《汉书·惠帝记》

材料2：刘邦：谥高皇帝；刘盈：谥孝惠皇帝；刘恒：谥孝文皇帝；刘启：谥孝景皇帝；刘彻：谥孝武皇帝；刘询：谥孝宣皇帝；刘奭：谥孝元皇帝；刘骜：谥孝成皇帝；刘欣：谥孝哀皇帝；刘衎：谥孝平皇帝；刘秀：谥光武皇帝；刘庄：谥孝明皇帝。

材料3：（汉文帝）对策百余人，唯错为高第，迁中大夫。

——《汉书·晁错传》

教师设问：汉代的选官标准和社会现实有怎样的关系？汉文帝时采用的“对策”和后世的哪一制度有相似之处？

设计意图：学生通过阅读材料1和材料2，能够直观地感受到西汉皇帝对于孝行的重视及推崇，以此引导学生思考社会现实和选官制度之间的联系，使学生通过思考能够感知此时西汉重视孝行的选官标准是由社会现实决定的；通过材料3使学生明白在科举制之前已经出现通过考试考核人才的制度，为后面讲解科举制奠定基础。

材料4：董仲舒再三提醒君主在利益之上还有正义，在力量之上还有良心，在权力之上还有天在临鉴。宣称君主政令失误、不尊道德、不行仁义，天就会以灾异示警。

——《七世纪前中国的知识、思想与信仰世界》

材料5：今师异道，人异论，百家殊方，指意不同。……诸不在六艺之科、孔子之术者，皆绝其道，勿使并进，邪僻之学灭息，然后统纪可一而法度可明，民知所从矣。

——《汉书·董仲舒传》

教师设问： 材料反映出怎样的理念？联系之前所学深入思考一定时期的政治制度和社会现实有怎样的联系。

教师讲解： 年轻气盛的汉武帝刘彻即位，经过先祖几代人的惨淡经营，家给自足，天下太平。如日中天的汉王朝，意气风发的天子少年，开始要抛弃清心寡欲的黄老之学。汉武帝对儒学大感兴趣。此时，董仲舒提出一项主张：罢黜百家，独尊儒术。为推动尊儒，其中一个很重要的办法就是通过高官厚禄进行诱惑。儒学关注孝行，孝道作为儒学的重要基石，在这一时期又得到了更深入的关注。在西汉晚期，孝廉这一以道德为内容的概念已经被突破，例如师丹、经房这些著名的经学家被举为孝廉不是因为他们有淳厚的孝行与高尚的廉隅，而是因为他们有高深的儒家文化修养。也就是说武帝以后由于儒学统治地位的上升，儒家向官僚阶层的渗透，察举制本身也发生了质的转变。而以儒学作为选官的标准，反过来又会推动儒学经学化。

设计意图： 将几本教材之间的内容进行整合，使学生了解选官制度的同时探究其背景。通过向学生展示材料4、5，使学生总结西汉实行的几项重要的政策。通过教师讲解使学生感知一定时代的政治制度是由社会现实决定的，同时政治制度又会对社会现实产生影响。

材料6：当名节等成为崇尚的对象时，依循规范便常常成为获得外在赞誉的工具。普遍规范在未内化为内在德行时，确实包含着蜕变为虚伪矫饰的可能。

——《善何以可能——兼论中国传统伦理的思考向度》

材料7：其始造也，不拘爵位，褒贬所加，足以劝踐犹有乡论余风。中间渐染，遂计资定品，使天下观望，唯以居位为贵。

——《晋书》

教师讲解： 察举制发展到后期弊端凸显，因此曹丕接受陈群的建议采用九品中正制，但是这一制度最终演化为仅仅以门第作为选官标准。

设计意图： 对察举制的讲解由学生展示探究成果引入，通过教师展示相关资料学生集体探究强化理解。在此过程中学生发挥了主体作用，教师也发挥了不可替代的引领作用。

（2）科举制：五尺童子，耻不言文墨焉——何以？

小组代表展示科举制发展的三个阶段，并分别阐释这三个阶段的特点。学生通过探究展示科举制发展的脉络流程，培养时空观念。科举制的内容零散地分散在教材不同的章节中，因此教师有必要以时间为序，对科举制产生、发展、演变进程中的历史大事进行整合。

> 材料8：徐连达、楼劲："汉代的察举与唐代的科举基本一致……皆朝廷统一部署下，以按科取士、考试进用为特征的官僚选拔制度。"
>
> 唐长孺："南北朝后期的举秀贤和南朝的明经射策，从考试内容上特别是从放宽门第限制上看，已经为唐朝科举制度开辟了道路。"
>
> 韩国磐："科举制创始于隋朝，炀帝始建进士科。以此取士，来担任封建政府的官吏。"
>
> 李新达："因科举制以进士科为主要科目……正因为进士科在唐代诸科中最名贵，得人最盛，所以，科举制才能在唐朝得以确立。"

教师设问：为什么不同学者对科举制的起源会有不同看法？你怎样定义科举制？

设计意图：对科举制的起源进行探讨，让学生畅所欲言，阐释自己的观点，并对史料中不同学者的观点进行讨论，在此过程中让学生感知科举制的含义，并能够比较分析不同来源、不同观点的史料，能够在辨别史料作者意图的基础上利用史料。教师在学生充分讨论的基础上进行点评并总结科举制的概念，明确科举制最晚在隋唐时期已经确立的相关知识。

> 材料9：取士不问家世。　　——《通志》
>
> 材料10：宋太祖赵匡胤为了巩固皇权，恰恰需要的是扩大统治基础，既要防止武人擅权，也不允许有世家大族操纵朝政的局面出现。他深深懂得重用文人士大夫、宰相须用读书人的道理。
>
> ——《贫富无定势：宋代科举制度下的社会流动》
>
> 材料11：故事，举人秋赋纳公卷。今既糊名，誊录，则公卷但录题目，以防重复，不复观其素业，请罢去。　　——《宋会要辑稿·选举》

教师设问：贫苦出身的人能否参加科举考试？此时的商人能否参加考试？为何宋朝科举考试不问出身？宋代的科举显现出哪些新的特点？

教师讲述：统治者之所以抑商，不是轻视商业，而是恰恰看到了工商业内在的强大潜能以及它在社会经济发展中的重要地位，随着社会经济的长足发展，商人的地位也在逐步提高。唐宋时期，商人开始逐渐走上仕宦之路。北宋初年，更是明确规定商人中“有奇才异行者”可以应举，这无疑在科举制度中打开了一个缺口，满足了巩固皇权、扩大统治基础的需要。黄袍加身的赵匡胤在宋朝建立之后，难以安眠，他时常在想，如何才能结束武将专权和王朝短命的历史宿命，就是在这样的历史大背景下，形成了重文轻武的风气并影响整个宋朝。宋朝科举制彻底取消门第限制，为了让考生有一个更加公平竞争的环境，宋朝改革了唐朝科举制中的某些弊端，实行糊名、誊录等防作弊手段，使得科举考试更加公平公正。所谓“朝为田舍郎，暮登天子堂”听起来可能有些夸张，但是在当时社会确实有此种可能。

设计意图：宋代是科举制发展的关键时期，深入认识宋朝的科举制有利于理解科举制的精神内涵。通过真实案例，让学生全面认识科举制；通过层层设问，引导学生理解宋朝的科举制没有出身门第的限制是由当时宋朝的社会环境决定的特点。

3. 多方比较，辩证认识

历史解释是指以史料为依据，以历史理解为基础，对历史事物进行理性分析和客观评判的态度和能力。它要求学生面对历史问题时，能够以全面、客观、辩证、发展的眼光加以看待和评判。

材料12：顾炎武对科举制的抨击主要还是针对八股文，而黄宗羲则主要是批判科举考试内容过于狭隘，尤其是看到科举制基本上不涉及自然科学等绝学而主张多途取士。——《科举制的历史合理性与合法性》

材料13：而道光二十年恩科桂月刊刻的《新策琼林》，所录的时务策题为：七省海郡、江浙源流、外洋备考、舟师御敌、团练乡勇、火功制度、海道罗针、平海综要。——《为科举正名》

材料14：夫科举，非恶制也。昔美国用选举官吏之制，不胜其弊，及一八九三年，始改用此种试验，美人颂为政治上之一纪元。而德国、日本行之大效，抑更章章也。世界万国中行此法最早者莫如我，此法实我先民千年前之一大发明也。吾故悍然曰：复科举便！——《饮冰室合集》

教师设问：顾炎武和黄宗羲对科举制进行了哪些方面的批判？道光二十年时务策的考试内容是什么？梁启超对科举制进行了怎样的评价？他提出怎样的主张？

教师讲述：明末以来，随着中国社会出现资本主义萌芽的倾向，部分士人发现科举制的合理性与合法性问题，对科举制进行了深刻的批判。顾炎武和黄宗羲就是其中的代表。八股文是一种标准化的考试文体，与现实毫不相关，因此给人们留下了科举制与现实完全脱节的印象。八股文没什么意思，但为什么政府偏要用此来考试呢？要知道，任何一种制度，很难由一两人发明制定，因为应考的人数太多，录取标准总成为问题，明代八股文的出现正是为了确立一个统一的标准，开始时也并不是政府存心要愚民和埋没人才，目的仍是录取真人才。最终，与时代脱节的是八股文，而并不是整个科举考试。

在清朝末年内外交困的环境下，古老的科举制最终被废止，但是绝不能因为科举制被废除就将其说得一无是处。

4. 升华认识，培养家国情怀

材料15：（科举制）西国莫不慕之，近代渐设考试以取人才，而为学优则仕之举。

——《西学考略》

材料16：贫苦子弟，类皆廉谨自勉，埋首窗下……即纨绔子弟，亦知苦读，以获科第，否则虽富不荣。

——《中国考试制度史》

材料17：1905年全国工矿企业已达400家左右，铁路、轮船等新式交通事业也逐渐兴办，这些无疑需要大量科学技术人才来操作和管理。清末新政中增设的许多政府机构如外交部、商部、学部等，也都需要懂得相关专业的干员。显然，科举制无法培养、选拔这类新式人才。

——《废除科举制与中国社会的现代转型》

教师设问：为何科举制“西国莫不慕之”？为何这样的一种制度最终却被废除？

设计意图：通过开放式探究，让学生对本节课的内容进行概括总结，由选官制度展开更宏观的视角，并以古鉴今，探寻当今的选官制度发展应该遵循怎样的路径。

四 项目评价

根据新课标的要求，教师应当多维度进行评价，既要注重课堂学习情况又要关注实践活动表现，既要注重形成性评价又要注重终结性评价，既要注重量化评价又要注重质化评价，要注重评价主体和评价方式的多元化。在评价之后，必须进行适当的反馈，发挥评价的最大效用。

就本项目而言，在进行评价时，既关注学生的课堂表现，也注重学生的探究过程；既关注师生之间的评价，也关注生生评价。通过一系列评价量表，学生和教师都能够直观地感受到在本项目的探究中自己的收获与存在的问题，从而更有针对性地进行改进。

组内互评表

评价人＿＿＿＿＿＿ 时间＿＿＿＿＿＿

行为表现 组员姓名	参与意识	参与度	明确个人责任/角色	倾听并尊重他人	向他人提供帮助	总　分

说明：各种行为表现分项等级分数为0、1、2、3、4、5

自我评价表

标　准	5 很　好	4 比较好	3 有一点	2 比较差	1 差
我接受同学的意见					
我能提出建设性意见帮助小组					
我能投入时间完成小组任务					
我认真听取组员意见					

组间互评表（课堂展示用表）　评价小组：第________组

组别	组长	小组介绍(10分)	内容正确齐全(20分)	表达清晰(10分)	有创新性(15分)	组员合作(15分)	富有激情(10分)	课件精美(10分)	符合规定时间(10分)	合计

五　自我反思

（一）教师反思

通过组内教师交流以及北京师范大学专家教授的指导，本节课先后经过了几次修改，最终呈现的内容已经和构想阶段有了很大的不同。由最开始单纯的学生展示课到最终既有教师引领讲解，又有学生探究参与，在此过程中，学生和教师都得到了很大的提升。

所谓功夫做足，以小见大，从本节课的准备以及讲授过程中，笔者和学生获取到的不只是单纯的知识，更多的是通过项目式教学这样一种方式得到了更深层次的提升，影响深远。

（二）学生反思

通过本项目的探究，学生发现原来学习历史也是一个探索的过程，以前学生更擅长从课本中接受固定的知识，以后学生会更加注重探究式的学习，这样获取的历史内容是以前很难获取的。通过学习教材中没有涉及的知识，学生感觉对中国古代的选官制度有了更深的了解，对课本内容的掌握也变得轻松了很多。

二　基于乡土资源的开发与实施的实施路径与具体案例

（一）基于乡土资源的开发与实施的实施路径

新课标就历史学科课程目标给予了明确阐释：历史课程要将培养和提高学生

的历史学科核心素养作为目标，使学生通过历史课程的学习逐步形成具有历史学科特征的正确价值观念、必备品格和关键能力，这为高中学段的历史教学提供了方向导引，即历史教学在目标设计、教学过程和教学评价上应着眼于学生核心素养的培育。项目式教学旨在关注学生在真实情境下的学习并将学科素养贯穿在项目中。下面，结合我校具体的实践案例，阐述基于乡土资源的开发与实施的思路。

1. 梳理乡土史资源，构建项目研究主题

历史是时间和空间角度下的叙事，过去时与进行时并存。从这个角度来说，每一个城市都镌刻着历史的印迹。整合、挖掘好这部分素材并将其融入历史课堂中，能够较为有效地拉近历史与现实的距离，唤醒学生潜藏于心的成长记忆，搭建起过去与当下的时空之桥，激发学生学习研究的主动性和创造性，这与项目式教学所呼唤的真实情境下的学习不谋而合。因而，梳理出本城市的乡土史资源对开展中学历史项目式教学大有裨益。我校曲鹏老师在设计《从近现代中国经济发展看社会变迁——以青岛啤酒发展史为例》时，就制作了青岛乡土史资源（博物馆类）列表。

青岛乡土史资源（博物馆类）列表

乡土史资源名	主要展示内容	课本知识的纵横勾连
道路交通博物馆	古代交通工具展品和近代青岛城市交通工具、车站展品	秦大一统中央集权制国家的建立 中国近代交通和通信的变化
青岛大泽山抗日战争纪念馆	抗战时期大泽山人民顽强斗争的英勇事迹和缴获的敌人枪械等部分实物	抗日战争
青岛啤酒博物馆	青岛啤酒厂办厂历史	近代中国社会经济结构的变动 民国时期民族工业的曲折发展 中国社会主义经济建设的曲折发展 经济体制改革 对外开放格局的形成 经济腾飞与生活巨变
青岛博物馆	书法作品、陶瓷器、玉器、钱币等展品	农耕时代的商业与城市 农耕时代的手工业 汉字与书法 笔墨丹青

梳理完青岛乡土史资源（博物馆类）后，教师可以从学情与当前教学进度、地方资源与教学知识内容的关联程度、乡土史资源与学生日常生活的贴近程度三个维度进行项目式教学主题的拟定。高二学生处于中国近代经济史的复习阶段，对这一部分知识更多呈现的是一种机械记忆，同时通过高一学段知识和技能培养，基本具备获取和解读历史史料的能力。综合乡土史资源与日常生活的贴近程度，曲鹏老师将项目对象定为青岛啤酒。青岛啤酒作为青岛百年企业，承载着青岛一代代人的感情与记忆。整堂课以青岛啤酒发展史为切口，设计具有开放性、可探索空间的大主题，围绕青岛啤酒设计相关问题，在对设计的问题进行实地考察后，小组合作探究解决问题，并借此达成通览中国近现代社会的变迁的目标。本节课的学习目标和教学重难点如下。

◎ 学习目标

（1）运用唯物史观的立场、观点和方法，形成对历史的全面、客观的认识。

（2）重视史料的搜集、整理和辨析，去伪存真，对历史事物进行理性分析和客观评判。

（3）认识到物质生活和社会习俗的变迁是社会发展的必然趋势，树立崇尚科学的精神，汲取世界先进文明成果，形成开放的世界意识。

◎ 教学重难点

重点：（1）了解特定历史时期的时代特征。

（2）了解我国近现代社会经济发展变迁的历史轨迹。

难点：了解中国近现代经济发展的状况，总结其历史教训。培养有条理地表达对社会和历史现象的看法与观点以及解释一般社会现象和历史问题的能力。

2. 分组拟定研究主题，实地浸润式体验

历史是可以亲近的，不仅在史籍里，也在现实之中。对历史学科的学习也应着重关注历史与现实紧密结合的部分，于真实体验中微缩时空的距离感，将事物发展的脉络放置于历史大环境背景下进行考查。历史学科项目式教学就是结合新材料、新情境应用技能来解决新问题。生活呈现的材料是多元的，生活中所出现的种种问题的解决方案是开放的。教师在项目式教学的实施环节也应把握灵活多元的方法，不必千篇一律，但应注意以下实施原则。

（1）搭建主动学习的框架。根据美国学者埃德加·戴尔的“学习金字塔”理论，在初次学习两个星期后，被动学习下的听讲、阅读、试听掌握效果较差，主动学习下的演示、讨论、实践和教授掌握程度较高，尤其是亲身体验后的学习，掌握程度达到90%。对于中学历史项目式教学课而言，受各种现实因素的限制，整个教学班一起外出参观的难度较大，可采取分层抽样的方法，每组4人，分3～5个小组进行外出参观，通过搭建学习框架，让外出参观的学生进行分享与交流，进行真实知识的传递。

（2）分好研究小组，多角度对研究对象进行剖析，拟出本小组想要突破解决的研究问题。但需注意的是，若有的小组没有拟出具体研究问题，教师不能代替学生进行主题的拟定，也不必硬性要求研究小组一定要在参观前拟定出研究主题，可鼓励小组成员进行合作探究，以提出此类问题的解决方案。研究小组在真实情境体验中提出的问题同样具有研究价值。在参观青岛啤酒博物馆的过程中，学生对青岛啤酒日占时期的麒麟商标产生疑惑：麒麟是中国的上古神兽，为什么会出现在这一时期的商标上？并以此作为小组研究主题，通过查找、对比中日两国麒麟形象的不同，并收集相关史料，进行分析甄别，得出相关结论，从侧面探索了青岛啤酒商标变化的原因，分析中国近现代工业发展的阶段特征，从而形成对中国近现代社会经济发展的时空观念，锻炼了论从史出的能力。

（3）在实地参观的过程中，教师需要全程跟进并对学生在参观过程中所呈现出的疑问点和薄弱点进行记录。

3. 择选小组研究成果，糅合主干知识进行深度探讨

“从宏观着眼，从微观入手”，以青岛啤酒博物馆的实地考察为切入点，走进历史的现场，于项目式探究中夯实基础，深化认识，提高史料解析能力。作为一节项目式教学课，教师需要做适当的“减法”，对小组研究成果进行择选，选取其中与本课主干知识与时代脉络相贴合的部分进行逻辑架构。学生在课堂上以时空脉络为基本点，以史实为载体，畅谈对青岛啤酒的过去的探究、现在的发展和未来的期盼，教师则在学生初步探究的基础上进行深入指导和讲解。通过学生的项目式探究与教师的指导相结合，以达成培养学生阅读史料、解析史料并辩证思考的目的。以本节课为例：

教学环节	涉及知识内容	设计意图
探究一：德国为什么可以在青岛投资设厂？	高中历史教材《内忧外患与中华民族的奋起》和《工业文明的崛起和对中国的冲击》	用所学历史知识解决实际问题。帮助学生回忆基础知识点，更重要的是帮助学生厘清思路，知道梳理工业发展变迁要从时代背景出发。并且将时代背景细化为政治、经济、思想文化各个方面。
历史沿革 第一阶段：第一小组展示《“千面”的商标——青岛啤酒商标演化》，从青岛啤酒商标的演变进行思考，这一范畴史料多样，但是需要学生从多种角度进行深思考，包括对商标图案、文字的解读，体现文化、风俗、生产的多样性，并从中探索商标变化的社会原因。		第一小组时空定位于1903～1949年新中国成立前。夯实历史基础知识，在探索商标变化原因的同时增强史料解读的能力，并使认知系统化，形成时空观念。
探究二：外国资本主义经济影响的双重性		学生通过探讨、思考的过程，学会用辩证的方法看待历史问题。
历史沿革 第二阶段：第二小组展示《由青岛啤酒的国际市场发展看社会变迁》，通过对青岛啤酒历史资料的选择和青岛啤酒国内国外包装差异的区分，以及青岛啤酒外销国家对象的不同阶段，探讨由青岛啤酒对外贸易形成的对时代环境外部因素的思考。	必修二《中国社会主义经济建设发展道路的探索》《经济全球化的趋势》	第二小组时空定位于新中国成立到改革开放后。学生利用地域优势，在熟悉的情境下参观青啤博物馆，搜集史料并进行选择与甄别，这里侧重学生对史料实证的深思考，并且从中探讨、感悟中国经济的腾飞，增强民族自豪感。
探究三：综上所述，结合所学知识回答，民族企业屹立于世界之林需要哪些因素？		问题升华，对本节课两组同学的展示进行综合对比，形成整体认识。
探究四：我们该如何看待历史？		通过对本材料的解读和探讨，调动学习兴趣，使学生主动参与学习和课堂，更重要的是使学生理解该如何对待殖民文化。 历史学习注重以史为鉴，探讨历史经验对现今时代经济发展的前瞻性和启示性。

基于乡土史资源的中学历史项目式教学课通过情境体验、过程探究、课堂展示、深度探讨四个步骤进行跨时空知识体系的架构与核心素养的提升，兼顾项目式教学优点和满足日常教学的现实需要。

总体而言，基于乡土资源的开发与实施是依托本土历史文化资源创设出新情境，让学生在新情境下自主选择有新意、感兴趣的项目主题。学生依照项目主题进行实地考察，然后运用自己的知识、技能，认识历史，建构对历史的解释，最后学生进行展示交流，教师进行点评。教师在整个项目探究的过程中应充分发挥引导作用，有意识地将学科知识与实践内容有机整合，让场馆资源与学科知识之间建立起互相依存的纽带关系，使学生在充满情境性与挑战性的体验式学习中自然而然地建立起知识与技能的连接。当这些环节结束后，学生自发产生新的问题，经过思维碰撞，提升解决问题的能力，然后再应用于新的实践。

（二）基于乡土资源的开发与实施的具体案例

案例 1

《从建筑中发现历史——德占青岛的历史影响》

一　项目开发背景

1. 开发乡土资源，让学生形成历史切身感。虽然一直在这片土地上成长和生活，但学生大多并不了解家乡青岛的发展历史。对于身边的德式建筑，学生也早已习以为常，很少认真地思索和探究过它们的前世今生。希望能借助本次项目式教学的机会，让学生通过学习家乡青岛的历史，增强乡土认同感，激发学生热爱家乡、建设家乡的热情。另外，项目式教学可以将课本知识与学生生活联系起来，拉近与历史的距离，丰富历史的细节，使学生感受到历史不只是教材上的宏大叙事，它曾在我们生活的这方土地上真实地发生过，鲜活而富有生命力，以此加深学生对于教材知识的理解和感性认识。

2. 整合教材内容，创设新的综合性学习主题。专题史教材把历史分为政治、经济和文化三个方面分别讲述，使得学生对历史事件的纵向发展了解得比较深入，但对某一时期不同历史事件之间的横向联系认识得不够，这让学生难以从整体上把握一个阶段的时代特征。例如在学习中国近代前期的历史时，学生从政治册中了解到此时中国遭受了外来侵略，从经济册中认识到此时中国社会的经济结构发生了变动，社会生活也受到了影响，从文化册中感悟到此时出现了西学东渐的浪潮。但学生只是割裂地学习到了这些知识点，对各方面之间的相互作用并不清楚，也不能从总体上把握整个中国近代前期的发展状况。本节课将高中历史教材必修一第四单元《内忧外患与中华民族的奋起》与必修二第10课《近代中国社会经济结构的变动》、第12课《新潮冲击下的社会生活》、第13课《交通与通讯的变化》及必修三第21课《西学东渐》联系起来，创设新的综合性学习主题，对这部分知识点进行重新整合和梳理，组织学生进行有深度的拓展性学习。

本课以德占时期的青岛为实例，以德式建筑为切入点，通过学生的自主探究和成果展示，呈现出德国对青岛的占领在政治、经济、文化等方面的影响。

3. 将项目式教学与历史学科核心素养的培育结合起来。本课是将项目式教学应用于高中历史教学的产物，力图让学生在学中做，在做中学，学会运用所学知识，在新情境下像历史学家那样去探究历史问题，逐渐掌握研究历史的基本方法和技能，能够全面客观多角度地看待历史问题。学生以个人独立思考与小组互助合作相结合的形式开展探究，自主进行史料的搜集、整理和辨析工作，运用文献、实物、口述等多种类型的史料相互印证，借助史料建构历史、还原历史，做到史论结合、论从史出，在实践中锻炼史料实证和历史解释的能力和水平。

本节课在教材文本之外引入贴近学生生活的青岛乡土资源等内容，更能唤起学生学习的积极性和主动性，让学生通过学习德占青岛的历史，认识到只有实现民族独立才能为国家富强创造必要的前提，要坚决捍卫国家主权和领土完整，激发学生热爱家乡、建设家乡的热情。

二　项目开发过程

（一）制订项目目标

1. 知识目标

认识德占青岛的影响，了解在外来侵略的冲击下中国社会的变化。

2. 素养目标

（1）让学生小组合作探究，对德国建筑群进行实地考察，搜集、整理并分析与建筑及所研究课题相关的史实，提升在史料实证方面的学科素养。

（2）使学生了解德占青岛的历史，并能够辩证地看待其对青岛产生的影响，学会对历史事物进行理性分析和客观评判，提升学生在历史解释方面的学科素养。

（3）通过学习青岛乡土历史知识增强乡土认同感，激发学生热爱家乡、建设家乡的热情，使其认识到国家富强和民族独立对于推动近代化进程的重要性，培养民族危机意识和民族责任感，促进学生的家国情怀的形成。

（4）了解建筑的历史价值，思考如何保护和利用历史建筑。

（二）开发项目资源

1. 社会资源

1897年德国以“巨野教案”为借口，强占胶州湾。1898年德国强迫清廷签订了《中德胶澳租借条约》，租占胶州湾99年，夺取了铁路修筑权、采矿权等一系列特权。为加强统治和便利对中国的经济掠夺，德国人在青岛兴建了一系列的建筑。现今遗存的德国建筑基本保持着德国占领青岛时期的建筑格局和原有的历史风貌。这些德国历史建筑久久矗立、饱经风霜，外表已然留下了岁月的痕迹，我们希望借助本次项目式教学的机会来从建筑中发现历史，探访它们的前世今生以及背后的故事，并透过它们进一步来审视德占青岛所产生的多方面的影响。这些历经岁月沧桑的老建筑已经不仅仅是建筑，它们身上铭刻着青岛走过的百年历史，它们既是青岛别致的风景，同时也是青岛人不忘国耻、继续前进的动力。

2. 学科资源

本节课是面向高二年级学生的一节项目式教学形式的复习课。高二学生已经进入复习阶段，知识储备丰富，因此可以较为全面地把握中国近代早期的社会发展情况和时代特征。另外，在经过一年多的课程学习和训练后，学生具备了一定的史料搜集、整理和辨析能力，也能够较为客观地认识和理解历史事物。这些均为项目式教学的开展打下了基础。

3. 网络资源

网络上丰富的资源为项目式教学的开展提供了多样化的材料。在项目实施前，教师为学生提供了一部分介绍德占青岛时期及德国历史建筑群的影像资料和书籍、论文等文献资料。学生还可以根据自己的需要，在学习过程中利用网络搜寻相应的历史信息，进行深入学习。

（三）设计项目框架

1. 教师为学生提供关于德占青岛时期的相关论文、书籍、视频等资料，学生在阅读后对于德占青岛的历史形成初步认识。

2. 学生按照兴趣组成三个项目式教学小组，分别探究德占时期青岛的政治、经济和文化三个方面的相关内容，以小组为单位实地考察历史建筑、走访博物馆，搜集并整理历史图片、文字、视频资料等。

3. 学生对于所搜集的史料进行筛选和组合并制作课件，全面呈现本组的研究成果，教师适时地为其提供一定的指导。

4. 学生将研究成果加以梳理，形成汇报作品，并且在全班进行交流和展示，最后由教师对项目主题进行总结和升华。

5. 依据核心素养，进行多元评价。注重评价主体的多元化和评价方式的多样化，将形成性评价和终结性评价进行有机结合。

三　项目实施

（一）实施方式

1. 史料研习法。学生以小组为单位，通过各种途径对搜集到的关于德国历史建筑及德占青岛时期的文献史料、实物史料、口述史料、音像史料等进行汇总整理，在相互印证的基础上加以辨析，去伪存真，尝试运用可信的史料重现历史真实。

2. 实地考察法。学生首先确定与本小组项目任务相关的德国历史建筑，并对其进行实地考察，从建筑的文字介绍和风格特征入手，结合所查找的相关资料，了解建筑的建造背景、实际用途以及与其相关的人和故事等，为下一步的探究奠定基础。

3. 小组合作探究法。鼓励学生充分发挥自己的主观能动性，积极思考和探讨问题，勇于表达自己的见解，与同伴们在合作中学习，从而达到相互启发、相互促进、共同成长的目的。

（二）过程案例

项目式教学的实施主要分为两个部分：以学生为主体的前期探究过程以及在教师引导下的学习成果展示和总结环节，以下分别进行叙述。

1. 学生的探究过程

（1）第一小组主题：从建筑中发现历史——德占青岛时期的城市管理与规划

第一小组主要探访和调查了德国总督府、德国总督官邸、胶澳帝国法院、德国胶澳警察署、德国监狱等旧址，查找了与之相关的历史资料，对德国占领期间实行的行政管理体制、司法制度等方面的内容及其对青岛在城市管理与规划方面起到的影响进行了分析，同时指出当时德国在对青岛的管理中所奉行的“华洋分治”的原则带有明显的种族歧视和殖民色彩。

第一小组的同学们在接到任务后，先是拟定了与本组研究方向相关的德国历史建筑，如德国总督府、德国总督官邸、胶澳帝国法院、德国胶澳警察署、德国监狱等，它们在德占青岛时期是侵略者主要的统治工具。组员内部又再度进行了分工，分别承担对不同建筑的调查任务。

学生拍摄的德国总督府照片

第一小组的成员们先是来到俗称为“德国总督府”的建筑进行实地考察，组员们却意外发现这其实是当时德国总督及家人的住处，实际名称为“德国总督官邸”，人们只是习惯性地将其称为总督府，而真正的总督府是位于沂水路的今青岛市人大常委会和市政协办公地。经过进一步查找资料，学生们发现总督府建成于1906年，是德国总督的办公之地。1949年6月2日，青岛解放后，此处又被作为青岛市人民政府办公楼使用，直到1994年青岛市人民政府东迁。此时，学生不禁对这栋建筑感到好奇，为什么这座建筑会一直被作为政府办公的所在地，占据举足轻重的地位呢？学生结合地理知识进行分析后得出，该建筑地理位置优越，其位于城市的中轴线之上，背山面海、居高临下，因此一直发挥着重要的作用。那么在德占时期，总督的地位和权力如何？总督府中有着哪些具体的部门又承担着怎样的职能呢？带着这些问题，接下来小组成员们通过查阅资料，对德国侵略者的政治结构进行了梳理。

德国侵略者的政治结构：掌管胶州湾的首脑是总督，由德国远东舰队的海军司令担任，受海军部管辖，而直接听令于德皇。总督权力集中，独立性强，拥有行政权和军权。政府参事会是总督的咨询机构，9位成员中有4人从平民中产生。这一机构的设置具备了一定的民主色彩。

联系德占青岛时期的时代背景，当时尚处于专制统治之下的晚清时期，如此性质的机构的出现会对晚清社会产生怎样的影响呢？在教师的引导之下，组员将其与清朝的地方行政体制进行了对比，经过比较分析得出结论：清朝地方行政体制呈现出权力高度集中的特点，没有类似民主机构的设置；而德国侵略者的行政体制中参事会的设置，打破了清朝森严的封建集权体制，体现了西方的“民主”色彩。

其余的组员分别对德国监狱旧址（今青岛市法制教育基地）和德国胶澳警察署（今青岛市公安局所在地）进行了探访。从以上建筑的职能上，学生认识到它们的存在意味着青岛此时已出现了相互独立的司法机关、警察机关和监狱等。再进一步地寻找材料，学生了解到这与清政府在地方上行政权、司法权不分的做法相比，这一体系第一次实现了行政、司法权在一定程度上的分立。

其中一名小组成员在德国监狱旧址外墙的宣传栏上发现了这样一句话：此为1897～1914年德国侵占时期用于关押非中国籍人犯的监狱，俗称“欧人监狱”。学生们对此产生了好奇，那么当时关押中国人的监狱位于何处，和欧人监狱有何不同，又为什么要做这样的区分呢？查阅资料后，学生发现所谓的欧人监狱主要用于关押欧洲籍犯人，条件较为优越，而为中国人修建的李村监狱，监狱条件较差，房屋设施很不完善。在当时，德国侵略者将本国民众和中国民众区别对待的这一现象被称为“华洋分治”。而“华洋分治”肯定不只在监狱当中实行，在其他方面又有何体现呢？

在教师的引导下，学生继续查找了有关德占时期“华洋分治”措施的相应史料，并从中发现“华洋分治”突出体现在生活空间的划分上。当时青岛被分为“欧人区”、“高等华人区”（多是富裕商人或官吏）和“贫苦华人区”（多为工人）。其中不同的区域在内部建设上也存在明显不同：欧人区建筑豪华、道路宽敞、设施完善、绿地较多，并进行了合理地分区；而华人区房屋矮小、街道狭窄，环境较为脏乱。

对于之前网络上盛传的青岛很少发生内涝是得益于德占时期所建下水道系统的说法，学生也探明了其真相。不可否认的是，当年德国侵略者采取了最先进的技术来修造地下排水系统，在当时号称是“亚洲第一”。其中所采用的一些理念和做法，例如“雨污分流”模式等，对我们今天仍有借鉴意义。在分析这一问题时需要将当时的时代背景以及侵略者的真实意图综合起来考虑。德国侵略者对下水道系统进行建设的初衷，并不是想造福中国老百姓，而是为了改善自己的生活环境。当时只有在欧人区进行了“雨污分流”的处理，并且为了侵略者自身的生活不受影响，污水的排出和处理地点都设在了华人的居住区，这也造成了华人的生活质量低下。此外，德国侵略者对于青岛的一系列建设，其目的是想把青岛建设为所谓的“模范殖民地”，以此彰显自己的能力，并增强在资本主义国家间的竞争力。而实际上，当年德国遗留下来的排水系统现今大部分已被翻建或整修，目前德占时期修建的管网仅占市内三区排水管网总长的不到千分之一，发挥的作用较小。现在青岛良好的排水系统其实是出自中国制造，我们应为家乡的发展感到自豪。

经过一番探究后，一组的学生对德国侵略者对青岛的城市管理与规划的影响有了比较清晰和深入的认识。首先从积极方面来说，德国侵略者的一些做法在当时具有一定的借鉴意义，例如其所制定的制度为行政管理体制增添了民主的色彩，另外从司法制度中可以看到法院、警察署等机构的设置确立了近代城市的治理体系，在城市的规划和管理上也引入了一些先进的手段。但是，我们要意识到所有的这一切都是服务于德国侵略者自身的，中国民众在当时则是处于被统治和被压迫的地位，侵略者在诸多领域采取的“华洋分治”的做法充斥着侵略色彩。

（2）第二小组主题：从建筑中发现历史——德占青岛的经济影响

第二小组的同学围绕德华银行、山东路矿公司等与经济贸易相关的建筑展开调查，分析了青岛近代早期的自然经济的解体、对外贸易的繁荣等现象，并对青岛港口与胶济铁路的修建对青岛乃至整个山东地区的影响进行了探究。

学生在访查过程中看到现存的山东路矿公司和德华银行两座建筑位于同一院落内，那么二者之间是否存在关联呢？在查找资料后，学生发现1899年德华银行集资成立了德华山东铁路公司和德华山东矿山公司，后来二者合为山东路矿公司，迄今仍在使用的胶济铁路就是由山东路矿公司组织铺设的。胶济铁路及博山支线于1904年建成通车，目的是便于德国侵略者开采铁路沿线的矿产资源，成为其进行经济掠夺的工具之一。为了便于倾销商品和掠夺原料，德国侵略者还对港口进行了建设，先后建造了小港和大港，并有铁路直接与胶济铁路相连，方便转运货物。

学生结合项目研究内容和搜集到的史料，并联系所学知识，对铁路和港口的修建对青岛的经济产生的影响进行了分析。一方面，此时商品种类、数量以及贸易范围的扩大，丰富了人们的生活，呈现出贸易繁荣的景象；但另一方面，大量外国棉纱、布匹、机器、火柴、石油等物资涌入国内市场，并且价格相对低廉，使得自给自足的小农经济被打破，家庭手工业遭受了巨大冲击。此外，山东的农产品也通过铁路和港口大量出口，农产品商品化程度大幅提高，以上现象标志着传统的自然经济正在逐步解体。与此同时，铁路的修建便利了侵略者的经济掠夺，使其攫取了大量的财富，也使得侵略势力逐渐深入内地，让青岛乃至整个山东都成为德国的原料产地和商品倾销市场。青岛此时还出现了一批外国资本主义企业，如总督府船坞工艺厂、日耳曼啤酒厂（今青岛啤酒厂的前身）、德华缫丝厂（今国棉九厂的前身）等。这些外国资本主义企业的开设，一方面引进了西方先进的生产方式和生产技术，客观上刺激了中国民族资本主义的发展。但同时，由于外资企业在青岛率先获得发展空间，中国民族工业的发展受到了压制，使民族工业在竞争中处于不利地位。

进一步联系所学知识，同学们认识到此时帝国主义的经济侵略已经深入到资本输出的阶段，修路、开矿、设银行和建工厂等是此时的典型手段。学生通过对德占青岛时期一系列具体历史现象的了解，对于资本输出的危害性有了更加深刻的认识。

最后，第二小组对德占青岛产生的经济影响进行了总结。其推动了经济的近代化，铁路和港口的修建推动了青岛内外贸易的发展，也加速了自然经济的解体。但其消极影响是显而易见的：首先，修建港口和铁路使得侵略势力深入内地，便于对山东进行掠夺，使山东沦为侵略者的原料产地和商品倾销市场；其次，洋货涌入中国，产生对于家庭手工业的冲击，会造成农民和手工业者破产。通过自主探究，学生能够更加理性地看待侵略的影响，正确全面地分析问题。

（3）第三小组主题：从建筑中寻找历史——德国的文化传播

第三小组通过对德华高等学堂旧址、江苏路小学、德国水兵俱乐部等地点的考察，以教育为例介绍了德占青岛产生的文化影响，以及西方文化的传播所引发的青岛社会风尚的变迁。

小组内有同学曾就读于本市的江苏路小学，这一学校的前身就是德占时期的总督府童子学堂。通过了解其背景，学生们认识到德占青岛时期教育方面同样存在“华洋分治”的现象。从1902年到1907年，总督府童子学堂只招收德籍男生，中国学生不得就读于此。由此，学生对德占时期华人的教育问题产生了好奇，查找资料后，学生们了解到德占时期对华人的新式教育分为小学、中学、职业教育和高等教育几个阶段。其中，小学又被称为“蒙养学堂”，由中德教师共同授课，所学科目之中德语是最重要也是课时最多的一门课程。中学主要有传教士及教会创办的德华书院和礼贤书院等。礼贤书院是由传教士卫礼贤所创办的，他有教无类、中西合璧的教育理念吸引了很多中国学生就读。礼贤书院是今天青岛九中的前身，因高一时我们曾借用过九中的校舍，在其校园中学习和生活过，当探究到此时，学生马上感觉拉近了与历史的距离，形成了强烈的历史切身感。为了满足德国侵略者对技术工人的需要，当时还特别开设了各种技工学校，由德国人教授一些操作技术等。1909年中德双方合力创办了青岛德华高等学堂，又称为德华大学，其旧址现在被作为青岛铁路分局办公楼使用，也是学生既感到熟悉又对其历史十分陌生的一栋建筑。德华大学所教授的课程以自然科学为主，同时也包括如经学、文学等课程，是中西糅合的体现。

在教师的引导下，同学们将德占时期的新式教育与此时清朝胶州地区的书院和私塾教育做了对比，经分析后发现，书院、私塾的教育内容以四书五经为主，而新式教育主要教授自然科学，教育的目的也从此前为了应对科举考试，到更加重视知识和技能的实用价值。

关于德国侵略者对华人进行的新式教育，学生经过搜集整理和分析史料，总结出其影响包括以下几个方面：在学校里开设的课程，客观上传播了科学技术知识，在一定程度上促进了社会风气的转化。但是，德占时期的教育同样具有殖民色彩，“华洋分治”的做法在教育上也有体现，例如学校中教授的德语等课程，体现了教育的殖民色彩，而开设的职业学校也是为德国的占领而培养人才。因此，从本质上说德国侵略者对华人进行的新式教育是维护和稳定德国在青岛的占领的手段，是德国占领青岛政策的重要组成部分。

在对德占青岛时期社会变迁的情况进行调查时，学生了解到，在德占时期青岛人们接触了许多来自西方的新鲜事物和社会风尚。在中外文化的碰撞和交流中，中国民众传统的物质生活和精神生活都发生了很大的变化。住宅上出现了青岛特有的民居建筑——里院。里院最早诞生于德占时期中国底层民众的居住区大鲍岛内，因居住环境较为拥挤，而人口较多，因此在建造民居时将中国传统的“四合院”形式与西式的“公寓式”建筑相结合，最大限度地利用了土地。人们的娱乐生活也日渐丰富起来，正在此时，电影也传入了青岛，今天的德国水兵俱乐部旧址被考证为中国最早的商业电影院，学生找到的一份1907年水兵俱乐部发布的电影广告充分地印证了这一事实。联系课本知识，学生们认识到以上这些表现体现了中西文化的碰撞和交流，社会文化发生了变化，呈现出特有的时代风貌。

2. 项目式教学展示课

在学生的探究过程结束后，要选择一种形式呈现自己的学习成果，并在最后的展示课上将探究成果与全班同学共同交流和分享。由于之前是将德占青岛的影响分为三部分交给不同的小组进行探究的，因此各个小组只是掌握了自己负责的一部分内容，对于德占青岛其他方面的影响还不是很清楚。项目式教学展示课环节意在呈现各小组的项目式教学成果，在此过程中，各个小组的同学可以通过聆听其他小组的报告，全面地了解德占青岛在政治、经济、文化各方面造成的影响，从而更加深刻地理解侵略带来的影响，并认识到被侵略地区只有实现民族独立才能获得真正的发展。

（1）导入新课

【教学内容】出示德占时期“古力盖”的图片，青岛人把下水道的井盖叫作古力盖，“古力”是德语GULLY的音译，就是下水道的意思，这一名称一直延续至今。古力盖反映出德占青岛的历史，同时也是青岛城市建设近代化的见证。

【学生活动】思考德国的占领对于青岛产生的影响。

【设计意图】贴近学生生活，激发学生的学习兴趣。

（2）感知历史

【教学内容】回顾德占青岛的历史背景，分析德国对外扩张的原因。

【学生活动】了解德占青岛的经过，明确德国的侵略目的。

【设计意图】创设历史情境，带领学生回顾历史，让学生认识到德国在青岛开展的一系列活动是带有侵略色彩的。

（3）小组展示

【学生活动】结合前期探究成果，由第一小组以德占时期的青岛城市规划与管理情况为例介绍德占青岛在政治方面的影响；由第二小组介绍德占青岛对经济的影响；由第三小组介绍德占时期文化传播。

【设计意图】本环节意在呈现各小组的项目式教学成果，在此过程中，学生全面地了解到德占青岛对政治、经济、文化等方面造成的影响。

（4）回顾思考

【教学内容】由教师出示几幅学生在考察期间所拍摄的德国建筑物现状的图片，引起学生思考：在此次项目式教学的过程中，你所看到的青岛德国建筑群的保护现状如何？如有不足之处，你认为还可以如何改善，使其更好地发挥自身的历史价值呢？鼓励学生积极建言献策。

【学生活动】学生就历史建筑的保护及利用等方面发表自己的看法和见解。

【设计意图】在前期的探究过程中，学生发现今天对一些德国历史建筑的保护不善，有的建筑年久失修，有的则被挪作他用，难以辨识本来的职能。另外，通过对家人的采访，学生发现很多青岛人对这些建筑并不了解，对其背后的历史也缺乏认知。在调研中，学生看到这些建筑外都仅仅只有一小块标识牌非常简短地介绍了建筑的名称和建造时间，对与之相关的历史故事和人物则基本没有提及，这使得建筑的历史价值大大折扣。

通过设置关于历史建筑保护的讨论性问题，让学生学以致用，结合亲身体会，提出关于保护利用历史建筑的措施和建议，引导学生关注现实问题，重视历史建筑的价值，培养学生的社会责任感，让历史学科项目式教学的成果也能为现实服务，发挥出一定的社会价值。

（5）课后作业

课后各组可以继续相互交流研究成果，每位同学从《德占青岛的历史影响》和《德国建筑群保护建议书》两个主题中任选其一作为本次的项目式研究课题，最后以小论文或报告的形式呈现出来，在班级内分享或交流，如有疑惑及时与教师交流。

【设计意图】以小论文的形式作为终结性评价手段检测学生的学习效果，同时也让学生学会运用所学知识分析历史问题，并深化对本项目知识的认识和理解。

四　项目评价

在对学生进行评价时，让教师和学生个体以及小组成员都参与进来，实现评价主体的多元化，将学生自评、组内评价、组间评价和教师评价相结合。学生自评和组内评价放在合作探究阶段结束后进行，组间评价在最后的展示课上进行，教师的评价则要贯穿于探究过程的始终，在评价内容上，将形成性评价和终结性评价相结合，评价内容不只关注学习的结果，更关注学生在项目探究过程中的表现。学生和教师通过评价量规的方式对学习过程进行评价，其衡量的维度包括：学生参加项目活动的积极程度、学生知识的掌握程度、小组汇报的表现、在小组活动中与他人交流合作的情况以及资料的搜集整理和分析问题的能力等。同时，以小论文的形式作为终结性评价手段检测学生的学习效果，由教师依据小论文的评分规则进行打分。教师在进行评价时，要注意个体差异，对学生进行发展性的评价，关注学生个体的进步，并给予充分的鼓励和肯定，激发其学习的积极性和自信力。

学生自评表

评价项目	等级划分				权重	总分
	4	3	2	1		
填写调查表	填写完整，语言通顺，条理清楚。有自己的想法，总结全面。	填写完整，语言通顺。有自己的想法，但总结尚不全面。	填写完整，部分照搬材料，总结不到位。	调查表的填写条理不清，完全照搬材料。	×1	

续表

评价项目	等级划分				权重	总分
资料查找和整理	从多种渠道收集新资料，认真查阅，能从中挑选出有用的信息，很好地进行了归纳整理。	收集了一定的新资料，较好地进行了归纳整理。	收集了有限的新资料，未进行有效的分类。	仅使用老师提供的资源，未进行新资料的查找与整理工作。	×2	
分析	学生分析了信息，并得出了自己的结论，体现出自己的思考。	学生分析了信息，并在教师的指导下得出了自己的结论。	学生在教师的指导下分析了信息，并得出了结论。	学生复述了所收集的信息。	×2	
小组汇报	符合研究范围，有理有据，形式新颖，内容丰富，充分展示出自己的研究成果，体现出小组成员的分工合作。	符合研究范围，态度认真，条理清晰，内容充实，较为全面地展现了研究成果。	符合研究范围，态度认真，论据尚有缺陷，内容、形式一般。	态度随意，内容简单，论据杂乱，准备不充分。	×2	
参与和合作	有极大的热情，对小组项目有突出的贡献。在完成小组成果与协调小组成员方面做了大量工作，为增进小组合作做了超过规定任务以外的事情。	表现出一定的热情，对小组项目有贡献，在完成自己任务的同时，能帮助他人，并与他人合作。	热情一般，仅能完成自己的任务，与组内同学交流较少。	对小组项目没有贡献，或经常需要别人督促才能集中精力完成任务。经常不完成任务，缺少与他人的合作。	×3	

五　自我反思

1. 在确定项目主题时，笔者倾向于选择与青岛的历史建筑相关的内容，但是历史建筑类型众多，如何选择是一大问题。青岛有许多历史名人故居，但是如果把研究主题定在调查了解所有的名人故居，则会显得历史时间跨度大、指向性不明并且线索凌乱，不知该从其中梳理出一条怎样的历史脉络。最终，笔者将研究方向定位在德国历史建筑。这些德国建筑有着共同的时代背景，并且中国近代社会转型期的时代特征也是历史学习中的重点知识，以此为切入点，能够由小见大，深入探究当时的社会状况。此外，因为这是学生身边的历史，便于开展探究，学生也有着较大的兴趣，还可以通过实地考察的方式进行探究，能够凸显项目式教学的特色，学生也会有新鲜的体验感。

2. 本节课是将项目式教学模式应用于历史学科教学的一节探索课，起初因为前期实践经验不足，学生搜集的资料主要集中于建筑的特色和风格上。在教师的引导下，学生逐渐回归主线，对建筑背后的所体现的德占青岛的历史进行了深入挖掘。为此，学生搜集了大量的材料，走访调查了众多历史建筑，但过于求全，线索十分零散，而且最后的课堂展示时间有限，难以全面呈现。在教师的指导下，学生以课标为抓手对课堂展示内容不断删改，重点凸显与所学知识相关的内容，使主线更加清晰。

六 专家点评

这堂课不仅展示了老师扎实的史学功底，而且展示了学生独有的风采。这堂课选题新颖，教学环节逻辑清晰、环环相扣，在材料的给出与诠释上，改变了传统课堂中孤立、并列式的材料罗列，而是摘取片段以小组探究的方式处理，充分体现了教学过程中以学生为主体，学生自我生成认知的精神，让课堂充满活力。

七 师生感悟语录

在本次项目式教学的过程中，作为教师的笔者又一次重新认识了这些平时朝夕相处的孩子们，无数次地欣喜和感动于他们那种认真探索、精益求精的劲头。笔者和孩子们一起，仔细推敲每一个细节，深入挖掘每一则史料，共同感受着求知的乐趣和兴奋。在最后的展示课前夜，其中一个小组的代表还曾几度落泪，她生怕自己第二天表现不好，辜负了小组成员这么长时间以来的努力，为此她一遍又一遍地重复演练着要介绍的内容，力求完美。在课堂上，孩子们精彩的展示让与会老师们都赞叹不已。

此前孩子们也曾学习过中国近代的这段历史，但那时对他们来说，历史就是存在于课本之上的白纸黑字。本次项目式教学，孩子们通过实地考察历史建筑，亲身感受曾发生在自己身边的鲜活故事，对这段历史有了更深入、更全面的认识。有个孩子在之后的随笔中这样写道："课上我看到了一张老照片，不过是一百年前的青岛。一片拥挤的人群中凸显出了一个人，一张了无生气的大脸安在身上——他在愁些什么？忽然我体会到了些什么，一种我早就梗在心上的情感，一种不知所以的悲伤。历史是人啊！它不是毫无内容的理论话语，不是表格里的数字。历史就是历史，那张无神的大脸，是真真正正在那个巨变年代里生活的人，是千千万万曾经鲜活生命的一角。钱穆先生在《国史大纲》里写到，一国之民要附随对其本国已往历史之温情与敬意。面对历史，定要饱含温情，不为别的，只因那些在曾经时代里苦苦挣扎的你我一样的人。"

案例 2

《枯木逢春——改革开放下海尔企业的重生与崛起》

一 项目开发背景

（一）学生需求

20世纪90年代以来，社会经济发展速度显著提升，伴随着"科教兴国"战略的实施，中国的综合国力与国际地位有了明显提升。纵观全球，和平与发展的时代主题没有变，世界政治的多极化、经济的全球化、文化的多样化以及社会的信息化趋势依旧在向纵深发展。针对此种形式，中国共产党按照"两个一百年"的奋斗目标，积极带领中国人民致力于社会主义现代化建设，在建设中国特色社会主义的征程上高歌猛进的同时，高度重视人文社会学科建设和思想政治建设工作。

百年大计，教育为本。自新中国成立以来，中国共产党就始终牢牢地把教育摆在优先发展的战略地位。新中国成立初，中国就对高等院校进行了改造和调整；20世纪80年代以来，中国的教育迅猛发展，邓小平同志明确地提出"教育要面向现代化、面向世界、面向未来"。如今，进入21世纪，依然面临着人们对经济社会文化高度发展的需求与当今的经济社会文化水平不能满足人们这种需求之间的矛盾。今天的社会需要更多的高素质人才，这就对教育提出了更高的要求。

（二）学科实际

新课标对“如何对学生进行学习评价”进行了明确的阐释，新课标认为，高中历史教学评价应当以发展学生历史学科核心素养为纲，多维度进行评价，以新情境下的问题解决为重心。这就使得学生的评价方式与以往有了根本性的不同，如今的历史高考侧重于对学生综合能力的考评，学生必须掌握在新情境下解决新问题的能力，这就要求在历史教学中，教师必须跳出以往的教学模式，改变单纯的知识传授，重视对学生能力的塑造和培养。

针对本项目来说，关于改革开放的相关内容主要出现在高中历史教材必修二第四单元中，其中，第19课《经济体制改革》、20课《对外开放格局的形成》、22课《综合探究：调查改革以来发生在日常生活中的新变化》中均有涉及，学生经过学习已经对改革开放有了基本的了解。改革开放以来，社会上多个领域都出现了大量的关于纪念改革开放的作品，改革开放已经在学生头脑中形成根深蒂固的认知。因此，选取该项目有着深刻的时代背景和现实意义，对学生深刻理解新形势下的进一步开放有着重要意义。

二　项目设计过程

（一）制订项目目标

◎ 知识目标

以海尔企业在改革开放浪潮下的发展为实例，通过学生的实地探究和成果展示，使学生感受到海尔的企业精神与文化，并联系自身的发展，为自身的未来成长提供有益的思考。同时呈现出改革开放给中国企业以及中国经济带来的深刻影响，使学生对改革开放的伟大意义有更直观的感受。认识改革开放以来中国取得的成就、综合国力及国际影响力的提高，了解改革开放的基本线索和各个重要发展阶段的基本特征及内在联系。

◎ 素养目标

1. 学生分成小组对海尔企业进行实地探究，运用唯物史观的立场、观点和方法，对海尔企业的发展形成全面、客观的认识。

2. 学生通过参观海尔工业园并搜集整理一手资料，锻炼历史学科核心素养中史料实证能力所要求的“对获取的史料进行辨析，并运用可信的史料努力重现历史真实的态度和方法”；引导学生在纷繁复杂的史料中通过多种途径辨别真伪，并在叙述中锻炼历史解释能力中要求的“通过多种不同的方式描述和解释过去，通过对史料的搜集、整理和辨析，辩证、客观地理解历史事物，并揭示其表象背后的深层因果关系”。

3. 使学生在整理资料的过程中联系改革开放的进程，回顾教材中所学习的改革开放的重要时间节点，认识到海尔的发展是在特定的、具体的时间和空间条件下发生的，从而使学生认识到时空观念素养中描述的“只有在特定的时空框架当中，才可能对史事有准确的理解”，形成学习历史的基本时空思维。

4. 使学生在探究过程中感受海尔的企业精神文化，并从企业的发展推及个人，从中提取对自身发展有益的成分。

5. 通过了解海尔企业的发展过程，使学生从中感受改革开放对中国企业和中国经济产生的深刻影响，从而培养家国情怀素养中所要求的“对国家富强、人民幸福的情感，对国家的高度认同感、归属感、责任感和使命感”。

（二）开发项目资源

海尔作为青岛的本土品牌，对学生而言都不陌生，海尔自1984年诞生以来，始终牢牢跟随改革开放的步伐，其自身发展的过程能够与改革开放的重大进程密切关联。并且，海尔在自身发展中非常关注企业文化建设，注重保存企业发展过程中的一手资料，并将其保存展览在海尔工业园内。同时，海尔创办了海尔大学，海尔大学出版了多部介绍海尔企业的影像及图书资料。本项目充分利用本土企业的优势，通过参观海尔工业园，学生能够搜集到大量的一手资料，包括文字、图片、视频等。

学校积极依托海洋资源和教育资源两个优势，在学生中推行课题研究，做到“人人有课题，人人搞研究”。

（三）设计项目框架

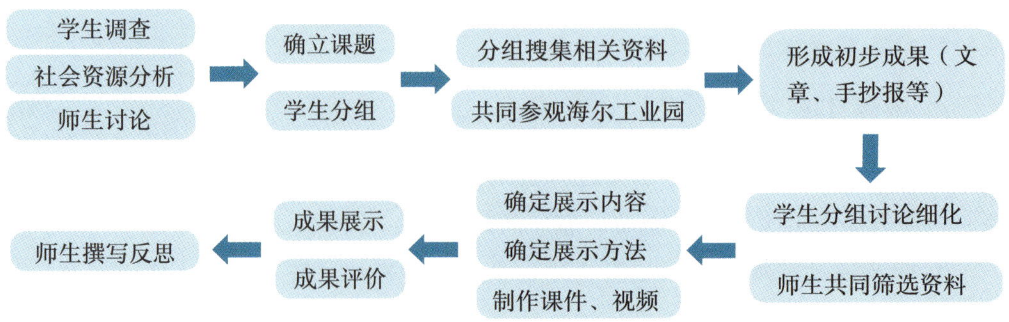

三　项目实施

（一）实施方式

教学目标是教学的起点，也是教学的终点，在强调培养学生历史学科核心素养的今天，教师必须把历史学科核心素养的培养当作自身开展教学活动的出发点及落脚点。在根据新课标的要求制订本节课的教学目标后，笔者确立了如下方法帮助学生达成该目标。

1. 实地考察法：海尔企业的许多珍贵史料都保存在海尔工业园中，因此在课题确立后，笔者就与海尔工业园取得了联系，并带领参与课题的学生到海尔工业园参观。文化是一个企业的灵魂，它渗透在企业的方方面面。学生在参观的过程中不仅可以获取有效史料，也有利于对海尔的文化形成直观感知。在参观的过程中，伴随工作人员的讲解，学生认真记录并把有效的资料通过拍照、录像等多种形式保留，为之后的研究提供资料支撑。

2. 查阅资料法：本节课的一个重要目标是以海尔的发展为小切口，展示整个改革开放的重大历史进程。因此，学生又充分利用了网络、图书等多种资源搜集到了大量的关于改革开放的内容并进行了整理。

3. 小组合作探究法：海尔的发展在不同时期体现出不同的特点，这是和改革开放在不同时间阶段的战略目标相一致的。如何体现出海尔发展过程中不同阶段的不同特点，同时将海尔作为一个整体呈现，这就要求各小组在各自收集资料、整理本时期内海尔发展的过程中加强合作，把不同的时期进行整合，避免内容上的缺失或重复。

4. 访谈法：由于学生的阅历有限，他们对改革开放的进程缺乏直观的认知。历史学不应当与现实脱节，按照社会史观的看法，历史的发展本身就是与社会的发展息息相关的。所以在本课题探究的过程中，学生也对自己的长辈进行了采访，并且按照口述史的整理方法，将访谈内容进行整理，进而从社会现实的视角形成对改革开放的认知。

（二）过程案例

1. 课前准备环节

（1）教师为学生提供改革开放相关的书籍、论文等，使学生对改革开放的历程有更深刻的理解，为进一步的探究提供理论基础；

（2）学生按照兴趣组成两个学习小组，分别探究海尔在20世纪80年代的发展以及海尔在20世纪90年代的发展，通过参观海尔工业园并聆听讲解，了解海尔的发展脉络，从中提取海尔的企业文化；

（3）在了解海尔发展的基础上将其与改革开放的进程相结合，全面思考改革开放究竟给海尔带来了什么；

（4）学生对于所搜集的史料进行筛选和组合并制作课件，全面呈现本组的研究成果，教师适时地为其提供一定的指导。

2. 课堂教学过程（45分钟）

教学环节	教学内容	学生活动	设计意图
导入新课（5分钟）	教师讲述海尔取得的一系列成就。但在30多年前海尔仅仅是一个资不抵债的小厂，点明海尔这30多年的发展正如张瑞敏所言“没有改革开放，就没有海尔”，由此导入本节课的学习。	直观感知海尔30多年来的沧桑巨变。	通过强烈的对比刺激学生，使学生能够直观地感受到海尔这30多年的变化。通过教师的讲述激发学生的探究兴趣，说明本节课的探究要点。
回顾思考（4分钟）	教师展示时间轴，引领学生一同回顾改革开放过程中的重大时间节点，进一步向学生指出，改革开放是将对内改革和对外开放紧密结合起来的过程。	学生回顾教材知识，回答改革开放过程中的一系列重大事件。	深化学生对改革开放的认识。海尔是本节课的切入点，但是最终不应当丧失教学的本真，回顾教材内容是为了让学生本节课有所收获。
小组展示（10分钟）	由第一小组的代表介绍海尔在20世纪80年代的发展。	第一小组学生展示海尔在20世纪80年代的发展，从创业伊始到张瑞敏上任，从工厂濒临破产到情况逐渐好转，从中体现出20世纪80年代海尔的重生。并且在讲述过程中引导学生关注海尔在20世纪80年代能够迅速发展的几个关键因素：质量、责任意识、规则意识、抓住时机、勇于打破自身进行创新等。	通过展示海尔在20世纪80年代的发展，使学生感受到在20世纪80年代“引进来”的浪潮下，海尔积极地引进来并且不断提升自身的竞争力，最终在20世纪80年代获得成功。在此过程中使学生感受到海尔体现出的文化与精神，为自身的发展提供有益的思考。

续表

教学环节	教学内容	学生活动	设计意图
教师总结（2分钟）	教师总结第一小组的讲解，并且引领学生回顾之前所学，将海尔在20世纪80年代的发展与改革开放在20世纪80年代的核心内容相联系。	学生根据教师提供的思路，联系之前所学，认识到海尔在20世纪80年代的发展恰恰体现出对外开放在这一时期的重点，即“引进来”。而海尔增强质量、树立规则意识、增强员工的责任意识等正能体现出对内改革在这一时期的关键点，即通过多种途径发展和增强企业活力。	通过将海尔在20世纪80年代的发展与改革开放在20世纪80年代的中心环节相联系，使学生明白，正是在改革开放的形势下，海尔牢牢地抓住机遇，才能够在20世纪80年代取得成功，从而感受到改革开放对中国企业产生的深刻影响。
小组展示（10分钟）	由第二小组介绍海尔在20世纪90年代的发展。	第二小组学生展示海尔在20世纪90年代的发展，从20世纪90年代初期成立琴岛海尔集团，再到1992年在邓小平南方讲话的鼓舞下建立起海尔工业园，由此逐步走上多元化、国际化的发展道路，并在国际上获得多方认可。从中体现出海尔在20世纪90年代逐步发展壮大，而这一切正是在改革开放继续深化的背景下。同时，海尔在20世纪90年代的发展也体现出它的企业文化，例如市场意识、创新意识以及开拓进取的精神等。	通过展示海尔在20世纪90年代的发展，使学生感受到在20世纪90年代“走出去”的浪潮下，海尔积极地走出国门，创造性地提出“三步走”战略并不断提升自身的竞争力，最终获得在20世纪90年代的成功。在此过程中使学生感受到海尔体现出的文化与精神，并为自身的发展提供有益的思考。
教师总结（2分钟）	教师总结第二小组的讲解，并且引领学生回顾之前所学，将海尔在20世纪90年代的发展与改革开放在20世纪90年代的核心内容相联系。	学生根据教师提供的思路，联系之前所学，认识到海尔在20世纪90年代的发展恰恰体现出对外开放在这一时期的重点，即“走出去”。海尔通过上市、建立工业园、树立品牌意识等正能体现出对内改革在这一时期的关键点，即建立产权清晰、权责分明的现代企业制度。	通过将海尔在20世纪90年代的发展与改革开放在20世纪90年代的中心环节相联系，使学生明白，正是在改革开放的形势下，海尔牢牢地抓住机遇，才能够取得它在20世纪90年代的成功，从而感受到改革开放对中国企业产生的深刻影响。

续表

教学环节	教学内容	学生活动	设计意图
问题升华（7分钟）	向学生展示托马斯·弗里德曼在《世界是平的》中表达的观点，向学生提供在经济全球化的当今世界，中国企业所面临的机遇与挑战，引导学生结合本节课所学，进一步思考新时代下，中国企业应当怎样做才能更好地生存，并进行小组讨论。	学生回顾本节课所学并进行思考，小组讨论新时代下，中国企业焕发新生的关键点在哪里，并进行观点展示。	深入思考，培养以史料为依据，以历史理解为基础，对历史事物进行理性分析和客观评判的态度、能力和方法。
教师总结（5分钟）	教师播放一段视频，内容为1995～2018年世界500强中各国企业数量的变化，从视频中学生可以直观感受到20世纪90年代以来中国经济的腾飞。	学生观看视频，感受20世纪90年代以来中国经济的腾飞，感受改革开放对中国企业以及中国整体发展产生的深刻影响。	培养历史学科核心素养中家国情怀所要求的“学生对国家富强、人民幸福的情感，以及对国家的高度认同感、归属感、责任感和使命感”。

（三）开发过程所遇问题及解决途径

问题一：课题宏大，无从下手

“课题已经确立，我们到底应该怎样去下手研究？参观海尔工业园的过程中，我们要着重关注哪些信息？我们怎样才能从中获取更多的资料？”课题布置下去之后，学生产生了众多诸如此类的疑问——课题宏大，即使确立了研究方向，我们又该从何下手？这是由学生目前学习内容的局限性所导致的一个不可避免的难题，高中学生依然处在一个接受知识的阶段，没有经过大学历史学科专业的训练，在面对一个历史课题时，往往觉得无从下手。针对此问题，笔者首先引导学生回顾他们之前进行课题研究时所采用的方法，并引申到历史学科，使他们明白，历史研究中非常重要的内容就是所研究的资料一定要是真实有效的，并向学生提供了几个相对权威的网站，列了一份可以参考的书单，为他们提供了获取资料的有效途径。其次，笔者引导学生一定要获取与历史相关的资料，要始终明确本课题的最终落脚点不是单纯展示海尔企业的发展，而是以海尔作为了解改革开放的跳板，如何从海尔的发展反映出改革开放的历史进程，这才是我们需要关注的问题。在进行资料搜集整理的过程中，绝不能脱离历史研究这一主题。通过指导，学生有方向地参观了海尔工业园，并搜集到大量的相关论文、书籍。

问题二：资料庞杂，难以梳理

在对海尔工业园进行参观并通过网络、图书馆等搜集到大量资料后，又一个难题摆在了学生的面前：资料过多，不知道该如何取舍。根据新课标的要求，资料的选择必须围绕核心的素养培养，合理整合教学内容。并且新课标中明确指出："合理整合教学内容必须建立在三大基石上：一是渗透学科素养，围绕教学目标的有效达成；二是深谙课程内容的真谛，围绕中心主旨有机筛选；三是领悟历史现象的关系，围绕内在逻辑进行有序整合。"基于此，笔者向学生说明，所使用的资料必须具有真实性，在此基础上，所有资料的择取都必须为本节课的教学目标服务，必须能够体现出海尔的发展与改革开放的联系。这一过程很好地锻炼了历史学科核心素养中史料实证能力所要求的学生能够"对获取的史料进行辨析，并运用可信的史料努力重现历史真实的态度与方法"。在具体操作中，笔者首先给学生一周的时间阅读各种资料，在形成宏观认识的基础上将其认为有效的内容单独列出，最后小组合作进行整理，并与其他小组集中讨论，避免内容上的重复。

收集整理材料这个过程是艰难的，在交错的历史事件中形成一条清晰的脉络，达到逻辑上的通顺，是很困难的事情。但是学生最终呈现的结果让笔者感到很惊喜，他们把复杂多样的资料整理成了两条逻辑清晰、时间连贯的线索（如图），这非常有助于我们之后项目的开展。笔者也深深感受到，学生潜力无限，把方法教给学生，放手让他们去做，会收获到不一样的教学效果。

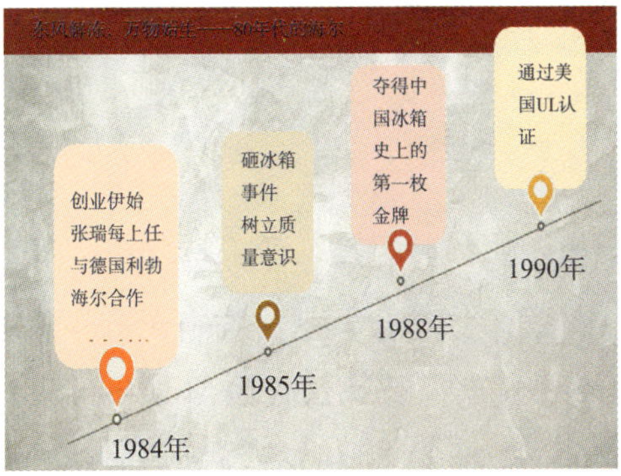

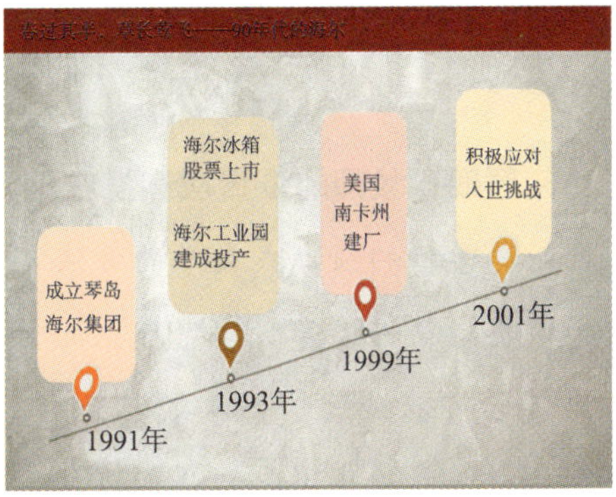

问题三：如何呈现，难以取舍

资料梳理完成之后，学生就开始着手研究如何呈现他们的研究成果。两个小组的同学决定分别由本组的一名代表通过讲述的方式呈现本组的成果。但是在此过程中，学生发现，讲解也是一门艺术：“如何把自己的核心成果呈现清楚，同时又兼顾一节课的容量？怎么样才能让大家牢牢地跟随我们的思路？怎样才能充分调动听课者的兴趣？怎样才能让我们的课题不脱离生活？”大家左右为难。这时候，笔者和学生进行了沟通，让他们明白，要想展示得精彩，就必须勇于舍弃，有舍才有得。我们要想在对本节课有一个宏观认知的基础上把我们这段时间所探究的成果在有限的时间内完整地呈现，就必须大胆舍弃材料。同时，核心思想不能丢，中心主题不能偏离。在这一思想的指导下，各小组之间通力合作，最终完成了课件的制作。

除此之外，参与本项目的其他学生也通过其他途径展示了自己的收获，其中包括论文、手抄报等，学生在探究的过程中对改革开放的历史进程有了直观的认知，这是我们传统教学难以达成的，在做中学更能够使学生形成牢固的记忆。笔者认为这正是项目式教学的魅力所在。

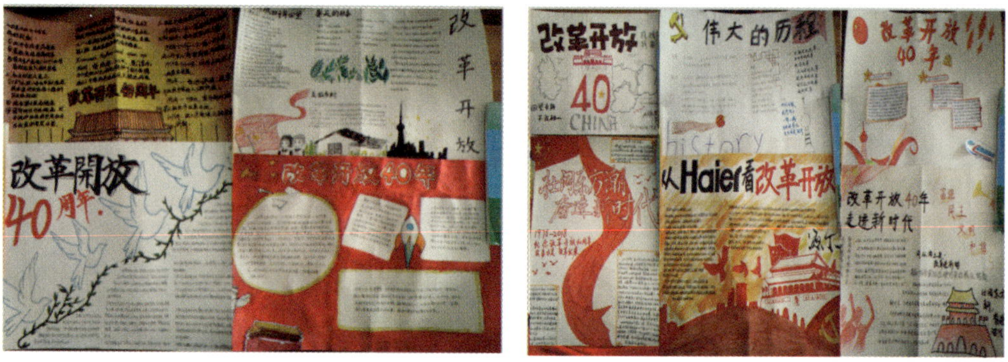

学生制作的手抄报

问题四：教师的位置应该摆在何处

历史学科的项目式教学的方法不是单一的，依据时间跨度及实施方法，可以分为两类。第一类是时间跨度久的大项目，以学生为主导，教师为指导，此种项目式教学可以持续一个学期甚至更久，在此过程中，教师仅仅扮演指导性的角色，从材料的收集获取到分析应用，都需要学生自主完成。此种项目式教学更为考验学生的史学素养。第二种教学方式是基于高中历史学习实际的微项目，可在当堂完成，由教师主要引领，学生广泛参与，在此种教学模式下，教师需要阅读大量相关资料并在此基础上筛选与该项目有直接深刻联系的内容向学生展示，引领学生共同分析，共同探究成果。这两种教学方式实际上都意在通过一个项目的深入探究来培养学生的历史学科核心素养。本节课采用第一种研究的方法，在课堂上大量的时间也是留给学生进行展示，那么在这种情况下，教师的位置应该摆在哪里呢？教师是一节课的引领者，针对项目式教学，教师必须加强自身的学习，在学生探究的基础上进行提炼升华，站在更高的角度引领学生达成本节课的目标，培养学生的历史学科核心素养。

就本节课来说，笔者首先对于本节课的时间进行了细致的划分，并且对每个版块需要讲解的内容进行了雕琢。最终呈现的这节课应该是一个拥有完整教学过程，同时体现学生主体，并能够在教师的指导下形成感情升华的一节课。本节课教师的关键作用体现在导入、两个时期的衔接以及最后的总结部分。在导入部分，笔者利用当今的时代热点引出本节课的学习，并向学生重述本节课探究的目标，为学生提供本节课学习的基础。之后，两组学生分别展示他们所探究的海尔在不同时代的发展。在此过程中，笔者引领学生将不同时代海尔的发展与改革开放的历史进程紧密结合，使学生能够通过海尔的发展历程感受到改革开放也是一个前后连贯的有机整体。使学生的研究活动非但不脱离高考，反而能够站在一个更高的角度整合并思考教学内容。在本节课的最后，笔者向学生抛出了一个讨论题：你认为在新时代下企业焕发新生的关键点有哪些？通过此问题，一方面引导学生再次回顾探究内容，另一方面通过教师提供的材料再次锻炼他们从材料中获取有效信息的方法。在学生思考并阐述的过程中，也进一步让他们明白，历史不是脱离现实而存在的，我们要从历史中汲取将来发展的有益因素。

在本节课的最后，笔者向学生播放了一段视频，这段视频讲述的是1995～2018年中国入围世界500强企业数目的飞速增长，这使学生直观充分地感受到改革开放带给中国的巨大力量。这也正是历史学科核心素养中家国情怀所要求的“增强学生对国家富强、人民幸福的情感，以及对国家的高度认同感、归属感、责任感和使命感”。多年之后，学生可能不会记得这节课有哪些内容，但是笔者相信通过这节课所传达出的中国力量学生会终身铭记。

四　项目评价

（一）评价的内容

根据新课标的要求，对学生的评价应当是多维度的，其中应当包括过程性评价、终结性评价、学生自我评价、教师评价、同学之间相互评价等多方面。评价的标准应当是本节课学生历史学科核心素养的达成程度，同时回扣教学目标中的内容，测评学生的达成情况。

（二）评价的方式

针对本节课，制定以下评价方式。

1. 注重形成性评价和终结性评价的有机结合。学生历史学科核心素养的培养是一个渐进的过程，是在学生进行课题研究的动态过程中体现出来的，因此在对学生进行终结性评价的同时，必须关注学生在进行该项目式教学探究过程中的表现。

2. 注重评价主体的多元化和评价方式的多样化。在评价过程中，不仅要关注教师的评价，还应当关注学生的自我评价以及学生之间的相互评价，多方面呈现学生的历史学科核心素养的发展水平。

组内互评表

评价人________　时间________

行为表现 / 组员姓名	参与意识	参与度	明确个人责任/角色	倾听并尊重他人	向他人提供帮助	总　分

说明：各种行为表现分项等级分数为0、1、2、3、4、5

自我评价表

标　准	5	4	3	2	1
	很　好	比较好	有一点	比较差	差
我接受同学的意见					
我能提出建设性意见帮助小组					
我能投入时间完成小组任务					
我认真听组员意见					

组间互评表（课堂展示用表）　　评价小组：第________组

组别	组长	小组介绍（10分）	内容正确齐全（20分）	表达清晰（10分）	有创新性（10分）	组员合作（15分）	富有激情（10分）	课件精美（10分）	符合规定时间（10分）	合计

3. 重视评价反馈。项目完成之后，要引导学生形成对本节课的反思，以此作为学生下一步进行项目式教学的范本。

五　自我反思

这节课是一种探索，依然存在着一些或大或小的问题，但是通过这种探索，给了笔者关于教学的一种新思路，也就是常规的历史课不一定非要按照常规的途径来上，我们可以去探索一种新的路径，也就是项目式教学。现在的历史高考不仅仅是考学生的基本知识，更多的是对学生综合素质的考量，所以我们必须在实际的教学中对学生进行学科核心素养的培养，新的高考要求我们不能再用常规的思路去进行历史教学，而是应该顺应历史高考改革的方向。项目式教学是一种对于学生核心素养培养来说非常有效的方法。

但是在历史项目式教学的过程中，也面临着很多的困惑，例如如何在有限的时间里完成这样一个项目，像本节课探索的海尔企业，实际上是笔者和学生共同努力了近两个月之久的结果，假如每节课都采用这样的方式去进行探究，肯定会存在教学时间紧张等问题。针对此问题，听课的老师们也给出了反馈，在平时的教学中，可以不必节节采用大项目来教学，可以采用小项目、微项目来开展教学。重点在于，学生通过不同的项目式教学的探索，会逐渐形成一种思路，这种思路对于他们来说才是最重要的。

六 师生感悟语录

学生1:“历史课原来还能这样上，这节课颠覆了原本历史课程在我头脑中的印象，原来历史就在我们身边。我们每个人都非常熟悉的海尔的背后竟然能够体现出这么庞大的一段历史。从生活中的细微之处发现历史的影子，这是使我非常感慨的，以后我也要多多留意我身边的细节，让历史的距离感不再那么强烈。”

学生2:“我负责本节课学生讲解的前半部分。其实在参观完海尔工业园之后我就非常有感触，在海尔工业园我看到了一个企业的成长，同时在老师的引导下我们思考了自己的人生，发现其中原来有很多的共同之处。从海尔文化的身上我汲取到许多对于我未来发展有益的成分。而且这一次的上台展示也极大地锻炼了我。”

听课教师1:“这节课通过一个真实的海尔的故事讲了大历史，这很打动人心。想要培养学生的民族认同感不能够单纯靠讲课，而应当让学生有切身体会，这节课遵循了从体验、感受到形成认知的认知规律。这正是项目式教学能够带给学生的。”

听课教师2:“胡老师的这一堂课是有意义的，对项目式教学的理解和设计非常到位。历史学科的项目式教学就是结合新材料新情境来解决问题，无论是日常的考试还是高考，每逢新的材料题，学生都非常打怵。之所以会出现这样的现象，一个关键性的原因在于学生长期以来接受的套路教育。生活中呈现的材料是多元的，生活的问题解决方法是开放的，因而项目式教学就是让他们接受新的情境，通过情境调动所学知识，应用技能，解决新情境的问题。胡老师的这一堂课在具有历史特色的同时，也非常符合项目式教学的思路。”

案 例 3

《从近现代中国经济发展看社会变迁——以青岛啤酒发展史为例》

一　项目开发背景

（一）学生需求

“核心素养”成为当今国际基础教育发展的潮流，在各国各地区提法不一，但基本思路具有共同点——学校教育必须适应时代的发展，学校教育要培养的不是单纯的“记忆者”，而是“思考者”和“探究者”。其关注点不仅是知识的习得，而且是学生在现实社会生活发挥作用的实际能力。学习应是与新世界、新他者、新自我不断相遇和对话的过程，教育应当突出每个学生的人格成长，使每一个学生不仅是学习的主体，而且是学习的主导者。2014年教育部研制印发的《关于全面深化课程改革落实立德树人根本任务的意见》首先提出“核心素养体系”概念，明确学生完成不同学段、不同年级、不同学科学习内容后应该达到的程度要求，指导教师准确把握教学的深度和广度。

面对学校改革的诉求、创新教育思维的要求、增强改革实践力度的时代挑战，北京师范大学教授林崇德挂帅，历时三年研讨的《中国学生发展核心素养》最终以课题组名义对外发布。其以科学性、时代性和民族性为基本原则，以培养“全面发展的人”为核心，分为文化基础、自主发展、社会参与三个方面，综合表现为人文底蕴、科学精神、学会学习、健康生活、责任担当、实践创新六大素养。

所谓“学生发展核心素养”，主要是学生应具备的，能够适应终身发展和社会发展需要的必备品格和关键能力，是每一个学生获得成功生活、适应个人终生发展和社会发展都需要的、不可或缺的共同素养，在家庭和学校教育并在一生中不断完善。这就意味着新时期下知识观与教育观需要转型，因此要将发展学生核心素养作为课程设计的依据和出发点，以此引领和促进教师的专业发展，帮助学生明确未来的发展方向。

（二）学科实际

高二学生的抽象逻辑思维能力快速发展并走向成熟，而且通过高一年级历史知识的学习和技能的培养，基本具备了获取和解读历史史料的能力，因此，分析甄别本节课需要的文字史料和图片史料的信息，对于学生来讲相对比较容易。学生要进一步调动已学习过的历史知识并从中进行选择、运用相关学科的基本技能解决历史问题，进而用历史的语言、正确的逻辑关系，表达出历史问题的过程与结果。

本课题是在高中一轮复习的基础上设计的，主要由高中历史教材必修二《经济成长历程》第二单元第10课《近代中国社会经济结构的变动》、11课《民国时期民族工业的曲折发展》，第四单元第18课《中国社会主义经济建设的曲折发展》、19课《经济体制改革》四课教学内容构成专题《中国近现代经济变迁》。工业是一个民族的脊梁，工业强则国强。工业是实现中华民族伟大复兴的基础，而民族工业的发展关系到民族、国家的前途和命运，教师要带领学生探究民族工业的产生、发展和新时期下的转型，以揭示中国民族经济发展的基本规律和趋势，利用历史思维重塑知识体系，从多视角、多类型、多层次探究思考历史和展现新时期改革开放下中国经济腾飞的画卷。

在学习本节课之前，学生需要查阅相关资料，参观青岛啤酒博物馆，走访企业老职工，简单了解青岛啤酒厂的发展脉络、影响企业发展的时代因素和社会背景等。知识的准备和铺垫是学好这节课的重要基础。

二　项目开发过程

（一）制订项目目标

本课探索将历史教学转化为课题性教学模式，帮助学生将知识体系与创新迁移能力有机结合，突出学生主体地位，学会将事物发展的脉络放置于历史大环境背景下，将历史和生活紧密结合。

在以青岛啤酒为例的探索民族工业发展历程的项目式教学中，学生收集了大量史料，参观了青岛啤酒博物馆，阅读了《青岛志》和《胶澳志》，大大提升了史料阅读能力，在课堂展示中以时空脉络为基本点，以史实为载体，开展对于青岛啤酒过去的探究、了解现在的发展，展望对未来的期盼，落实历史学科核心素养。

本节课例选自高中历史教材必修二《经济成长历程》第二单元《工业文明的崛起和对中国的冲击》和第四单元《中国社会主义经济建设发展道路的探索》。本节课从教学内容来看综合性较强，从教材的使用上来看，打破教材编写体例的束缚，以时空观念为跨度形成对知识的整合。

通过了解民族工业从近代到改革开放的发展，使学生从中感受时代发展对中国企业和中国经济产生的深刻影响，培养学生“对国家富强、人民幸福的情感，对国家的高度认同感、归属感、责任感和使命感”的历史价值观，并进一步明确在未来的发展中，我们应继续在中国共产党的引领下，不忘初心，砥砺前行。

（二）开发项目资源

青岛啤酒作为青岛的百年企业，誉满国内外，学生对其非常熟悉，青岛啤酒自创立就伴随着中国社会时代变迁的步伐而不断发展，其自身发展的过程更能够体现中国历史变迁。并且，青岛啤酒在自身发展中非常关注企业品牌建设和文化建设，在品牌建设的同时注重保存企业发展过程中的一手资料，并将其保存展览在青岛啤酒博物馆内。青岛啤酒博物馆保存了大量的文字、图片、报纸、商标、视频、老设备、老厂房等珍贵的一手资料，浓缩了中国啤酒工业及青岛啤酒的发展史，体现了世界视野、民族特色，融生活和文化历史于一体。

（三）设计项目框架

1. 初期设计意图：在初期对这一课题进行探究时，学生主要分为三个小组探究青岛啤酒商标的历史演变、青岛啤酒机器设备的现代化发展、青岛啤酒的国际化道路建设，在纵向的历史社会环境背景下，从社会政治变迁、思想潮流变化、生产力和生产关系变革、全球化趋势下市场经济发展等多角度、多层次探索青岛啤酒的发展。但是每个课题都需要较长的课堂时间，并出现大量重复性知识，发现这一情况后，教师与学生经过探讨后化繁为简，以时间为序，以1949年新中国成立为分界点，将青岛啤酒按不同阶段分别展示，最终形成了两个学习探究小组：第一小组探究1903～1949年“千面”的商标——青岛啤酒商标演化，从商标的演变看待中国近代社会变迁；第二小组探究1949年至今由青岛啤酒的国际市场发展看社会变迁，探索全球化背景下中国现代企业的发展，并且从中深刻理解、掌握唯物史观的经济基础和上层建筑之间的辩证关系，同时使学生形成情感的升华，激昂于近代中国的反侵略抗争史，自豪于现代中国的强盛与发展，凝聚强烈的民族责任感、自豪感。

2. 课前准备环节

活动分组：根据本堂课的任务，学生按兴趣组成2个小组，每组6～9名学生。

任务分配：

第一小组：主要实地参观青岛啤酒博物馆B馆，收集青岛啤酒商标，从侧面探索青岛啤酒商标变化的原因，分析中国近现代工业发展的阶段特征，从而形成对中国近现代社会经济发展的时空观念。

第二小组：主要实地参观青岛啤酒博物馆A馆，收集相关史料并对史料进行分析和甄别，从青岛啤酒国际市场发展的角度辩证分析中国近现代社会经济发展的外部因素。

3. 课前探究

在课前完成资料搜集工作，并在课堂上进行交流总结。

（1）第一小组：“千面”的商标——青岛啤酒商标演化；

（2）第二小组：由青岛啤酒的国际市场发展看社会变迁；

（3）制作中国近现代民族工业发展变迁之思维导图。

三 项目实施

导　入

师：（视频导入）首先同学们一起来观看视频中、捷两国队员比赛喝啤酒和图片《青岛啤酒走入青岛人民的千家万户》。

设计意图：点明在欧洲文化中啤酒的重要地位；工业文明为中国人带来生活方式的改变，同时引起中国啤酒工业的产生和发展，以期探索时代变迁对中国民族工业发展的影响。

第一部分：追本溯源

师：青岛啤酒是全国知名的百年老字号，该公司的发展几乎浓缩了中国近现代企业发展史的整个历程。1903年，香港盎格鲁·日耳曼啤酒公司的德国商人与英国商人，合资在青岛创建日耳曼啤酒公司青岛股份公司。此时青岛被德国占领，英、德商人为适应占领军和侨民的需要开办了啤酒厂。

问题探究一：德国为什么可以在青岛投资设厂？

生：学生思考后讨论、回答、感悟。

生：1897年德国强占胶州湾，并在此之后将青岛作为德国的势力范围进行统治，客观上推动了青岛的现代化建设和人们思想观念的转变，促进自然经济的进一步瓦解，同时出现了大量欧洲移民，带来了生活生产方式的转变。

第二部分：历史沿革

第一阶段

师：德国在青岛投资设厂建立青岛啤酒厂以后，帝国主义列强之间为争夺在华势力范围继续进行战争，使中国大地战火纷飞、苦难深重，今天的我们不曾经历过，但是可以通过当年留下的各种资料，感悟那段沉重的历史，自豪于中国人民的抗争与生生不息，对时代进行反思，寻找和塑造自己的人生观、价值观。

小组活动

第一小组进行演讲："千面"的商标——青岛啤酒商标演化

小组展示，结合实地考察，制作课件。第一小组对青岛啤酒商标的演变进行思考，这一范畴史料多样，但是需要学生从多种角度进行深思考，包括对商标图案、文字的解读，体现文化、风俗、生产的多样性，并从中探索商标变化的社会原因。

设计意图：第一小组时空定位于1903～1949年新中国成立前。夯实历史基础知识，在探索商标变化原因的同时增强史料解读的能力，并增强时空观念认知的系统性。

节选：青岛啤酒是青岛的代表之一。在我们了解的过程中却发现一个现象：商标是一个企业的代表，一般不会轻易改动，为什么青岛啤酒商标从1903年建厂至今做了如此之多的改动呢？为此我们展开了调查，决定揭开商标演变的神秘面纱。……从德国占领青岛，到实现自立自强，青岛啤酒远销海外，青岛啤酒的商标设计也从外国元素向青岛本土元素进行转换。其过程无不展示了中华民族的自立自强与崛起。

师：以青岛啤酒的演变为缩影，可以看到中国近代企业在半殖民地半封建社会下处于夹缝中生存的困境，同时也有的同学有些想法，认为外国资本主义工业先进，虽然进行了侵略，但是也带来发展。所以，结合小组的展示，我们来探究以下问题。

问题探究二：根据小组展示和所学知识回答外国资本主义经济影响的双重性。

生：学生讨论、探究，并且结合小组展示结果回答。

设计意图：学生通过探讨、思考的过程，学会用辩证的方法看待历史问题。

师：破坏性：①凭借政治、经济特权形成垄断地位，凭借雄厚的技术资本对民族工业造成沉重的打击。②外国资本主义工业是服从于占领地宗主国的经济利益和需求的，使中国近代产业结构畸形发展，难以形成独立发展的工业体系。

建设性：①进一步瓦解自然经济，引进先进生产力、资金、技术、管理方式，推动民族工业发展和社会转型。②推动城市建设和思想解放。

第二阶段

师：1949年新中国成立后，中国人民经过70多年的风雨，屹立于强国之林，实现了经济的腾飞，在世界舞台上发挥着越来越重要的作用。在国家的支持下，青岛啤酒把握时机，不断前进。

第二小组进行演讲：由青岛啤酒的国际市场发展看社会变迁

小组展示，结合实地考察，制作课件。第二小组展示了青岛啤酒国内国外包装的区别以及青岛啤酒不同阶段的外销对象，探讨影响青岛啤酒对外贸易的时代环境等外部因素。

设计意图：第二小组时空定位于新中国成立到改革开放后。学生利用地域优势，在熟悉的情境下参观青啤博物馆，搜集史料并进行选择与甄别，这里侧重学生对史料实证的深思考。从中探讨、感悟中国经济的腾飞，增强民族自豪感。

节选：同学们，大家好！今天想跟同学们分享我们小组在项目式教学实践中的探索成果。青岛啤酒早在百年前便已声名远播，自1903年建厂至今，青岛啤酒逐步实现享誉全球的目标。我们不禁产生这样的疑思：青岛啤酒在走向国际的征途中抓住了哪些历史节点，乘势而起？我们选择了5个时间节点，一起进行回顾。

问题探究三：综上所述，结合所学知识回答，民族企业屹立于世界之林需要哪些因素？

生：学生讨论、探究，并且结合该小组的展示结果回答。

设计意图：升华问题，对本节课两组同学的展示进行综合对比，形成整体认识。

师：国内：①自主创新、科学管理、改进生产方式、培养人才、形成独特的企业文化和产品特色；多元化发展。②国家经济政策支持、政治稳定、法制完善，坚持改革开放。

国际：①稳定的国际政治环境；

②公平合理、开放包容的国际经济市场。

第三部分：以古鉴今、勿忘历史、砥砺前行

材料：有一年，专门前来（青岛啤酒厂）考察的德国专家（对仍然完整保存至今的早期德国啤酒制造机器）感到不可思议，惊讶过后，委婉地提出一笔交易，“卖给我们吧，我们出高价。要不，拿最新式的设备来交换。”“这台机器就是我们的历史，我们不能出卖历史。”他得到这样的回答。

——《青岛啤酒厂志》

2001年和2017年世界五百强企业数量对照表

	年份	美国	日本	中国
世界五百强企业	2001	185	104	12
	2017	132	51	115

问题探究四：我们该如何看待历史？

学生自由讨论，各抒己见，学会用历史语言和历史史实解决问题。

设计意图：通过对本材料的解读和探讨，调动学生学习兴趣，使学生主动参与学习和探究，更重要的是使学生理解该如何对待殖民文化。历史学习注重以史为鉴，探讨历史经验对现今时代经济发展的前瞻性和启示性。

师：过去终将过去，时间会抹去伤痛，但不会抹去记忆，学习历史，就是要从历史的印记中知道民族的根、民族的魂，延续民族的未来。曾经的中国因衰落而被欺凌，现在的中国因强盛而屹立，回首惨痛的历史，我们总结经验，面向未来，我们为不被欺凌而强盛，我们又因强盛而维护和平，一代代人的努力，构建了中国力量与中国精神。很多同学说，我就是一个普通人，那些好像离我们很远。请记住，我们的现在就是中国的现在，同学们今天的学习，今天的行为，今天的努力，就是中国的未来。

四 项目评价

根据新课标的要求，对学生的评价应当是多维度的，评价的标准应当是本节课学生历史学科核心素养的达成程度。针对本节课，制定以下评价方式。

1. 注重形成性评价和终结性评价的有机结合。

2. 注重评价主体的多元化和评价方式的多样化。在评价过程中，不仅要关注教师的评价，还应当关注学生的自我评价以及学生之间的相互评价，多方面呈现学生的历史学科核心素养的发展水平。

3. 重视评价反馈。课题完成之后，要引导学生形成对本节课的反思，以此作为学生下一步进行项目式教学的范本。

五 自我反思

本课内容多而复杂，切忌由老师唱独角戏。学生对中国近现代民族工业发展的整体脉络可能不太清晰，对不同阶段的时代特征、发展表现，都可能理解不到位，把握不了。老师应及时注意学生反馈情况，采取补救办法。对不同层次的学生，要了解他们学习的难点，以明确教学的改进方向。

在教学过程中，要充分使用课件辅助教学，利用丰富的图片和材料配合教学过程，这样有利于丰富教学内容、营造良好的教学情境、烘托教学主题。

本节课通过项目式教学，让学生“进入历史”，亲身感悟历史，既加深了对课本知识的理解，又扩展了学生的视野，受到了学生的欢迎。

但是问题也是存在的。在项目式教学过程中，学生在查询相关的史料、图片、走访的过程中耗费了大量的时间和精力，并且在搜集的过程中容易出现主题不清，资料庞大而导致脉络混乱等问题，这就需要在突出学生主体地位的基础上，加强教师业务能力和指导地位，为学生指明方向，梳理思路。这对笔者而言，同样是教学生涯的又一次提升。

六 学生感悟语录

这次的项目式教学，使我受益匪浅。在本次的实践过程中，我们参观了青岛啤酒博物馆。通过课题研究，我们有效地把理论知识和实际结合在一起，在兴趣中学习、成长。在实地调查中，我们独立计划工作，组织安排实地考察和理论学习，进行了明确而具体的成果展示。课题确实具有一定的难度，要求我们运用所学知识、技能解决实际问题，同时要自己克服、处理在项目中出现的问题，在这一过程中我们也体会到老师备课的不易。项目式教学是在教师的指导下，学生自主得到结果并进行展示和自我评价的过程。我在这个过程中也锻炼了各种能力，理解和把握课程要求的知识和技能的同时，体会到了艰辛与乐趣，培养了分析问题和解决问题的能力和方法，发掘了才能，培养了自信，为未来奠基！

案例 4

《读沧桑建校史，话新中国教育——基于青岛第三十九中学、中国海洋大学和山东大学的校史档案研究》

一　项目开发背景

（一）加强课程资源开发的课标要求

新课标指出，学校要统筹规划历史课程资源建设工作，建立、健全课程资源开发与应用的制度、机制，探索运用历史课程资源有效发展学生学科核心素养的策略、方法，促使历史课程有效实施。作为历史教师，应当加强课程资源意识，提高对课程资源的认识水平，积极、充分地开发和利用各种历史课程资源。乡土资源是最具有地方特色的课程资源，既容易获取又便于增强知识与现实生活的联系性。高中历史教材必修三第28课《国运兴衰，系于教育》以新中国教育发展为主线展开，时间距今不远，尚有大量史料可以获取，我校及所隶属大学的校史资料是极佳的课程资源，以此来完成项目式教学主题的设计和情境的创设是非常好的选择。

（二）对教学内容主题化重构的课程标准要求

新课标指出，“对教科书的顺序、结构进行适当的调整，将教学内容进行有跨度、有深度的重新整合，设计出更具有探究意义的综合性的学习主题”。本课以必修三第28课《国运兴衰，系于教育》为主干，揉入选修模块《史料研读》的内容，在学生参与项目式教学前，教会学生搜集和运用史料的基本原则与方法，让学生用自己获取的史料研究历史，更好地了解我国教育发展的史实，理解“国运兴衰，系于教育”的深刻含义。

（三）宣传校园文化、增强学校凝聚力的现实要求

校史是一个学校积淀的宝贵文化资源。宣传校史可以弘扬学校优秀传统文化，增强学生的归属感和凝聚力，有利于学校的长远建设。我校历史悠久，先后作为山东大学附设工农速成中学、山东大学附属中学、山东海洋学院附属中学、山东省青岛第三十九中学、山东省青岛第三十九中学（中国海洋大学附属中学），历经新中国风雨变革，迎难而上，开拓进取，培养了无数社会主义的建设者，正是历史的延续造就了今日的辉煌。笔者试图用校史培养学生以学校为荣，为学校增光的意识。

二 项目开发过程

（一）制订项目目标

帮助学生认识到新中国的发展适应了经济建设和社会发展的需要，并且发展的过程中充满曲折，不是一帆风顺的。（唯物史观）

在了解我校校史时，能够置于新中国教育的整体发展历程和社会主义探索的不同历史阶段下进行考察，了解我校的历史因素对现实的深远影响。（时空观念）

学生通过实地考察我校校史馆和中国海洋大学校史馆、查阅校友回忆录、网上搜集相关资料等，获取新中国建立至今人民教育的奠基和教育的复兴的基本史实。了解史料的分类，掌握搜集史料的途径与方法，能够从史料中提取有效信息，作为历史叙述的可靠证据。（史料实证）

在整理史料时，区分历史叙述中的史实与解释，能够客观论述历史现象，有理有据地表达自己的看法；学会从历史表象中发现问题，对历史事物之间的因果关系做出解释。（历史解释）

理解“国运兴衰，系于教育”的深刻含义，树立以学校为荣、为学校增光的人文关怀，肩负立志于学、成为国家栋梁的使命。（家国情怀）

（二）开发项目资源

1. 学校资源

我校历史悠久，学校的历史沿革能够完美契合新中国教育发展的重大阶段，

有助于通过探索校史这一情景构建项目式教学。我校建有校史馆，内容丰富，图文结合，可以满足班级实地考察获取史料的需要。逢我校建校60周年之际，在众多知名校友的帮助之下，学校印制了建校以来学校发展的档案册子以及两本校友回忆集，为本课的开展提供了宝贵的历史资料。

2. 社会资源

本课所讲的新中国教育除了基础教育外还包括高等教育，我校为中国海洋大学附属中学，可以依托中国海洋大学校史馆搜集相关资料。在学校官网上，也可以搜索到系统梳理的校史资料。此外，笔者在陕西师范大学教育博物馆拍摄了大量反映教育发展史的照片，可供学生选取利用。

（三）项目设计过程

本项目的诞生首先源于笔者的个人兴趣。笔者于2018年夏季入职青岛第三十九中学，领导为老师们普及了我校校名沿革，笔者震撼于我校波澜壮阔的历史，萌生出一种冲动：能不能想办法利用校史资源来完成必修三《国运兴衰，系于教育》的项目式教学呢？而我校的项目式教学模式恰好需要给课堂寻找项目主题，于是这堂课的雏形应运而生。笔者回到陕西师范大学修习暑期教育硕士期间，充分利用该校全国第一座综合性教育博物馆获取大量史料。之后，笔者来到海大校史馆查阅资料，找到了校史馆建馆时所有的电子版资料和建校60周年的校友回忆录册子。笔者利用这些资料进行项目设计，划分了专题模块，设置好项目问题，安排学生到校史馆参观并分组研究。

三　项目框架

1. 分析教学内容，确立项目主题
2. 根据项目主题，选择项目素材
3. 梳理项目内容，进行问题拆解
4. 设计活动任务，实施科学研究
5. 设计学习支架，提供实施保障
6. 设计评价方案，诊断素养水平

四 项目实施

专题一：从我校校名沿革管窥新中国教育体制改革

【教师导入】历史上的一切事物，都是它所存在的那个时期社会存在的反映，一个学校也是如此。它自诞生起所走过的每一步都在历史上留下了清晰的足迹，我们将足迹串联起来，就可以从这个小小的切口管窥新中国教育体制的改革。我校历史悠久，可追溯到1952年创建的山东大学附设工农速成中学，1958年改为山东大学附属中学，1959年改为山东海洋学院附属中学，1963年划归市教育局成为山东省青岛第三十九中学，2003年加挂中国海洋大学附属中学校牌，学校的历史沿革清晰地反映了新中国教育发展的重大变革。请第一小组为大家梳理。

【小组展示】我们学校创建于1952年，初名山东大学附设工农速成中学。我们先剖析“山东大学”，今天的山东大学在我们省是实力最强的学校，也是“211”“985”和“双一流”建设高校，我们在它的官网上查到了这样的校史沿革：1930年由私立青岛大学和省立山东大学合并为国立青岛大学，1932年改为国立山东大学。中华人民共和国成立后对旧有的教育体制进行改造，人民政府接管了国民党的学校、私人学校和外国教会学校，改为公办。1951年，崭新的山东大学成立，如图是它的校门，地址就位于今天中国海洋大学鱼山校区，我校初中部旁边。

1924年私立青岛大学

1932年国立山东大学

1926年省立山东大学

1951年山东大学

【随堂例题】1950年，教育部接管了天主教会开办的辅仁大学，后并入北京师范大学。随后，又接收了受帝国主义津贴资助的燕京大学等二十所高等院校、五百多所中学、一千一百多所小学。这一举措（　D　）

A. 彻底改造旧教育　　B. 对教育“拨乱反正”

C. 提高了教育质量　　D. 收回了教育主权

（考查新中国成立后对旧教育的接管和改造）

【小组展示】我们再看“附设工农速中”的含义。

我校校史记载：

1952年，正值新中国成立初期，国家为了培养社会主义建设骨干人才，为了满足工农干部读书学习的需要，借鉴苏联的经验，在各地创办了一批工农速成中学。山东大学附设工农速成中学（以下简称为山大工农速中、速中）在这种形势下应运而生。

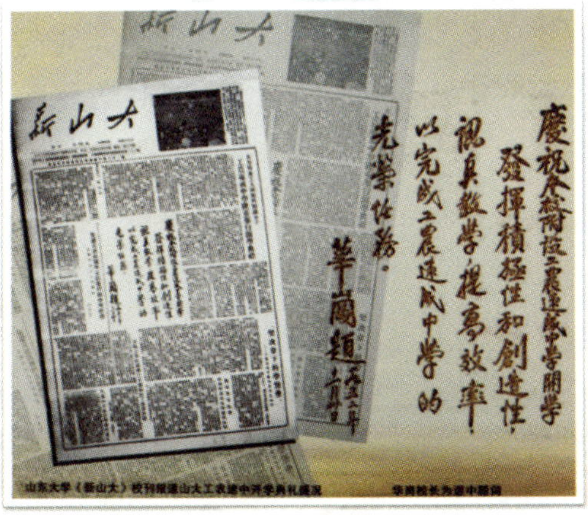

山大速中的诞生，是国家建设新教育体系即国民教育体系的产物。1949年全国教育工作会议指出了我国教育方针：“教育要为国家建设服务，学校要向广大工农开门，大力提高人民的文化水平。”在这个方针的指导下，工农速中肩负着干部储备的作用，培训工农兵队伍中的佼佼者，提高其知识水平，培养成为各行各业干部领导。

校友张杰回忆：

速中的同学们来自各行各业，有农村基层干部，有部队转业军人，还有不少生产第一线的工人。有的立过战功，身上还有未曾取出的敌人的弹片，有的曾担任相当职务的领导，还有不少全国或省级劳模。他们不管原来身份如何，对老师都十分尊敬。速中的学生由于感到学习机会难得，学习十分勤奋……刚刚翻身得到解放的工农学生是以主人翁的姿态驰骋在文化战场上的，决心夺取文化科学的堡垒。

校友李经礼回忆：

山大速中的领导和各位老师，他们比一般普通中学老师付出了更多的劳动和辛勤汗水。因为这些学生来自生产第一线，文化程度普遍较低，老师们为上好每一堂课，都精心准备，加班加点到深夜。

从中我们能够看出这些来自各行各业的校友十分珍惜来之不易的学习机会，如饥似渴地弥补自己逝去的青春，也能够看出新中国“人民政权”的性质，教育惠及广大人民群众。来自不同单位的速中老师们也以革命精神奋战在教学岗位上，为国家建设培养人才。如图，毕业证上“为人民服务”的背景和奖状上“社会主义建设人才”都能够体现。我校校友里最知名的是郝俊秀，她在入校前就是名满全国的国家劳模，独创“郝俊秀工作法”，成为全国纺织业的标杆，盛名已久的她向组织提出要进修，后进入我校学习。毕业后她走上领导岗位，在更广阔的天地实现了自我的价值。

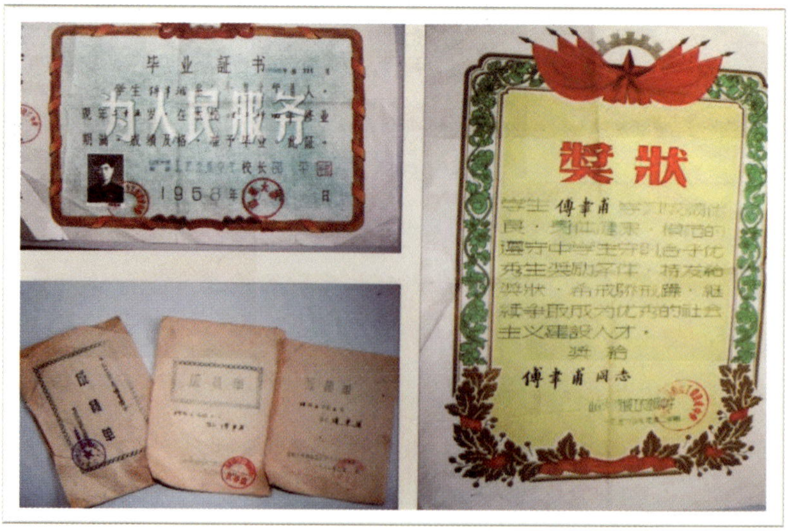

【随堂例题】1951年11月，政务院在《关于改革学制的决定》中将为革命干部、工人、农民开设的工农速成中学纳入正规学校系统。该决定（　B　）

A. 借鉴苏联经验发展人民教育　　B. 利于为社会发展提供智力保障

C. 将极大提高国民的整体素质　　D. 脱离中国国情制约了教育发展

（考查工农速成中学通过培养国家储备干部服务于国家建设和社会发展的作用）

【小组展示】要实现提高人民的文化水平的教育方针，除了干部培优，还要向广大人民群众普及文化教育，为此开展了扫盲运动和识字运动。政府开办了各种类型的补习学校，广大教育工作者把识字小黑板挂到了田间地头、车间厂房、休息场所，扫盲工作取得了明显成效。此外，还有专门的扫盲识字课本，扫盲合格后颁发识字证书。

工农速中和扫盲运动培养了大批素质较高的劳动后备军和德才兼备的建设人才，奠定了中华人民共和国教育持续发展的坚实基础，为我国国民经济的发展和社会的全面进步提供了有力的人才支持。

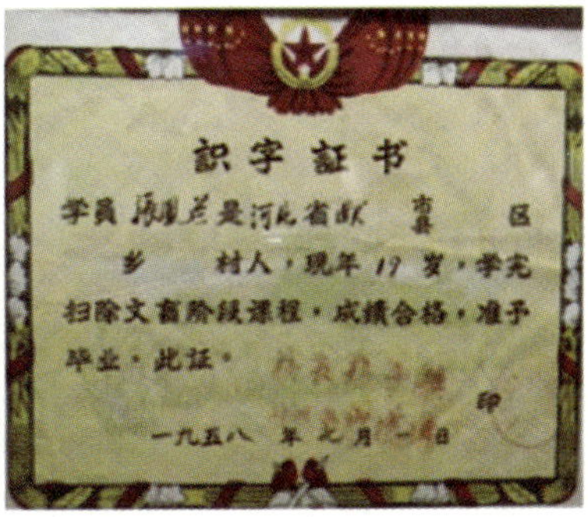

【随堂例题】新中国成立后，于1952年、1956年、1958年、1960年先后形成了四次扫盲运动的高潮。从1949年到1960年约有1.5亿人参加了扫盲和各级业余学校的学习。这些扫盲运动（　B　）

A. 推动了义务教育的普及　　B. 强化了民众对国家的认同

C. 促进了科技水平的提高　　D. 奠定高校院系调整的基础

【小组展示】工农速中建校五年后，根据教育部《关于停止工农速成中学招生的通知》，我校停止招生，到1958年最后一批学生毕业，共培养了三批。关于停办的原因我们查阅了论文发现，工农速中是成人教育，但学习内容是初中到高中六年的知识，要在短短三年时间速成，难度很大，而且学生年龄偏大增加了学习难度，导致毕业率偏低（最高的年份不过60%，最低的年份仅3%），且因基础差，不能适应高等教育环境。此时我国从学前教育到高等教育的国民教育体系正在蓬勃发展，招生规模越来越大，不再出现建设人才断崖现象，工农速中也就结束了历史使命。我校也改制成为普通高中。**我校校史记载：**

山东大学附设工农速成中学停办后，原校名改为山东大学附属中学（简称山大附中），属于纯高中学校。分文、理两科，学制二年。

山大附中首届毕业生，现东北师范大学教师唐诚顺回忆：

由于当时山大为高教部重点大学、山东省的最高学府，吸引了广大初中毕业生的热情，他们羡慕山大的名气，纷纷报名应试，由于报名人数众多，考取颇难。

我校因山大附中的名号吸纳大量的生源，成为强校。我们搜集了当时的高中课程教材的图片，与我们今天基本类似，但外语学科不同，现在我们主要学英语，当时却以学俄语为主，这是为什么呢？因为当时我们与苏联关系紧密，苏联支援我们进行社会主义工业化建设，需要培养与苏联工程师交流并能看懂图纸的人才，所以要开设俄语课程。

【随堂例题】到1952年底，新中国已建立多所俄文专科学校，北京大学、清华大学等多所高校和一批中学开设了俄文课程，许多中小城镇也掀起了学习俄语的热潮。这是我国当时（ D ）

A. 外交政策转变的需要　　B. 计划经济体制的需要

C. 文化教育改革的需要　　D. 国家发展战略的需要

【小组展示】山大附中存在的时间仅仅一年，就降格成了海院附中，为什么呢？这与我国高等教育体制改革有关，即1952年院系调整：

1952年，教育部基本参照苏联的高等教育模式，对高等院校进行改造、调整，裁撤、合并了一些大学及其专业，增设专科院校，为国家建设培养各种专业技术人才。

山东大学作为综合性大学也经历了调整，大量专业调出并入别的院校或成立单独学院，同时也有部分专业调入。

（一）政治系，迁至济南，组成山东政治学校，现为山东省委党校。

（二）艺术系戏剧组，迁至上海，与上海戏剧专科学校合并，组建成中央戏剧学院华东分院，现为上海戏剧学院。

（三）艺术系音乐、美术两组，迁至无锡，与上海美术专科学校、苏州美术专科学校合并，组建成华东艺术专科学校，后为南京艺术学院。

（四）工学院和土木系，和原山东工学院的土木、纺织系合并，组建成青岛工学院，后又迁至武汉与有关系科合并，成立武汉测绘学院，后并入武汉大学。

（五）工学院的机械、电机两系，迁至济南，调入原山东工学院，组建成新的山东工学院，后为山东工业大学。

（六）农家院的农艺、园艺、植物病虫害学三系，迁至济南，与原山东农学院合并，组建成新的山东农学院，现为山东农业大学。

（七）医学院1956年独立，扩建为青岛医学院，现为青岛大学医学部。

（八）理学院的地矿系迁至长春，与有关院校系科合并，组建成长春地质学院，现并入吉林大学。

（九）1954年教育部指令由山东大学负责在郑州筹建一所新的大学，由山东大学支援师资，即现今的郑州大学。

——摘自《山东大学校史》

1952年全国高等院校进行院系调整，厦门大学海洋系理化组的部分师生北迁青岛，与学校的海洋研究所合并，成立了海洋系。1953年9月，河北水产专科学校停办，部分师生和仪器并入学校水产系，水产学科力量进一步加强，成为学校的重点发展系科。

——摘自《中国海洋大学校史》

1959年，山东大学奉命迁往济南，海洋水产等专业留青组建山东海洋学院，我校也因此改名。校史记载：

1959年山东大学迁校至济南，原校址成立山东海洋学院，山大附中随之更名为山东海洋学院附中，简称海院附中，是一所普通高级中学，由山东海洋学院党委直接领导，中央教育部直接拨款办学，面向全省招收学生。设高中10个班，分文、理科。教职员工30余人，校舍在海洋学院校园内，即今天的中国海洋大学水产系教学楼。

【随堂例题】1952年我国高校进行院系调整，如调整后的天津大学下设土木建筑、电信、机械等7个工程系，20个专业和13个专修科，从综合型大学转变为多科性工业大学。这种调整主要是为了（ B ）

A. 促进国民经济的恢复　　B. 培养经济建设专门人才

C. 提升国民的科技素养　　D. 推动天津经济建设发展

【小组展示】在1963年时，我们学校由山东海洋学院转交给市教育局接管，定名为山东省青岛第三十九中学。我校校史记载：

1962年5月，山东海洋学院决定停办附属中学。1963年夏，青岛市教育局接收了海洋学院附中的师生员工和设施，更名为山东省青岛第三十九中学，隶属于青岛市教育局。新校址位于青岛市市南区登州路5号。

为什么会出现这样的调整呢？我们在我校校史和中国海洋大学校史中都没有查到原因，教材中提到“从1961年起，根据中央‘调整、巩固、充实、提高’的方针，教育部对高等教育全面调整，至1963年基本结束，中国高等教育事业进入稳定发展的轨道”，两者之间有没有必然的联系呢？我们查找的资料并未显示两者的直接关系，但我们在网上查找到了《青岛市志》，发现应该与教育体制改革下放教育事业管理权力有关，有利于捋顺各级权力归属，调动地方办学的积极性：

1958年4月，根据中共中央、国务院发布的《关于教育事业管理权力下放问题的规定》，教育管理体制进行改革。……1960年10月，山东海洋学院被中央确定为重点学校，由教育部领导管理。1963～1965年，青岛市人民委员会领导管理中学，市属区（县）领导管理小学。

【师】感谢同学们为我们梳理了校名的变迁，当然之后学校再次迎来校名的微调，我们将它留在后面的专题。

专题二：教育复兴时期的发展

【小组展示】“文革”结束后，国家出现了严重的人才断档，在邓小平的主持下，教育界冲破重重障碍，全面整顿，迎来教育的春天，中断十年的高考得以恢复。我们在中国海洋大学校史馆找到了1977年第一届高考生的毕业照，陕西师范大学教育博物馆中也珍藏着一张1977年的高考准考证，我们可以看到准考证有一栏信息是“考生所在单位”，这位考生是铁路工人。无数失去读书机会的各行各业的人们，再次燃起学习的理想，捡起课本，奔赴考场，弥补失去的青春。据时任我校副校长的张维钦回忆，“恢复高考的喜讯对学校、老师、学生震动很大，同时给以很大鼓舞，老师们废寝忘食。同学们自发地要求开设早、晚自习，特别是高中毕业班的学生们精神振奋。大家你追我赶、教学劲头十足。七七年高考，三十九中报名总数38人，录取22人，名列全市第一。”我校学子凭借顽强的毅力，在恢复高考的第一年摘得全市桂冠。

【随堂例题】1977年12月，中国有570余万人参加统一招生考试。考生中最小的只有十三四岁，最大的则有三十六七岁。最终录取的人数27万余人。这一现象的出现主要是因为（　A　）

A. 中断十年的高考制度的恢复

B. “科教兴国”战略的深入开展

C. 高校招生录取人数的增加

D. 九年义务教育的普及

【小组展示】教育领域进入恢复重建的良性发展轨道。党中央确立教育优先发展地位，提出“科教兴国”战略，把经济建设转移到依靠科技进步和提高劳动者素质的轨道上来，加速实现国家的繁荣强盛。同时，高等教育也迎来了迅速发展，大学的数量不断增加，招生规模不断扩大，大学的资源配置和专业结构更趋合理，国家先后出台“211工程”和“985工程”，使中国高校在激烈的国际竞争中争创一流。

中国海洋大学在十一届三中全会后也进入蓬勃发展的新阶段。20世纪70年代末80年代初，学校着眼于国家和社会需求，在重点保证海洋学科的同时，大力调整学科和专业结构，先后增设了十几个本科专业和一大批新兴学科或学科方向。20世纪80年代末初步奠定了综合性大学的基础，在1988年更名为青岛海洋大学，由邓小平亲自题写校名，2002年更名为中国海洋大学，先后入选国家“211工程”“985工程”和一流大学建设高校。

【随堂例题】下表是我国高考录取率（指当年录取人数与报考人数之比）变化情况统计，据此说明我国高等教育（　B　）

时间	1977年	1979年	1984年	1988年	2008年	2011年
录取率%	4.8	6.1	28.7	24.6	57	72.3

A. 短时期实现全民普及

B. 由精英教育发展为大众教育

C. 义务教育取得新突破

D. 录取率与经济发展相悖

（考查新时期国家教育的发展中办学规模的扩大使高等教育录取率提高，国民素质增强。）

【小组展示】打造世界一流的高等教育需要人才，人才的培养离不开基础教育打下的扎实基础。中国海洋大学为建设世界一流大学，再次与我校深度合作，与青岛市教育局共建我校，加挂附中校牌，为我校提供优越的科研资源。

2003年12月31日，在中国海洋大学举行《青岛市教育局和中国海洋大学共建青岛三十九中并加挂中国海洋大学附属中学校牌框架协议》的签字仪式。

2004年5月17日，隆重举行“中国海洋大学附属中学”挂牌仪式，青岛第三十九中学正式成为中国海洋大学附属中学。

——摘自《青岛第三十九中学校史》

2003年夏天，青岛市委主要领导在中国海洋大学视察时谈到，把中国海洋大学建设成为世界一流的特色大学是我们共同的奋斗目标，要努力。建设一流大学应当有一所同样有名气的附属中学……青岛第三十九中学曾经是山东海洋学院的附属中学，今天为了建设世界一流特色大学就把三十九中还给你们……在场的管华诗校长、市教育局杜小悌局长都表示同意。

教育部指示：因为教育部所属院校的大趋势是，将其附属中学逐步划转为地方教育部门，因而青岛第三十九中学不宜划归中国海洋大学，可以采用青岛市教育局和中国海洋大学共建青岛第三十九中学，加挂中国海洋大学附属中学校牌这一模式。

——赵强（1999—2008）

1983年，邓小平同志提出“教育要面向现代化，面向世界，面向未来”，在其指引下，我国教育战线锐意进取，深化改革。《国家中长期教育改革和发展计划纲要（2010—2020）》提出：“推动普通高中多样化发展，促进办学体制多样化，扩大优质资源，推进培养模式多样化，满足不同潜质学生的发展需要，探索发现和培养创新人才的途径，鼓励普通高中办出特色。”我校在此之前已经在酝酿特色发展之路——海洋教育。

2008年底，白刚勋去看望中国海洋大学原校长管华诗。管华诗的一番话对他启发很大：“海大不少海洋专业的学生入学分数很高，但培养潜力不大，这些学生缺乏对海洋的兴趣，缺乏一定的海洋专业基础，更缺乏对海洋专业发展的志向，至于毕业后是否从事海洋领域的工作，学生也很茫然。”

白刚勋认为，问题虽然表现在大学生身上，但根源在基础教育：高中教育只顾升学率，没有真正关注学生个性发展和终身发展。他意识到，作为海大附中应该加强中学教育与大学教育的有效衔接。他毅然把海洋教育确定为学校发展的特色。2011年，青岛市唯一“海洋教育实验班”应运而生。

——摘自《培养像科学家那样思考的高中生》

自2010年起，中国海洋大学的自主招生就向在海洋领域有创新潜质的学生“开绿灯”，我校海洋班学生凭借海洋研学课题叩开海大自招之门。我校还被国家海洋局确定为全国首个“海洋意识宣传教育基地”，并与北海分局合作开展海洋科考活动。海洋班在高考中所取得的突出成绩证明了多样化的人才培养体制有利于教育事业的发展，能够为国家提供更多具备21世纪关键能力和核心素养的人才。

【随堂例题】2008年，我国初中阶段毛入学率达到98.5%，小学净入学率达到99.5%；2013年，初中阶段毛入学率达到104.1%，小学学龄儿童净入学率达到99.71%。这一现象的出现主要得益于（ C ）

A. 高考制度的恢复　　B. "三个面向"方针

C.《义务教育法》的实施　　D. 希望工程的创办

（考查义务教育的实施成效。）

【师】从1952年建校至今，青岛第三十九中学已经走过67载光阴，它是历史的见证者，见证了新中国教育曲折而坚毅的发展历程，留下了抹不去的历史记忆。

各位同学，你们是学校历史的创造者，未来的校史将会如何书写，取决于你们！请用你的荣耀，书写下一笔辉煌！

五 项目评价

（一）评价的内容

根据新课标的要求，对学生的评价应当是多维度的。评价的标准应当是本节课学生历史学科核心素养的达成程度，同时回扣教学目标中的内容，测评学生的达成情况。

（二）评价的方式

针对本节课，制订以下评价原则：

1. 过程性评价和终结性相结合；
2. 教师评价和学生互评相结合；
3. 自我评价既包括对个人表现和收获的评价，也包括对课堂的评价。

基于评价原则，笔者设计了"小组互评评价量表""组内互评评价量表"和"自我反馈评价量表"。

小组互评表

组　别	内容丰富价值较大（40分）	表达清晰讲解到位（30分）	问题讨论较好互动（30分）	总　分（100分）
6班				
7班				
8班				
9班				
小组互评为终结性评价，检验小组研究性学习的质量，占比40%				

组内互评表

评价人________ 组别________						
行为表现 / 组员姓名	参与意识	参与度	明确个人角色	倾听并尊重他人	向他人提供帮助	总　分
组内互评为形成性评价，评定个人在完成任务中所作贡献，占比40%						

自我评价表

评价标准	非常好	好	一般	尚有不足
本课的学习目标完成度				
本课历史学科核心素养落实情况				
本课知识掌握情况				
研究能力增长情况				
对自己在本项目中的表现的评分满分20分，结果记入总评价				
你对该项目的情境构建是否满意？请写出你感兴趣的针对此课的项目情境。				
你认为同学展示与老师教授哪个更能提高你的注意力和学习效率？为什么？				
你对本堂课哪些地方还有建议？				

六 自我反思

笔者这节课试图以实地考察和史料研究的方式丰富学生对基础知识的理解，增强其动手能力和探究意识，在历史与现实之间找到兴趣的交汇点。作为一节乡土资源的研学课，我认为这节课是较为成功的，学生通过考察掌握了学校历史在国家教育发展过程中的节点；当然本课还有相当多的不足，例如用时过长、重点不突出、材料过多且挖掘不深。项目式教学往往需要学生和老师做大量的课下工作，用一节课的时间展示完成果是相当困难的，需要不断压缩内容、加快节奏，让一堂课塞得满满当当，但会使课堂缺乏深度思考的时间。本节项目式教学课笔者设计了三个专题，足足用了两课时才完成，如果想压缩在一课时内成为一节展示课，只能摘取第一个专题，或者只讲基础教育而舍弃高等教育部分，但必然会显得结构不完整。如何灵活处理小容量课堂时间与大容量项目式任务，是笔者下一步要考虑解决的问题。

三　基于史料研习的学习与探究实施路径及具体案例

（一）基于史料研习的学习与探究实施路径

新课标将史料实证作为历史学科的五大核心素养，将其定义为诸素养达成的必要途径，表明史料实证素养在历史教学中居于较高地位。史料实证素养锻炼学生对史料的搜集、整理、辨析和理解能力，使学生像历史学家一样来思考和研究问题，严格遵循“有一份材料说一份话”的学术精神，做到史论结合、论从史出。学生通过史料复原历史时空，在一步步地探究中走进历史、触摸历史，感受着学习历史的乐趣。学生通过这些史料来感悟历史，体会历史的真实境况，认识到所谓历史是由无数生命曾经的现在构成的，使得原本只是在课本上寥寥数语中了解的历史变得更加的丰满、形象和生动，深化对所学知识的理解。基于史料研习的学习与探究的项目式教学模式分为以下几步。

第一：拟定项目式教学主题。基于史料研习的项目式教学主题有重要的特征：时代特色鲜明，能够创造出问题域。无论是时下的热点新闻报告、热播电视剧，还是博物馆的场馆资源都可以成为主题。教师在选择项目式教学主题时，首先要保障该主题下具备充足的学生有能力获取的史料，例如期刊论文、市面上公开发行的专著、传世文献、地方志、地方博物馆馆藏文献等，教师要以身示范，将获取不同种类史料的方法传授给学生。

第二：正确处理好项目式教学主题与教学主线的关系。围绕项目式教学主题，可以延伸出很多脉络、线索及相关知识。但需要注意的是，教学主题一定要有一条主干贯穿，并不仅仅是让学生搜集完材料、展示完材料就达到目的。最重要的是培养学生联系知识并对所搜集史料加以解读的能力，但并不意味着史料搜集得越多，效果就越好，史料的研习若流于形式会过分泛化、简化。

第三：拟定任务清单，分小组对主题进行探究。

第四：学生展示，教师适时进行点评总结。

开展史料研习，历史研究的核心要素是史料，任何历史解释都必须基于史料进行深入挖掘和解读。学生对历史学习问题的真正解决，不是简单地接受现成的答案而是通过自己对相关史事的了解，尤其是对有价值的史料进行分析，用实证的方式对问题的要点逐一探讨，以可靠的史料作为证据来说明自己对问题的看法，这也是史料实证核心素养的基本要求，因此教师在进行教学设计时，要考虑如何设计以史料研习为基础的学生探究活动，这就需要教师关注以下四点：一是明确运用史料的目的；二是选择典型的、有价值的、有说服力的史料；三是将史料的展示与问题的解决相结合；四是考虑如何根据史料的运用组织学生的学习活动。青年教师在授课时，常出现标新立异和彰显自我学术能力的想法，他们通过大量阅读获取新颖的史料，并大量堆砌，使课堂充满学术性，但往往因材料过多、难度过大、分析时间不足而达不到预想的效果。历史教学不同于历史研究，历史研究中史料是一切论证的基础。历史教学中运用史料的目的，一是用丰富的历史细节帮助学生深化历史认识，落实史料实证；二是挖掘史料信息以提高学生的分析能力。所以史料的选取在精不在多，几个典型的、信息蕴含量大的史料配合恰当的探究问题足以满足学生的发展需求，学生通过史料研习活动，学会搜集、整理、辨析、运用历史材料来解释历史。

（二）基于史料研习的学习与探究具体案例

案例 1

《青岛纺织业的前世今生——基于近现代工业发展历程的史料实证》

一 项目开发背景

（一）乡土资源的开发

本项目源于笔者在青岛的观察与实践。笔者初到青岛时，便听到青岛的出租车司机师傅生动形象地描述青岛纺织女工的辉煌历史，这是青岛纺织业初次给笔者留下的印象。后来，笔者对青岛有了进一步的了解，发现身居其中的青岛老建筑的历史变迁竟与纺织业有着密切的关系，日式纱厂对青岛地区也有莫大的影响。于是笔者便产生了对青岛纺织业的兴趣，有意将其开发为课程资源。

青岛是中国最早的纺织工业基地之一，在20世纪50年代有着“上（上海）青

（青岛）天（天津）”的美誉。青岛纺织业发端于1902年的德华缫丝厂，由德皇威廉二世的弟弟阿尔贝特·威廉·海因里希筹建，为了解决其交通问题，筹建了著名的胶济铁路沧口站。第一次世界大战结束后，日本加强了对青岛的资本输出，1916年至1926年间先后在青岛四方站至沧口站沿线建立了内外棉纱厂（国棉二厂前身）、大康纱厂（国棉一厂前身）、宝来纱厂（国棉九厂前身）、富士纱厂（第二毛纺织厂前身）、隆兴纱厂（国棉三厂前身）、钟渊纱厂（国棉六厂前身）等大型纱厂以及铃木丝厂（青岛印染厂前身）。1935年至1936年两年间，又在沧口建起上海纺绩株式会社青岛分工场（国棉五厂前身）、丰田纱厂第一厂（国棉四厂前身）。而此时青岛地区唯一的华资企业华新纱厂不断革新发展，以一敌九，在夹缝中艰难求生存。1937年七七事变前，青岛九个纱厂的工人已达33 300余人，成为青岛产业工人的核心力量。抗日战争期间，日本九大纱厂成为青岛地区“焦土抗战”的重要目标。抗战结束后国民政府接收日本九大纱厂，建立中国纺织建设总公司青岛分公司，纱厂名称也依次命名为中纺一厂至九厂。新中国成立后，随着计划经济的开展，青岛纺织业迎来了新生，享誉全国。当时青岛纺织业英雄辈出，涌现出郝建秀等众多劳动模范，1949年青岛工业总产值20 048万元，其中纺织业就达15 218万元，占青岛经济总量的75%以上，是青岛税收的主要来源，被誉为青岛城市的“母亲工业”。

改革开放尤其是20世纪90年代以来，青岛工业发展走向多元化，青岛纺织业历经国企改革和传统产业淘汰的阵痛，见证青岛近代历史的同时，也见证了青岛的改革开放之路。

在百年的历史进程中，青岛纺织业哺育了岛城工商业，推动了青岛的城市化进程，甚至推动了全国纺织业的发展，同时在青岛的城市文化、城市精神、城市形象的培育方面发挥了重要而独特的作用，其曲折的发展历程也成为培养学生历史意识和家国情怀极佳的课程资源素材。

（二）国家课程资源的开发

“近代中国经济结构的变动”和“近代民族工业的曲折发展”是高中历史教材中的重要内容。近代民族工业发展经历了“一战”时期的黄金时代、国民政府发展的黄金十年、抗战和内战时期的日益萎缩、中华人民共和国时期的新生。青岛纺织业的重要影响力使其发展历程成为近代工业发展的缩影，而其中华新纱厂以一敌九的史实，又成为民族工业在夹缝中艰难生存的绝佳例证。

教师在教授近代民族工业发展的曲折历程时，无论荣氏企业抑或张裕葡萄酒的史实皆难以使学生有亲临历史现场的感觉。而从身边历史入手，则更容易激发学生学习历史的兴趣。

（三）项目式教学实践的新探索

经过实地考察、搜集网络资源、搜集实物史料、采访家人等多种形式，笔者和学生搜集了大量青岛纺织业的相关资料。课程的呈现方式则成为笔者思考的重点：笔者课程设计的重点在于学生参与史料的收集与整理，最终以青岛华新纱厂为切入点，从侧面展现中国近代民族工业发展的曲折历程，回顾教材知识并使之升华。但随着课程的准备和开展，发生了一些与笔者最初设想完全不同的“意外状况”。

在带领学生参观纺织博物馆时，令人感动的是部分学生家长和纺织厂的老工人也到达了现场，他们大多年迈而腿脚不便，但依然在学生的搀扶之下亲往——这种热情超出了笔者的意料。学生对博物馆的馆藏似乎带着极大的兴趣，但又颇有一些陌生，呈现出对丰富馆藏史料的被动接受状态，缺乏自己发现问题、解决问题的主动性；几位采访家人的学生也同样如此，他们对自己家人的口述史料也呈现出被动接受状态——一种“我只是了解了一段历史，虽然我很感兴趣，但并不质疑也不会将其与其他历史事件产生联系”的状态。实地考察，搜集网络资源，奔走档案馆、图书馆，甚至采访家人……学生对材料搜集方式并不陌生，甚至较为熟悉，而学生对所搜集材料进行梳理、辨析，思考材料与材料之间是否产生关联的意识和能力仍相当匮乏，颇让笔者产生“入宝山而空手归”之憾。于是笔者决定将课堂最终的呈现方式改为史料辨析课：以学生亲自收集的、熟悉的史料为基础，教师提供史料辨析的基本方法，让学生体会同一史料因解读角度的不同而带来的多样化认识。

二　项目开发过程

（一）制订项目目标

1. 通过实地考察和辨析来源不同、形式不同的德华缫丝厂的史料，知道史料的概念，了解史料的分类、一手史料与二手史料的区分及标准；通过辨析青岛纺织博物馆对日占时期纺织业发展作用的解读，体会历史叙述中不可避免地存在立

场和角度，知道史料之间需要相互印证才能确定某一历史史实。（史料实证）

2. 通过对华新纱厂的相关史料的分类、归纳和整理，体会一手史料的解读过程，学会结合所学知识解读史料的基本方法：从时代背景、时代特征等多角度解读，进而学会区分历史史实和历史解释。（历史解释、时空观念、史料实证、唯物史观）

3. 通过获取口述史的过程，体会一手史料的收集、整理过程，知道一手史料的优势和局限性。（史料实证）

4. 通过实地考察博物馆、采访家人、搜集史料等过程，了解青岛纺织业发展的曲折历程，加深对近代中国民族工业发展历程的理解和认识。加深对家乡的了解和热爱，体会历史视角之下的家乡变迁。（家国情怀）

（二）开发项目资源

1. 本地博物馆资源

青岛纺织业在青岛留下了为数众多的历史遗迹：原九大纺织厂厂址、原职工宿舍、原管理部门……青岛市政府很早便对这些历史遗迹进行了开发，在2009年便在青岛天幕城创建了青岛纺织博物馆。2017年移地再建于四流南路80号“纺织谷”园区（原青岛纺织五厂遗址）。此地区历史悠久，20世纪30年代是青岛的核心商业区和工业区之一，保留了很多当年的历史工业遗迹，工业遗存众多。青岛纺织博物馆是国内最具特色的纺织博物馆之一，以展示工业遗存为切入点，形成“九馆十八景”的布局。内设历史、纤维科技、消防、蒸汽、空调、布艺工坊等九个专题馆，从不同角度展示纺织文化；室外串接水塔、老井、制冷站、铁路专线桥等多处工业遗址，完整展现纺织工业生产体系。青岛纺织博物馆同时也是青岛青少年教育实践的最佳场所，荣获中国纺织“上青天”文化传播基地称号。笔者多次前往实地考察，发现诸多值得开发的课程资源，例如对青岛纺织业作出巨大贡献、20世纪50年代享誉全国的纺织业风云人物郝建秀，原毕业于我校。郝建秀本人的成长历程既是50年代工业历史变迁的缩影，同时也是我校校史的重要组成部分。青岛纺织业馆藏有大量关于郝建秀的历史资料，对此资源进行开发，不仅可以将历史知识生活化、形象化，让学生真正懂得历史就在我们身边、历史并不遥远，同时也可以加深学生对本校、本地区的了解，感受脚下这片土地的温度和厚重。

2. 社会资源

纺织业被誉为青岛的母亲工业，哺育了青岛的工商业，推动了青岛的城市化，对青岛地区的贡献不可磨灭，可以说这里藏有每个老青岛人的过去，学生调查也印证了笔者的判断。校内学生尤其生活在李沧、四方、市南、市北等青岛老区的学生，家里至少有一人过去或者至今从事着与纺织业相关的工作，家中之人曾在青岛国棉厂工作的也不在少数。经过笔者与学生的沟通，决定采用口述史的方式让学生亲自参与到历史史料的采集之中，感受历史的温度，也感受历史的严谨。

（三）设计项目框架

1. 分析教学内容，确立项目主题

教学内容的确定如前所述，既有国家课程规定的内容，也源于笔者与学生搜集整理史料的过程。故而项目主题最终定位为青岛纺织业的前世今生——史料研习课。

2. 根据项目主题，选择项目素材

项目素材包括以下几个方面：

（1）学生采访家人形成的口述史资料；

（2）博物馆馆藏的大量实物资料、一手文献资料和以博物馆为中心形成的大量工业遗址；

（3）青岛市档案馆馆藏的青岛纺织业的相关资料，尤其是德占时期德文文献的中文翻译版；

（4）丰富的网络资源：山东省档案馆官网、青岛市档案馆官网、青岛纺织博物馆官网等。

3. 梳理项目内容，进行问题拆解

因课程内容中涉及史料研习的相关内容，所以最终课程分为三部分：

（1）采访家人，搜集史料。

部分学生（三名代表）采访家人，在教师的指导下形成口述史料的初稿，为了解纺织业相关发展历程奠定基础。学生通过教师发放的学案，回顾“近代中国民族工业的发展历程”相关知识，为解读相关史料提供背景知识。

（2）走进博物馆，搜集和感知史料。

教师带领学生实地考察青岛纺织博物馆以及周边的工业遗址，完成两个目标：一方面在教师与学生的互动下，学生了解史料的分类，包括实物史料、影像史料、文字史料、历史遗址等。

另一方面，通过教师、博物馆工作人员、学生家长三方面的讲述，学生能够了解青岛纺织业发展的历程，熟悉相关史料内容，为进一步挖掘和解读史料打下基础。

（3）整理和解读史料。

教师和学生将搜集的史料以史料研习课的形式重新整理、解读。

4. 设计学习支架，提供实施保障

第一阶段，采访家人，进行口述史研究。学生反映并不知道采访哪些内容，教师对采访的注意事项及技巧进行了说明，学生根据教师提供的采访大纲灵活机变。采访大纲如下：

（1）您所在的纺织厂是？何时入厂？有哪些部门划分？您任职于哪一个部门？（了解基本背景）

（2）您一天工作大概多长时间？会感觉辛苦吗？（了解计划经济时代的工人积极性和生活状态）

（3）当时的您了解“郝建秀工作法”吗？您觉得这种工作方法如何？（搜集与博物馆不同的、个人视角下的一手史料）

（4）您了解改革开放后管理层“砸机器”事件吗？有何看法？（搜集与博物馆不同的、个人视角之下的一手史料）

第二阶段，参观纺织博物馆。参观之前教师对学生进行了分组：实物史料组、遗址组、一手文字史料组、二手文字史料组等。因博物馆并不免费，参观次数极为有限，所以学生的主要任务是通过拍照、录像等形式进行史料的搜集，为进一步解读史料打下基础。

笔者在此之前多次进入博物馆进行实地考察，积累了大量资料，成为博物馆“讲解员”之一。

三　项目实施

第一阶段：采访家人，搜集和形成史料。

本阶段主要由三位学生负责，三位学生的家人都有在青岛纺织业工作的经历，同时也有记录和参与的热情。

学生A，男生，其祖父、祖母曾是国棉五厂的工人。因其祖父的参与热情较高，采访共分两次进行。第一次面对面采访，因经验不足，文字记录不全面，且老人讲述偏离采访提纲。而其祖母则表示自己是普通的工人，并无事迹可讲述，故并未积极参与。听到学生的反映情况后，笔者发现学生及其家人对口述史的认识略有偏差：即偏向于认为只有大历史、大事件才值得记录，而工人的生活及工作状况、对政治生活的感受与参与等个体历史则被无意识地忽略。且学生的记录偏向于概括和二次加工，而非忠于讲述者的原始表达，难以采用。与学生沟通后，采访进行了调整：采用文字记录和电话录音的双重方式，前者便于呈现，后者便于记录和保存。

因有音频记录，学生的文字记录便有些简单，呈现较为凌乱。笔者原打算让该生结合音频记录重新进行文字整理，后来发现这份“不完美”的文字稿本身便可以成为教学素材。学生素来接触的史料经过二次加工，无论内容还是呈现都趋于“完美”，以至于学生并不了解史料记录的完整过程。通过展现不同形式的文字素材，可以让学生理解史料的搜集和记录本身便是一项极其艰巨的任务。

学生B，女生，其祖父曾在国棉一厂工作。老人家性格较为沉默寡言，文字记录内容不多。但后续博物馆之行，老人家陪孙女亲身前往，与笔者有一面之缘，可见老人参与热情极高，只是表达欲望并不强烈。学生采访也是音频与文字同时进行，文字记录较为凌乱。笔者当时决定将这种凌乱本身开发为教学资源，故并未要求学生重新整理。

学生C，女生，其姑姑在改革开放后一直从事纺织工作，曾在青岛纺织厂工作学习，现在日照从事纺织设计工作。因与青岛纺织业联系较少，笔者原打算放弃，专心开发前两位学生的史料资源，但一来该生参与热情较高，家人也极其配合；二来从文字记录来看，该生的文字记录最佳：条理清晰，主题突出，且尊重原始表达，具有极佳的参考性，与前两位学生较为凌乱的文字记录形成鲜明对比。故笔者决定将其史料记录本身开发为教学资源。

第二阶段：走进博物馆，搜集和感知史料。

本阶段主要为笔者带领学生参观博物馆及周边遗址。最初参观目标设定为：感知并了解青岛纺织业的发展历程，知道史料的分类。笔者未曾料到的是，之前教学中虽有所涉及史料的分类，但学生只知一手史料和二手史料之别，其他划分并无深刻印象。因博物馆及周边遗址的存在而推进地异常顺利，原先据史料分类而划分的小组甚至失去了存在意义。对青岛纺织业的发展历程，学生起初兴趣并不高，于是笔者打算让学生家长参与讲解，无奈老人年事已高且表达欲望并不强烈，最终作罢。但老人年迈的身躯立在古老的纺织机器面前，认真而若有所思的表情使学生顿时肃穆。他们应当感受到了看似遥远的史料与自己脚下这片土地的某种感情关联，于是笔者趁热打铁，调整参观计划，结合教材知识、青岛乡土历史、学生生活等内容对博物馆史料进行讲解，原本打算在课堂呈现的内容摇身一变成为“导游词”。没想到讲解效果极佳，不仅吸引了学生，也吸引了部分家长和参观者驻足聆听。所以，第三阶段的课堂内容的呈现必须有所调整。

第三阶段：课堂实施与呈现。

第一、二阶段主要完成的是搜集和感知史料，在此基础上学生已经大致认识到何谓史料以及史料的分类，同时对青岛纺织业的发展历程有了感性认识。课堂实施阶段则旨在通过设问，深化对史料的认识，同时学会运用教材知识解读搜集到的史料。以下是第三阶段的展示。

课堂导入　博物馆前言

被誉为母亲工业的青岛纺织业，哺育了岛城工商业，推动了城市化进程，贡献不可磨灭。通过前期的学习，同学们已经对青岛纺织业的发展历史有了一定的了解。让我们通过史料研习的方式，结合教材所学知识重新认识青岛纺织业的前世今生，同时习得史料研习的一些方法。

【设计意图】导入学生熟悉的场景，简洁直接进入主题。

第一环节　追根溯源——德华缫丝厂

参观博物馆之时，同学们以照片的形式搜集到如下史料：

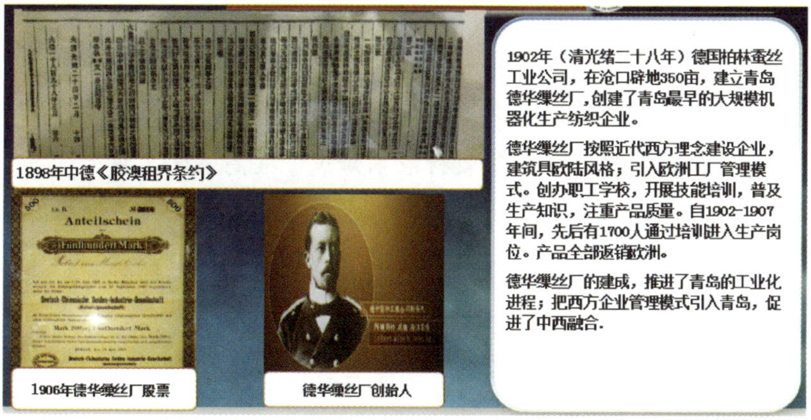

教师：根据青岛纺织博物馆对德华缫丝厂的解说词回答，该史料的作者是谁？写于何时？

学生：青岛纺织博物馆。当代。

教师：是否存在立场或者偏见？

学生：不存在立场或偏见。

预设：叙述相对客观，但存在立场。因讲述青岛纺织业的发展，故叙述以积极影响为主。

教师：该史料的主要内容是什么？哪些属于历史史实类叙述？哪些属于历史解释？

学生1：主要讲德华缫丝厂的发展历程。

学生2（补充建立的历程）："1902年（清光绪二十八年）……建立德华缫丝厂；1902～1907年间……产品全部返销欧洲"属于史实类叙述；"创建了青岛最早的大规模机器化生产纺织企业……注重产品质量；推进青岛的工业化……促进中西融合"属于解释类叙述。

小组讨论重新撰写解说词：

设问：结合纺织博物馆提供的史料以及必修一、必修二涉及的19世纪末至20世纪中国的政治、经济相关知识，另辟角度，重新为德华缫丝厂撰写解说词。（要求：包括建立背景、发展过程及影响，不能重复纺织博物馆的解说词。）

预设答案：甲午战争后，列强掀起瓜分中国狂潮。德国强占胶州湾，加快了对青岛地区的资本输出。1902年德华缫丝厂在沧口建立，其股份制的现代化组织模式、大机器的生产方式，一方面加快了青岛地区的工业化，另一方面则加剧了对青岛地区的掠夺。

【设计意图】由浅入深的层层设问，一方面加深了学生对史料的认识，培养学生史料实证的意识；另一方面，通过重新撰写解说词，巩固了"甲午战后瓜分狂潮""资本输出表现形式"等教材基础知识，提高了学生将所学知识迁移应用的能力。

过渡语：第一次世界大战爆发，德华缫丝厂因种种原因停产。当欧美列强无暇东顾之时，日本却加紧侵华。第一次世界大战期间中国民族工业发展迎来春天之时，青岛的民族纺织业却在夹缝之中求生存。

第二环节　乱世烽火中的成长：1914～1936年的青岛纺织业

（一）教师展示材料，引导学生阅读。

◇1913年，周学熙购买原德华缫丝厂，改建为青岛第一家民族棉纺织企业——华新纱厂，但因“一战”爆发迟至1919年开工投产。

◇1917年，青岛第一家动力机器现代棉纺织厂——日商内外棉纱厂在沧口开工投产。

◇1919～1922年，此后日商先后在四方、沧口开办大康、中渊、富士、宝来、隆兴五家纱厂。

◇1934～1936年，日商在沧口投资建立了丰田、上海、同兴三个纱厂。日资纺织厂所拥纱锭数占青岛地区91%。

◇1937年，青岛唯一一家民族纺织企业华新纱厂在日本暴力胁迫下低价卖给宝来纱厂。

教师：这是1914～1936年间青岛纺织业发展概况。此阶段是日资扩张时期。单则史料往往难以确定史实，需要多则史料的相互印证。经过教师的简单核实，这些历史叙述基本来源于日方的记录。大家熟知的很多青岛日式建筑也从侧面印证当时日本纱厂的盛况。如图是学生提供的照片：

原钟渊纱厂日本职工宿舍

设问：根据博物馆提供的1914～1936年间青岛纺织业发展概况，结合教材必修二第10、11、12课所学知识，至少提炼两个主题。

预设答案：

主题一：青岛近代民族工业在夹缝中求生存

主题二："一战"期间——青岛民族工业发展的"冬天"

【设计意图】通过提供材料出处及实物照片，使学生知道史料需要印证。同时问题的设计并不要求学生独立回答，而是在教师的带领下，让学生体会历史解释的一般角度：结合时代背景、历史叙述的立场，对史实进行分类归纳，同时从原因、实质、影响等多方面进行解读。

（二）撰写二手史料

根据一手史料编写一则以20世纪30年代华新纱厂为主题的二手文字史料。学生讨论并写下相关内容，教师点评。

【设计意图】：一方面调动学生关于20世纪30年代民族工业发展的概况、原因、表现的所学知识，设置新情境，进行知识迁移与应用；另一方面加深对上一环节所学习的提取历史信息、进行历史解释的方法的理解和应用。

过渡语：抗日战争时期，民族工业萎缩，华新纱厂为日资所吞并。随着抗战的进行，日本九大纱厂成为青岛地区焦土抗战的重要目标。经历了抗日战争、国共内战的青岛纺织业，终于在中华人民共和国时期获得新生。

第三环节　纺织新气象——中华人民共和国成立后的青岛纺织业

（一）20世纪50～80年代：支柱产业铸就城市脊梁

教师：中华人民共和国成立后，纺织企业迅速恢复生产，在青岛的城市建设中发挥了支柱作用。青岛纺织业的生产规模和能力在全国纺织行业名列前茅。其实每一个普通人都是历史的参与者、见证者，只要我们有历史意识，个体也可以搜集一手史料，从而建构基于个体的历史解释。同学们通过采访家人搜集的一手史料，我们称之为口述史料。请三位同学介绍一下史料搜集的过程和体会。

学生活动：三位学生分别介绍了自己家人参与的纺织工作的时间及现状，同时教师特别要求学生介绍了自己在进行口述史史料搜集和整理工作的过程，教师不时予以补充。具体过程可参考项目实施的第一阶段。

教师：细节丰富而具体的民间个人口述历史，不仅可以记录历史，也可以对一般性现成认识和结论重新审视。大家注意，口述史虽然属于一手史料，但是也有其自身的局限性。例如口述者本人可能会出现记忆偏差或者限于个人的立场、视野等诸多因素，产生与史实不符之处。请三位同学介绍一下史料搜集的过程和体会。

学生：介绍。

教师：细节丰富而具体的、民间的个人口述历史，不仅可以记录历史，也可以对一般性现成认识和结论重新审视。大家注意，口述史虽然属于一手史料，但是也有其自身的局限性。例如口述者本人可能会出现记忆偏差或者限于个人的立场、视野等诸多因素，产生与史实不符之处。如果我们不能判断两则相互冲突的史料的真实性怎么办呢？

学生：思考。

教师：可以引入多则史料相互印证。一分史料说一分话，没有史料不说话。如果多则史料仍不能确定史实，那存疑而非仓促下结论才是对历史最大的尊重。

设计意图：学生通过介绍史料搜集的过程与体会，使学生了解史料搜集的多种渠道，知道口述史的概念。教师同时针对学生提供的史料进行设问，锻炼学生提取历史信息、概括史实、寻找史料之间联系的能力；也锻炼学生质疑史料、提出问题的能力。

（二）总结与提升

网络上经常会有类似《揭开某某的历史真相》《教科书没有告诉你的真正历史》等文章标题，不一而足。通过学习，你对“什么是历史”“历史的真相”是否有了新的理解？

设计意图：一方面通过讨论可以检测学生本课学习和掌握情况，同时通过教师的引导可以将所学进行总结、提升；另一方面向学生阐明，身处信息爆炸的当下，历史研究方法在信息的搜集、辨析、表达等诸多方面具有强烈的现实意义。

四　项目评价

笔者根据教授本课的具体内容以及项目式教学的评价要求，采用以下评价方式。

过程性评价：以师生的课堂互动为主，以是否形成课堂生成问题为标准。终结性评价：学案中的课后习题。

组内评价：博物馆考察环节和课堂讨论环节的小组评价量表。

评价量表

行　为	优　秀	良　好	一　般	初　级	自我评价	小组评价	老师评价
个人表现	完成学习任务，与他人合作无间，将自己的成果与他人共享，个人任务无懈可击，而且在规定的时间内有组织并出色地完成。	基本完成学习任务，学习质量高，在规定时间内完成个人的学习任务，促进小组内他人学习。	清楚地知道自己的任务，学习过程中可能有一些失误，但能与他们协商解决，在规定时间内完成个人任务。	知道自己的任务，但在规定时间内未能完成个人的学习任务。			
与组员的合作学习	在小组中起领导作用，接纳并能给出建议，并帮助其他小组成员，对最终的知识点的掌握有着举足轻重的贡献。	帮助协调，推动整个小组的学习，鼓励其他成员。对最终成果有一定的贡献。	在学习小组中学习认真，为其他成员提供一定的帮助，参与了讨论工作，并对最终成果进行了评价。	没有合作精神，不准备承担小组的责任，对学习最终成果的评价过程只是旁观而已。			

组内互评表

评价人______　时间______

行为表现 / 组员表现	参与意识	参与度	明确个人责任/角色	倾听并尊重他人	向他人提供帮助	总　分

说明：各种行为表现分项等级分数为0、1、2、3、4、5

自我评价表

标　准	5 很　好	4 比较好	3 有一点	2 比较差	1 差
我接受同学的意见					
我能提出建设性意见并帮助小组					
我能投入时间完成小组任务					
我认真听组员意见					

组间互评表（课堂展示用表）

评价小组：第______组

组别	组长	小组介绍（10分）	内容正确齐全（20分）	表达清晰（10分）	有创新性（15分）	组员合作（15分）	富有激情（10分）	课件精美（10分）	符合规定时间（10分）	合计

五　自我反思

本课开展之时，我校历史组的项目式教学的探索已由国家课程的整合与重构阶段，逐渐转变为本土资源的开发与利用阶段。本课便是对本土资源的开发与利用的一次尝试。本土资源的开发与利用作为我校高中历史项目式教学探索的重要一环，有着莫大的、天然的优势，在某种程度上更能体现项目式教学的实质内涵。

首先，就情境的设置而言，学生的参与度和兴趣明显提高，学生家长的支持和参与度也明显提高。纺织业话题牵涉学生家长的工作、学生居家建筑的形式和来源、家乡的发展和演变等，此种项目式教学资源的挖掘，充分展示了何谓身边的历史、何谓历史离我们并不遥远。

其次，熟悉情境陌生化是此类项目式教学资源开发的重点和难点。学生自然熟悉家乡风物，以至于某些现象和习惯很容易习焉不察、充耳不闻。本节课设置了参观纺织博物馆环节，参观之初家长的参与热情明显高于学生的学习热情。博物馆的馆藏展现了很多家长的过去生活，那里很有可能承载着他们过去生活的甜蜜、心酸以及对这片土地深沉的爱。然而对学生而言，即便博物馆馆藏与自己的生活再息息相关，那也不过是“他者”的过去，总有一种似是而非的“了然”。所以笔者在带领学生参观博物馆时，设计的主要任务是“感知史料”。通过笔者掌握的丰富资料，将馆藏中一笔带过的文字史料丰富化、细节化、故事化讲出，例如德华缫丝厂创立者的身世及其与中国的关系、青岛焦土抗战决策的过程与细节，或者通过讲解串联起博物馆馆藏资料之间的联系，从而得出与之不同的结论，例如日资纺织业在青岛纺织业中的重要地位和侵略细节。总之，尽量将馆藏史料与学生之间产生某种或感性或理性的关联，为最后课堂呈现中知识的抽象化和理性化打下基础。所以对学生而言，熟悉情境陌生化的过程即“看山是山”——“看山不是山”——“看山仍是山”的思维和情感过程。

第三，即便以知识与能力为目标开展项目式教学，其空间也可以不局限于教室。本土资源的开发与利用，总少不了实地考察这一环节。加之项目式教学注重学生参与和实际问题的解决，所以考察环节的设置目标基本以锻炼学生搜集整理史料、提升小组合作等能力为主。本课的设计也遵循了此种模式。然反思实践过程，或许我们陷入某种思维定式之中，习惯性地认为知识的总结、以知识为基础的能力提升应当在课堂中展开，不论教师讲解还是学生展示皆是如此。但笔者在带领学生参观博物馆时，发现很多知识在博物馆内讲解似乎效果更佳。如前所述，笔者在博物馆讲解时，面对实物讲解何谓实物史料、何谓文字史料则生动形象得多；面对博物馆大量关于郝建秀的宣传资料，直接讲解20世纪50年代运动式生产、计划经济、社会主义工业化等相关时代背景知识，从时代英雄人物的产生机制入手重新审视博物馆的宣传，学生的反应明显更佳，对知识的记忆和理解也更深刻。而如果在课堂讲解这些知识，即便仍以郝建秀为例，也会失去身临其境之感，从而失去了知识迁移与应用所带来的思维震撼。故教材知识也可以在实地考察中总结、应用与提升。笔者认为，此种方法需要注意：考察前教师需要了解学生对知识的掌握程度；教师需要对博物馆馆藏相当熟悉，且将其与教材知识产生联系，进而设置问题，以谈话或者“苏格拉底助产士”方法讲解效果更佳；学生对此种课堂形式不熟悉，可能态度松懈，教师需要制订更为详细有针对性的教学目标和明确的评价量表。

案例 2

《盛唐掠影——基于〈长安十二时辰〉的研究》

一　项目开发背景

（一）根据学生兴趣紧扣热点情境

项目式教学实质上是一种以“项目”为载体的主题教学实践活动，项目脱胎自与真实生活密切相关的情境，情境化的学习比传统教材搭配学案的学习更具有立体感、形象性。情境的选择非常关键，用学生熟悉的情境导入教学会增强其代入感，快速进入高效学习的状态，对不熟悉的情境要花更多时间和精力去理解，反而增加了学生的认知负担。每个人的生活经验不同，故没有最一般性的情境，教师只能尽力去寻找受众面最广的情境。笔者认为，从学生的兴趣出发去寻找情境是最合适的，兴趣是学生最好的老师，带着兴趣进行的主动探究学习是高效的学习方法。笔者以电视剧《长安十二时辰》为情境讲述唐代历史就是基于对学生兴趣的考量。根据经验，学生在看视频时的注意力是最集中的，说明图像、文字、声音相结合的视频学习是最为高效的。笔者曾在班上询问学生有没有了解过《长安十二时辰》，结果很多同学表示正在追剧，还有很多曾经看过原著，是马伯庸的书迷，当笔者征求他们意见时，学生普遍认可以该剧作为情境进行项目式教学。

（二）尝试新旧教材的混合搭配

项目式教学强调以项目为教学载体进行活动，是一个动态开放的平台，是一个知识学习与能力培养的综合体。但是项目的开展有时会超出某一课时的局限，这就要求教师打破传统的教材编排，进行基于课标的国家课程项目化重构，例如专题史与通史间的相互转化。岳麓版教材以专题的体例编订，部编版教材以通史的体例编订，笔者在进行本次项目式教学时所带的2018级学生使用的是专题体例的教材，它对中国古代史的表述是按照政治、经济和文化的特定主题展开的，纵向时间跨度大，片面突出历史现象的演进，缺乏对某一历史时期的全景式描述，各专题间知识系统琐碎、跳跃性大，不利于学生时空观念的培养，通史教材的断代整合可以很好地弥补这一点。笔者将部编教材中的隋唐史部分做了摘录印成学案提供给学生，希望在旧教材的基础上用项目式教学探索新教材的内容。

（三）基于教师的擅长点进行深度钻研

项目式教学的设计难度较大，需要提前预设学生可能提出的各种问题，要求教师对相关领域的知识有较深的研究。笔者毕业于隋唐史研究“重镇”陕西师范大学，对隋唐史有着浓厚的研究兴趣和强烈的知识分享欲望。笔者查阅历史文献对《长安十二时辰》的原著及电视剧进行了细致的分析。笔者认为该作品对唐天宝年间政治、经济、文化和社会民俗的历史细节描述尽力符合唐朝历史事实，是一部历史题材的佳作。指导学生对其场景进行研究求证，有利于培养学生史料实证的素养，教师也在指导学生的过程中教学相长，进一步完善了自己的知识储备。

二 项目开发过程

（一）制订项目目标

1. 知识与能力目标

学生以项目清单为导向，以历史影视作品为媒介，以教材知识为主要载体，将不懂的问题经考据解决并展示，对三省六部制、科举制、坊市制、唐代文化、租庸调制和均田制等旧知识进行迁移，提高史料搜集能力和历史考证能力。

2. 素养目标

学生通过教材和给定史料探究《长安十二时辰》中出现的三省六部制等情境，解决历史问题（史料实证水平3），选择、组织和运用相关材料并使用历史术语对问题形成全面、丰富的解释（历史解释水平2）；理解唐代所处时代背景，利用经济基础决定上层建筑理论分析其对制度变化与创新的推动作用（时空观念水平2，唯物史观水平3、4），形成对古代社会政治文明高度发达的自豪感，培养改革创新的时代精神（家国情怀水平1、2、3、4）。

（二）开发项目资源

1. 社会资源

当今社会网络资源发达，本项目所需的《长安十二时辰》视频可以在网上观看。为方便学生查阅史籍资料，笔者将部编新教材、《旧唐书》、《唐会要》、《唐六典》、《通典》、《资治通鉴》、《隋唐五代社会生活史》、《剑桥隋唐史》等资源也在QQ群中进行了分享。在学生课下合作探究期间的任务分配及答疑也会通过QQ的形式进行小组会议和师生沟通。

2. 学科资源

学生对中国古代史的唐朝部分已经掌握必备的基本知识，例如三省六部制、科举制、均田制、坊市制等，再利用旧知识进行回顾迁移来解决新情境下的问题会更加得心应手。

（三）设计项目框架

1. 分析教学内容，确立项目主题

唐代在我国历史上是封建社会的繁荣期。国家统一，社会安定，出现了“贞观之治”和“开元盛世”的局面，很多政治制度例如科举制和三省六部制在此时建立完善，封建专制主义中央集权制度日趋完善；经济上农业、手工业和商业处于全面兴盛时期，陆上和海上丝绸之路对外交往频繁；开明的民族政策使统一多民族国家得到进一步发展；文化上兼收并蓄，形成中华文化圈的总体格局。但唐中后期也出现了藩镇割据、宦官专权、户籍混乱、均田制和租庸调制崩溃、坊市禁令名存实亡等现象，中央集权遭到削弱，最终走向灭亡。在第一稿设计中，笔者想在一节课内完成唐朝的盛衰专题，故确定主题为“盛唐的背影”。“盛唐”指的是展示唐开元天宝年间的繁华景象，讲述唐的典章制度、社会管理、社会经济和文化与交融；“背影”是指学生讨论“剧中41～42集圣人与何监宴会辩论”所揭露的盛唐危机，找出新的治理模式，理解从人治走向法治是政治进步和国家长治久安的必由之路。这个主题一方面让学生了解唐代社会高度繁荣、多元开放、兼收并蓄的时代特征，激发对民族文化的自豪感和自信心；另一方面反思繁荣背后潜藏的危机并寻找解决出路，增强忧患意识，理解现代政治的进步性。北京师范大学郑林教授指出，一节课的体量不宜过大，否则难以完成教学目标，“背影”处所选“圣人与何监辩论”素材为影视剧杜撰，不能拿来做情境。在我校历史组组长马国旗老师的建议下，改主题为“盛唐掠影”，单讲唐前期的繁荣昌盛，以弘扬文化自信为立足点，再以“历史”与“历史题材文艺作品”的辨析为升华点，让虚构性的影视作品能够应用于教学而不产生误导作用。

2. 根据项目主题，选择项目素材

因本课曾做过大大小小八次修稿，所以项目素材的范围也发生过变化。在初稿中，笔者根据自己的观剧记忆，找出了与两种教材相关的唐史知识点共19个，布置了任务清单，要求学生观看《长安十二时辰》全集，分成“政治制度”“社会管理”“社会经济”“大唐文化”四个组，找出任务清单中提到的历史现象，并查阅资料考证是否符合历史事实。事实证明，初稿的项目素材选择是不够合理的，虽然任务布置在国庆节假期，但学生各科任务都很多，普遍反映46集电视剧看不完，看了十多集也没发现自己组要研究的场景。在随后的修改中，笔者进一步压缩了项目内容，细化了项目要求，明确了项目问题，并将每个小组所研究的场景的具体集数告知，减轻学生的学习量。

历史项目式作业

（1）观看《长安十二时辰》全集，根据分组完成以下项目式任务清单，搜集历史资料，论证剧中相关历史信息。

政治制度

①唐代中央政府政治制度：三省六部制

②唐代法律制度：《唐律疏议》

③唐代选官制度：科举制

④唐代军事民族政策：安西都护府、节度使、唐与大食关系

社会管理

⑤唐代户籍制度：大索貌阅，输籍定样

⑥唐代城市规划与基层管理：州县二级制、长安城坊市制、里坊制、邻保制、不良人、武侯

经济

⑦唐代赋税制度：租庸调制

⑧唐代货币制度：开元通宝

⑨唐代社会救济制度：养病坊

文化

⑩唐代文化：儒释道三教合流

⑪唐代文学艺术：诗歌、戏曲

⑫唐代文化交流：丝绸之路商业文化、遣唐使

（2）观看《长安十二时辰》41～42集“圣人与何老朝堂辩论”部分，写下不少于800字的观后感，对双方的观点进行评价，并利用所学知识描绘你心中的国家治理模式。

修改后的任务清单

典章制度

（1）中央权力运行制度：三省六部制

剧中第一集出现了官员立于坊门上向黎民百姓宣读大诏令的场景，其中出现了“门下”字样，按照我们所学，唐诏书的颁布要符合三省六部制，那么其他两省的任务是什么，怎样参与权力运行？请搜集唐代相关资料解释，并以剧中出现的“兴建小勃律使馆”为背景模拟三省六部制运行。

（2）选官制度：科举制

剧中张小敬向书生岑参询问阙勒霍多的含义，岑参回了一句“科举又不考这个”，那么唐代的科举考查什么？起到了什么作用？当岑参在马上摇头晃脑吟诗时，有狼卫突然抢了他的马逃窜，岑参大呼“这是我干谒用的诗文”，请问“干谒”是什么，反映了唐代科举的什么现象？

社会管理

（3）户籍管理：大索貌阅，输籍定样

剧中靖安司查案时，任何人的信息都可以在档案房中找到，徐宾称之为“大案牍术”，这与唐代什么制度有关？产生了什么作用？

（4）城市管理：坊市制

剧中的长安城气势宏伟，如棋盘般整齐划一，出现了“光德坊”“敬业坊”“平康坊”“西市”等名词，这与唐代的什么制度有关？长安城为什么要这样建设，有哪些方便之处和不便之处？

社会经济

（5）土地、赋税制度：均田制与租庸调

剧中崔器说自己“本想从军”，但因是“逃田脱籍的农户，无法登记”。徐宾在针砭时弊时说“大唐税制愈加崩坏，逃田脱籍”，岑参看到太子新税法后说“此税法比租庸调更顺民间实情”。这些言论提到了建立在户籍制度上的唐的土地和赋税制度，请搜集相关资料解释两种制度的进步性及“愈加崩坏”的原因。

文化

（6）儒学危机：儒释道三教并行

儒学是中国大一统王朝一以贯之的主流思想，在剧中找出体现儒家思想的部分。儒学在唐代遭遇了危机，请在剧中找出冲击儒学的因素，根据所学知识解释儒学式微的原因。

（7）文明交融：丝路文化与东亚盛辉

唐代在中国历史上是最包容开放、兼收并蓄的时代，与周边文明产生了广泛的交流，请从物品、宗教、习俗文化、人种、制度等层面找出剧中的典型例子，总结唐代中外文化交流的影响。

3. 梳理项目内容，拆解问题

通过审核各小组提交的作品的完整度及知识点的重要性，笔者初步遴选了“中央权力运行制度：三省六部制”“选官制度：科举制”“户籍管理：大索貌阅，输籍定样”“城市管理：坊市制”“土地、赋税制度：均田制与租庸调”“儒学危机：儒释道三教并行”“文明交融：丝路文化与东亚盛辉”七个模块，并要求各组按照新的任务清单进行问题拆解，细化研究内容。

4. 设计活动任务，实施科学研究

在第一次试讲后，组内老师提出，单纯采取小组汇报展示的模式使课堂缺乏起伏感，展示的小组与聆听的同学间缺乏互动交流，课堂气氛不够活跃。笔者对课堂展示模式重新做了修改，减少小组数量，要求展示的同学将自己的研究以问题的形式当堂抛出，营造活跃的课堂氛围。例如三省六部制小组用剧中“颁布诏令”场景引入项目情境后，展示史料，让同学们探究活动任务：（1）请根据“唐昭陵出土贞观十五年封临川郡公主制书刻石摹写”梳理唐代三省六部制的运行程序，用所学知识来解决实际问题。展示学生与台下同学互动后，将复杂的三省六部制运行程序详细解读，打破学生脑海中固化的“中书省起草诏令、门下省封驳审议、尚书省负责执行”的简单思维，抛出任务；（2）探究唐代的中央权力行使步骤复杂的意义，使学生更透彻地理解三省六部制“体系完整，职责分明，相互制约，提高办事效率，使权力审慎科学行使，避免决策失误”的特点。

5. 设计学习支架，提供实施保障

项目式教学是基于建构主义的教学方法，建构主义认为学习者的知识是在一定情境下，借助他人的帮助，通过意义构建而获得的。教师在学习过程中为学生搭建“学习支架”，根据学生的需要提供适当、适时、适量的帮助。笔者创建的QQ群为学生提供了“学习支架”，学生可以获取教师提供的史料、考证范例和优秀小组成果来为自己服务。一些展示的小组在模拟练习时语言表达和思维逻辑有欠缺，笔者亲身示范，从站位、语速、情感等方面教会学生如何像老师一样讲解。

6. 设计评价方案，诊断素养水平

详见“项目评价”模块。

三　项目实施

（一）实施方式

1. 落实开放性教学理念，唤起求知欲望

在项目式教学中，教师要用发展的、多元的、动态的、灵活的教学理念对待教学，营造一种生动活泼、民主平等的教学氛围。在师生关系上，笔者改变以往课堂教学中教师的主导地位，在教学中把学生看作处于不断发展的学习主体和身心不断构建升华的人，把课堂话语权交给学生。在课堂教学模式的变革上，遵循以人为本的理念，注重培养学生的探究兴趣和实践能力，倡导“自主、合作、探究”的学习方式，在笔者的指导下，在确保学生主体地位的基础上，让学生积极思考、主动探索。

2. 开放教学方法，促进主动参与

在教学过程中教师应该根据学生发展的需要，因材施教，探索多种能激发学生学习的方法。例如自主学习、探究式学习、小组合作学习等。笔者将项目内容分成了四个小课题，让四个小组各自选择感兴趣的领域研究，每个组中采取自愿加推荐的方式选出负责展示的同学，每个组的课代表作为小组长督促组内成员完成任务。

（二）过程案例

选官制度——科举制

教师：我们所看到的唐文化，其实在盛唐那同样昂扬的诗歌中也能见到其踪迹。唐代为什么被称为诗歌的黄金时代，这又跟唐代的什么制度相关呢？请同学为大家展示。

学生：在《长安十二时辰》这部剧中，出现了很多我们耳熟能详的著名诗人和诗词，例如贺知章和他的“不知细叶谁裁出，二月春风似剪刀”和岑参的“忽如一夜春风来，千树万树梨花开”。唐代诗歌的繁盛离不开科举制度对诗词的考查，科举制也由此极大推进了唐代教育的发展和文化的传播。请同学们回忆一下我们曾经所学的科举制，它在历史上还产生了哪些意义呢？

任务1：根据所学知识，总结唐代科举制的意义。

【活动】此处设计了两个具有难度、梯度的任务活动，任务1以情境引出对基础知识的回顾，引导学生答出以下内容：

（1）造就唐代诗歌的繁荣昌盛，有利于教育发展和文化传播；

（2）使一批出身社会中下层的读书人通过相对公平的考试参加政权，扩大了统治的基础；

（3）提高了官员的文化素质；

（4）考试权收归中央，加强中央集权。

学生：我们组还在剧中多次发现“干谒”这个词，这是什么意思呢？经过研究发现，它居然是唐代科举制的重要形式！唐代科举的主要方式是“考卷”，也就是常规的笔试作答，但是难度太大怕自己考不上怎么办？还可以将自己的参考作品或优秀习作拿给考官、重臣或文豪，博得名声与推荐，提高自己考中的概率，甚至直接被提拔，相当于“双保险”。干谒制度在唐代非常盛行。

任务2：根据材料评价唐代科举制中的“干谒”现象。

材料一：离离原上草，一岁一枯荣。野火烧不尽，春风吹又生。

——白居易《赋得古原草送别》

材料二：

孟浩然《望洞庭湖赠张丞相》

朱庆馀《近试呈张水部》

李白《与韩荆州书》

杜甫《赠田九判官》

学生：其实在很多大家耳熟能详的诗里，就有很多干谒诗，例如白居易的《赋得古原草送别》，“赋得”就是科举考试中命题作文的意思，白居易17岁那年来到长安科考，就把这篇考场作文给当时的文人顾况看，受到很高的赞誉。除此之外，我们看诗的题目是赠某位官员，基本都是干谒诗。有明确记载通过干谒入仕的是王维，他以自己的诗才吸引了玉真公主，通过她的推荐夺得状元。通过这些材料，同学们怎么评价干谒？

【活动】学生通过讨论分析得出“干谒”的积极作用：它为唐代的人才选拔提供了多样、灵活的方式，是科举的重要途径。

材料三：　　白居易《见尹公亮新诗，偶赠绝句》

袖里新诗十首馀，吟看句句是琼琚。

如何持此将干谒，不及公卿一字书。

材料四：这些都是风闻我要代政，赶着送来的拜帖、干谒诗文集子。我知道，这些人啊都想让我多看一眼、提拔一下，日后共同为大唐效力。可是我能从这些东西上就能判定谁堪用，谁不堪用吗？

——剧中右相林九郎（即历史上的李林甫）台词

学生：我们再看另一首诗，也是白居易写的干谒诗，之前白居易虽然已经名满天下了，但还是屡屡碰壁，这次他用近乎谄媚的语气向尹公亮表示“尽管我的诗句句是琼琚，但也没什么用，赶不上您给我写张推荐的字条”。说明干谒的成功与否，很大程度上还得看两个人的关系如何。所以在剧中，右相李林甫的“吐槽”道出了干谒存在的问题。通过这个材料，同学们又可以从什么角度评价干谒呢？

【活动】学生通过分析得出干谒不够严谨、规范、公正，有时就会沦为走后门的途径，严重损害寒门士子的积极性，这也是唐代科举制在发展期不成熟的表现。

城市管理——坊市制

学生：让我们回顾剧中出现的“大诏令”，说的是在上元灯节期间长安城“暂停宵禁”，无论哪国人“只需一次勘验入市”，此后十二时辰内皆可于“坊间自由来往”。这些内容体现的是唐代的什么制度？没错，坊市制，坊市禁令在普天同庆的节日里得以放宽。

任务1：根据“大诏令”内容和长安城舆图总结唐代坊市制的特点。

【活动】学生根据任务结合材料进行思考，深入挖掘信息，在负责展示的同学的引导下回答，最后由负责展示的同学进行总结。

学生：让我们从宏观到微观的视角进行分析。首先看长安城平面图，它呈正方形，内部街道纵横交错贯穿城市，街与街分割出一个个长方形居民区“坊”，好似大棋盘上的棋子，所以第一个特点是布局方正规整、统一规划。长安城有108坊，东西有两个市作为贸易的场所，所以有“坊市分离”的特点。正常情况下会晚上宵禁不让上街，坊门紧闭不能自由往来，进入市场要经过勘验也就是例行检查，所以居民活动和商业贸易有时间和空间限制，并受到政府的严格监管。下面让我们看一下剧中跟坊市制有关的场景。

【图片、视频】1. 开市前西市内准备开张的店铺。2. 开市前西市外等待开门的贩夫走卒。3. 午时打响开市鼓。4. 开市后人们鱼贯而入。5. 西市内琳琅满目的商铺。6. 居民坊内无人做买卖的清净土路。

任务2：剧中出现张小敬训斥里正“坊墙擅自开门没有报备”的现象。结合史料的记载，解释民间不顾法律在坊墙擅自开门的原因及其反映的社会现象。

材料一：侵巷街……杖七十；其有穿穴垣墙，以出秽污之物于街巷，杖六十。

——《唐律疏议》

材料二：左街使奏：伏见诸街铺近日多被杂人及百姓……起造屋舍，侵占禁街……并令拆除，以绝奸民。

——《唐会要》

材料三：张衡（武后时期四品大员）……因退朝，路旁见蒸饼新熟，遂市其一，马上食之，被御史弹奏。

——《朝野佥载》

【活动】学生结合史料对情境进行合理的解释，材料中以下几个方面可以激发学生的问题意识。唐律规定，临街的坊墙不许开门，这是为什么呢？既然法律不许，为何“诸街铺”被许多人“起造屋舍，侵占禁街”？为什么没有记载他们被“杖七十”，而只是“并令拆除，以绝奸民”？张衡退朝后在路旁买蒸饼吃，未提及进入东西二市，他如何可以在路边买？上朝是在早上，为何有商贩营业？学生们对这些问题很感兴趣，议论纷纷，基本上能够用自己所学的知识解答，但不能完整提取材料中全部信息。

学生：古代的城市最初以军事政治职能为主，长安的坊市制是抑商政策的反映，政府对居民生活和贸易进行严格监管有利于城市的治安，但封闭式城市管理模式造成居民生活与交易的不便，随着商品经济的不断发展，民间有冲破坊市制的需要。政府屡禁不止，也就睁一只眼闭一只眼，甚至放任自流了。到宋代，从官方层面取消了坊市禁令。

中央行政——三省六部制

学生：剧中出现了官员立于坊门上向黎民百姓宣读大诏令的场景，该官员没有把圣旨完全打开，所以看不到后半段圣旨格式，只看见开头的“门下”“圣人诏令”等字样，但无疑跟我们所学的唐代政治制度“三省六部制”相关。那么唐代的诏令究竟是怎样下发、经过哪些步骤的呢？

任务1：请根据“唐昭陵出土贞观十五年封临川郡公主制书刻石和《唐朝定居指南》”梳理唐代三省六部制的运行程序图。

【活动】学生之前只知道“中书省起草诏令、门下省封驳审议、尚书省负责执行”，无法深刻理解中央权力运行机制的重大意义，通过情境激发思维疑点，剖析真实史料诏书，还原复杂的权力运行程序，才能深刻理解三省六部制的意义：

1. 三省六部分工处理各项具体政务，体系完整，职责分明，相互制约，可以有效履行封建国家的行政职能，提高办事效率。

2. 三省六部办事程序严格，有利于审慎行使权力，提高决策科学性。

学生在此情境下获得新认知：1. 诏令首行“门下”为中书向门下递交诏令时的行文称谓。2. 皇帝在三省六部制中发挥“画日”“修改被驳回诏书”等作用，解决了学生“皇帝是否参与决策”的疑惑。3. 中书省和门下省进行诏令备份，尚书省进行存档，防止皇帝矢口否认诏令，也实现了追责机制。4. 从贞观十五年正月十九日起草到二十日存档，仅用时两日，是对教材中“尽管分权”却“提高了工作效率”的史料实证。该项目注重考查学生的史料实证素养，唐代权力运行机制的完备使学生惊叹，从而落实了家国情怀。

学生：剧中出现了右相李林甫和左相李适之，右相权势凌驾于左相之上；李林甫在伪造案宗时掏出属于尚书省下辖的刑部尚书之印。

任务2：根据材料分析唐前期三省六部制的新变化。

旧制，宰相常于门下省议事，谓之政事堂。永淳二年七月，中书令裴炎以中书执政事笔，遂移政事堂于中书省。开元十一年，中书令张说改政事堂为中书门下，其政事印，改为中书门下之印也。

——《旧唐书·职官志》

唐玄宗天宝初复其旧，乃改侍中为左相，中书令为右相。

——《资治通鉴》

天宝改易官名。为右相……迁尚书左仆射。

——《旧唐书·李林甫传》

【活动】学生合作探究并回答。教师提供史料，让学生解读情境，考查学生的历史解释素养，提升其分析能力。从长安城平面图可知，尚书省位于皇城，中书省和门下省位于宫城，更靠近中枢，所以为提高效率，减少门下省封驳与中书省重新起草之间的烦琐程序，实行宰相集体办公，地点称“政事堂”或“中书门下”。起初，政事堂位于门下省，故门下省长官地位高，高宗时移政事堂于中书省，故中书省长官地位高。唐玄宗天宝时以门下省长官侍中为左相，中书省长官中书令为右相，所以在剧中右相李林甫相权凌驾于左相李适之之上。而李林甫在担任中书省长官的同时，还兼任尚书省长官左仆射。所以三省六部制在唐前期的发展趋势是：三省一体化；行政程序简化，出现议事机构政事堂；决策权由门下省向中书省转移。

赋税制度——从租庸调制到两税法

学生：剧中崔器说自己“本想从军”，但因是“逃田脱籍的农户，无法登记”；徐宾在针砭时弊时说“大唐税制愈加崩坏，逃田脱籍”，岑参看到太子新税法后说“此税法比租庸调更顺民间实情”。

任务1：根据材料和所学知识，说明均田制、租庸调制与户籍制的关系。

【活动】历史不是单纯的点对点，而是复杂的相互关联的事件，任务1通过整合均田制、租庸调制与户籍制，让学生打通必修册与选择性必修册教材的内容，深刻理解历史的复杂性。在正常情况下，唐代在土地国有的基础上实行均田制，无地农民获得土地的同时向国家纳税与服役，达成权力与义务的契约关系。这种“纳税与服役”就是租庸调制，一夫一妇每年纳粟为租，纳帛或布为调，成年男子负担一定的徭役，男子不去服徭役的可以纳绢或布代役，称为庸。租庸调制规定了农民负担的上限，以庸代役保证农民有较充分的生产时间，政府的赋税收入也有了保障。而政府授田和赋税徭役征发的依据就是户籍制，唐继承隋制，“大索貌阅，输籍定样”，三年一造册，更新人口、土地、财产等信息。该任务主要考查学生的历史解释素养，同时让学生理解三个相互关联的制度是小农经济基础上的顶层设计，落实唯物史观。

任务2：根据材料和所学知识，解释租庸调制崩坏的原因。

材料：唐初，赋敛之法曰租庸调……玄宗之末，版籍浸坏，多非其实。及至德兵起，所在赋敛，迫趣取办，无复常准。赋敛之司增数而莫相统摄，各随意增科，自立色目，新故相仍，不知纪极。民富者丁多，率为官为僧以免课役，而贫者丁多，无所伏匿，故上户优而下户劳。吏因缘蚕食，旬输月送，不胜困弊，率皆逃徙为浮户，其土著百无四五。

——《资治通鉴》

城南膏腴别墅，连疆接畛，凡数十所，婢仆曳罗绮一百余人，恣为不法，侈僭无度。

——《旧唐书·元载传》

【活动】学生合作探究并回答。任务2考查史料实证素养。通过《资治通鉴》和《旧唐书》，学生可知租庸调制的破坏有以下原因：安史之乱致使版籍损毁（户籍制度破坏）；政府为筹集军费加征赋税，民间难以负担而逃亡（政府主动破坏租庸调制）；土地兼并严重（均田制破坏）。

任务3：结合所学两税法的知识，谈谈太子的新税法实验为何“比租庸调更顺民间实情”。

【活动】学生合作探究并回答。任务3依旧考查历史解释素养。两税法“惟以资产为宗，不以丁身为本”，改变了自战国以来以人丁为主的赋税制度，适应了政府因户籍制度崩坏而减轻对农民的人身控制的现实要求。两税法简化税收名目，通过扩大收税对象的方式（不分主户客户）保证国家的财政收入，减轻了主户的压力，也让逃亡的客户身份合法化，所以比租庸调制更顺民间实情。

四　项目评价

（一）评价的内容

根据新课标的要求，对学生的评价应当是多维度的，其中应当包括过程性评价、终结性评价、学生自我评价、教师评价、同学之间相互评价等多方面。评价的标准应当是本节课学生历史学科核心素养的达成程度。同时回扣教学目标中的内容，测评学生的达成情况。

（二）评价的方式

针对本节课，制定以下评价原则：

1. 过程性评价和终结性评价相结合；
2. 教师评价和同学互评相结合；
3. 自我评价既包括对个人表现和收获的评价，也包括对课堂的评价。

基于评价原则，笔者设计了“小组互评表”“组内互评表”和“自我反馈评价表”。

小组互评表

组　别	内容丰富 价值较大 （40分）	表达清晰 讲解到位 （30分）	讨论问题 较好互动 （30分）	总　分 （100分）
6班				
7班				
8班				
9班				
小组互评为终结性评价，检验小组研究性学习的质量，占比40%。				

组内互评表

评价人______ 组别______						
行为表现 / 组员姓名	参与意识	参与度	明确个人角色	倾听并尊重他人	向他人提供帮助	总分
组内互评为形成性评价，评定个人在完成任务中所作贡献，占比40%						

自我反馈评价表

评价标准	非常好	好	一般	尚有不足
本课的学习目标完成度				
本课历史学科核心素养落实情况				
本课知识掌握情况				
研究能力增长情况				
对自己在本项目中的表现的评分满分20分，结果记入总评价				
你是否对该项目的情境构建满意？请写出你感兴趣的针对此课的项目情境。				
你认为同学展示与教师讲授哪个更能提高你的注意力和学习效率？为什么？				
你对本堂课哪些地方还有建议？				

五 自我反思

本堂课是笔者探索的第四节项目式教学课，也是第一节大项目课。项目式教学的工作量之大是传统教学无法比拟的，教师和学生都要投入项目中，学生不能再单纯轻轻松松地听讲，而要自己动手探索，教师也不能简简单单地传授知识点，要想方设法给知识营造一个有助于学习的情境，拆解出难度适当、可操作的问题。要想完成一个以教师为主导的微项目只需要三天，但要完成一个以学生分组探究为形式的大项目则需要月余乃至更长。从2019年7月开始，笔者就萌生了用热播历史剧《长安十二时辰》为素材设计项目式教学课的念头，暑期就在思考方案，开学第一个月“二刷”该剧，最终敲定了项目主题和实施方案，并在国庆节前布置了下去。第一次操作大项目难免有些贪多求全，给学生安排的任务量较大，不但超过了学生的承受范围，也超出了一节课的课容量。之后听从师长们的建议多次进行“瘦身”，从学生提交上来的大量作品中选出四个进行优化，从之前大容量浅深度“水过地皮湿”的展示到深度探究。但实践证明，在一节课45分钟的时间内深入探究四个项目是不够的，笔者拖堂了20多分钟才结束整堂课。所以如果开展分组任务研讨项目式教学课的话，需要教师在进行最初规划的时候就要考虑容量，一定不要超过三组。

六 专家点评

北京师范大学郑林教授：“郑老师作为刚参加工作不久的青年教师，能够教出这样的课非常难能可贵，这节课下了很大的功夫，教师的专业素养比较扎实，显示出青岛第三十九中学历史组老师的整体素质很高。这堂课以历史剧作为情境实际上是冒有一定风险的，涉及真实性的问题，而郑老师的处理是以剧情为引，来处理真实史料，这就避免了风险。我建议去掉一些简单的知识性任务来节约时间，可以想办法使问题间的衔接更加自然。整体来看，郑老师这节课围绕新教材和新课标做了一次课程重构，是一次有益的探索，有利于学生核心素养的落实。”

七 学生感悟语录

学生1：以前我对历史没什么感觉，成绩也不好，这次项目式教学课对我而言最大的收获是让我觉得历史很有意思。我掌握了一些有趣的历史典故，它们让我对知识点的理解更深刻，记忆更牢靠。之后，我还尝试阅读以前觉得很枯燥的历史书籍来主动获取知识。我期待下一次还能由我展示。

学生2：我是个很羞涩的人，普通话也不标准，为了在课堂上讲好项目，我对着镜子反复练习，看着自己取得的进步，我很开心。项目式教学课能够让我静下心来，全力以赴去做事情，最终自信地展示自我。感谢我们组的同学，这次学习也增强了同学间的合作能力。

学生3：这种边看剧边学习历史的感觉非常棒，我能用我学过的历史知识来解释剧中的桥段，碰到不清楚的地方马上暂停查一查，一种获得感和满足感油然而生。逐渐地，我觉得整个唐代在我脑海中活生生地构建起来，项目式教学的课堂让历史变得前所未有的鲜活。

案例 3

《西汉寻踪——从马王堆汉墓及海昏侯墓看西汉历史》

一　项目开发背景

1. 发挥实物史料价值，亲身触摸历史脉搏

汉初的历史距今时间久远，此前学生在学习的时候会觉得这段历史就是存在于教材上的知识条目，距自己十分遥远，因此只是单纯地死记硬背知识点，缺乏学习兴趣。另外，学生通过初中阶段的学习，对于大部分的基础知识已经有了一定的了解，所以可在此基础上开展更深层次的项目式教学，让学生亲身体验历史研究的过程。本次项目式教学的目的是希望让学生通过探究汉墓中的文物，回到当时的情境之下，生动、直观地感受西汉时期在政治、经济、思想文化等方面的特点，让尘封的历史重新焕发生机，对这一时期有更深入、更全面、更形象的认识，从而加深对所学知识的理解。此外，通过了解以出土文物为代表的实物史料，让学生认识到实物史料的价值和意义，并认识到在进行历史研究时要将文献史料与实物史料相互对照，时刻保持严谨认真的钻研精神。

2. 改变传统教学方式，自主探究提升素养

本次项目式教学的主题基于高中历史统编版教材《中外历史纲要（上）》中第一单元第4课。结合课标要求和教材内容，本课采用文献与文物史料相结合的方

法，让学生在自主探究中进行深度思考。在授课方式上改变以往以教师为主讲授知识的方式，让学生以小组合作的形式进行，认识到实物史料在历史研究中的作用，学会分析史料、运用史料、阐释史料，综合提高学生时空观念、史料实证、历史解释等方面的学科核心素养。

二 项目开发过程

（一）制订项目目标

1. 通过马王堆汉墓及海昏侯墓认识西汉时期的政治、经济和思想文化等方面的发展状况，了解汉朝巩固统一多民族封建国家的相关措施。

2. 使学生通过小组合作探究，搜集、整理并分析与所研究课题相关的史实，认识实物史料的价值和作用，初步了解史料实证的基本方法。使学生学会运用所掌握的史料对历史事物做出理性分析和客观评判，提升学生在历史解释方面的学科素养。

重点：通过两座汉墓了解西汉时期的政治、经济、思想文化等方面的情况。

难点：认识实物史料的价值和作用；掌握史料实证的方法。

（二）开发项目资源

1. 文本资源

教材中关于西汉的历史涉及如下知识点：

西汉的建立、郡国并行制、“休养生息”政策、“文景之治”、汉武帝在政治、思想、经济和军事领域采取的一系列有效措施（推恩令、十三州刺史、酎金夺爵、设中朝、察举制、“罢黜百家、独尊儒术”、设五经博士、统一铸钱、盐铁官营、均输平准、北击匈奴）、设西域都护、丝绸之路、外戚专权、《史记》、《黄帝内经》等。

学生对这些知识已经基本掌握，对于西汉时期的基本情况也有了一定的了解，这为开展本次项目式教学打下了很好的知识基础，也为下一步利用所学知识解决新问题提供了条件。

此外，为了帮助学生更有深度地开展探究活动，除了研究西汉所必备的《汉书》《史记》等经典史学专著外，笔者还向学生推荐了针对两座汉墓的专题研究的书籍，以供学生参考。有《长沙马王堆汉墓》《亲历考古　马王堆汉墓不朽之谜》《马王堆汉墓探秘》《尘封的文明　神秘的马王堆汉墓》《惊世大发现——

南昌汉代海昏侯国考古成果展》等。

此外还提供了一些网络资源和音像资源，如纪录片《国家记忆——新中国考古大发现系列（第二集　探秘马王堆汉墓）》《国宝·发现（大汉海昏侯）》等。

在向学生介绍项目背景时，使用音像史料补充背景知识，能快速激起学生的学习兴趣，让原本枯燥难懂的内容一下子变得鲜活形象，便于学生理解。在开展本次项目式教学前，笔者利用班级的多媒体，让学生共同观看了关于马王堆汉墓及海昏侯墓的纪录片，影像引人入胜、生动形象，深受学生欢迎，也让学生对两座汉墓有了初步的了解，便于下一步具体项目任务的开展。

（三）设计项目框架

1. 先由教师为学生提供关于介绍马王堆汉墓及海昏侯墓的网上博物馆、视频等资料，使学生对于两座汉墓本身及其所反映的历史形成初步认识。

2. 依托学习共同体，学生按照兴趣组成三个小组，分别探究两座汉墓反映的西汉前后期在政治、经济和思想文化等方面的特点，以小组为单位搜集并整理历史图片、文字、视频资料等。

3. 学生对所搜集的史料进行筛选和组合并制作课件，全面呈现本组的研究成果，教师适时为其提供指导。

4. 学生将研究成果加以梳理，形成汇报作品，并且在全班进行交流和展示，最后由教师对项目主题进行总结和升华。

5. 依据核心素养，进行多元评价。注重评价主体的多元化和评价方式的多样化，将形成性评价和终结性评价有机结合。

三　项目实施

（一）实施方式

1. 制定项目清单，设置驱动性问题。三个小组的项目主题分别是“百年浮沉——看西汉专制集权的加强”“惊世发现——看西汉如何在经济上巩固统一多民族国家”和“出土文献——看西汉时思想文化的发展变化”。马王堆汉墓和海昏侯墓出土文物众多，学生刚开始着手进行研究时，感觉十分迷茫、无从下手。为了帮助学生找到正确的研究方向，教师设置了由如下驱动性问题组成的项目清单，问题环环相扣，具有逻辑性和联系性，让学生可以在解决问题中逐步达成任务目标。

政治组项目清单

（1）马王堆汉墓和海昏侯墓的墓主人是谁？墓主人的身份是通过哪些证据确定的？

（2）两位墓主人的封号与汉代哪一地方制度有关？联系所学，这一制度开始于何时？推行此制度的原因是什么？后来产生了什么后果？为了解决这一制度带来的问题，采取过哪些措施？这些措施成功了吗？影响如何？

（3）海昏侯墓中发现了大量的黄金，这些黄金有什么用途？你是如何判断的？

为什么这些黄金纯度如此之高？这与汉武帝的集权措施有什么联系？

（4）海昏侯跌宕起伏的人生和皇位的废立与哪一个人物息息相关？此人为什么会拥有如此大的权力？权力的来源是什么？这表明西汉后期政治上存在着怎样的问题？

（5）你可以从哪些书中来获取关于海昏侯的文献记载？请列举与其相关的史料。这些书中所展现的海昏侯的形象是否一致？这些记载是否真实可信呢？如果这些记载存在差异，请分析为什么会出现这样的问题呢？真实的海昏侯到底是何原因在位短短27天就被废除帝位了呢？通过现有的材料我们是否可以下定论呢？

经济组项目清单

（1）通过马王堆汉墓和海昏侯墓中出土的哪些文物可以了解到当时的经济发展水平（农业、手工业等）呢？

（2）马王堆汉墓出土的实物史料说明西汉初年的经济发展情况如何？西汉初年的经济能够得以迅速恢复的原因是什么？

（3）马王堆汉墓中出土的素纱禅衣等丝织品说明当时的丝织技术如何？有着怎样的影响？（与哪一历史事件存在联系）

（4）海昏侯墓中出土了大量的铜钱，样式是怎样的？与汉武帝哪一项经济措施有关系？汉武帝为什么要采取这一措施？有着怎样的影响？目的是什么？为了达成这一目的，汉武帝在经济上还采取了哪些措施？

思想组项目清单

（1）马王堆汉墓及海昏侯墓分别出土了哪些重要文献？分别表明西汉初及西汉中后期的主流思想是什么？

（2）什么导致了主流思想的变化？与此相关的措施有哪些？这些措施带来了哪些影响？

（3）这些出土文物反映的西汉日常书写通用的载体是什么？汉代通行的官方文字属于哪种字体？

（4）海昏侯墓出土的孔子屏风上有关孔子年龄和身高的记述与《史记》存在差异吗？你认为哪里的记述更加可信？这反映出我们在使用实物史料时需要注意什么问题？

2. 史料研习法。在本次探究过程中，学生接触了大量实物史料，对实物史料在论证史实上的价值和意义有了更深刻的认识，并尝试把文献史料和实物史料等进行比对、印证，以保证史料的真实性和可信性。这一过程可以很好地锻炼学生史料实证的核心素养。

3. 在合作中学习。学生依据兴趣组成学习小组，每名学生在小组中都有明确的任务分工，在独立思考的基础上与同伴一起钻研课题、分享观点、互相帮助、共同提高，开展活动的、合作的、探究的学习，更加透彻清楚地领会知识和技能。

（二）过程案例

项目式教学的实施主要分为两个部分：以学生为主体的前期探究过程以及在教师引导下的学习成果展示和总结环节。以下展示以学生为主体的前期探究过程。

1. 第一小组主题：百年浮沉——看西汉专制集权的加强

（1）探究问题：墓主为何人？

学生刚接触这两座汉墓时，首先对各自墓主的身份以及下葬的时间产生了好奇，借助网络工具，他们很快就查到了答案。此时，笔者告诉他们，单纯地知道结果不是最终的目的，重点是要了解得出结论的过程以及可以通过哪些证据证明结论。

带着疑问，学生了解了当时考古学家如何确定墓主人身份的经过，并像真正的考古学家一样，从出土的文物中找到这些证据，重新经历这一探索和发现的过程。经过一番仔细的探究，学生发现马王堆二号墓出土的刻有“利苍”“轪侯之印”以及“长沙丞相”字样的三枚印章，能够与《史记》中的记录相互佐证，证明二号墓墓主确实是第一代轪侯、长沙异姓诸侯国丞相利苍。一号墓中出土的刻有“妾辛追”字样的印章则能够证实一号墓主确为利苍妻——辛追。根据墓葬间的地层关系和相关文献记载，可以确定三号墓墓主是利苍之子利狶。依照《汉书》中的记录，二号墓墓主利苍约下葬于吕后二年（公元前186年）。此外从墓中一片出土的木牍上也找到了利狶的下葬时间——汉文帝前元十二年（公元前168年）。而根据墓葬间的地层关系所显示出的埋葬顺序，一号墓墓主利苍妻辛追的下葬年代可能还要晚一些。

在对海昏侯墓墓主的探究中，学生也循着考古学家的脚步重走了一遍发现之路。通过刻有墓主人姓名“刘贺”的印章，以及出土的金饼、奏章和铭文器物上刻写的“昌邑某年”“臣贺”等字样，结合《汉书·武五子传》中对于曾任昌邑王、后为海昏侯的汉废帝刘贺的介绍，再加上墓葬所处的地理位置与刘贺当年的封国一致，由此可以基本确定海昏侯墓墓主就是刘贺。

对墓主人身份及时间的确定，让我们了解到马王堆汉墓建于汉朝初年，而海昏侯墓则建于汉宣帝时，历史阶段的确定有助于明确时代背景，便于下一步探究的开展。

（2）探究问题：刘贺因何被废？他的品性究竟如何？

通过查阅相关著作，学生了解到刘贺（公元前92年—公元前59年）是汉武帝刘彻的孙子、昌邑哀王刘髆的儿子。他是汉朝的第9任皇帝，也是汉朝历史上在位时间最短的皇帝。刘贺的一生可谓是跌宕起伏，他历经四种身份，5岁时继任昌邑王；18岁时当上了皇帝，但仅仅27天就被废黜，沦为平民，被遣送回昌邑王宫软禁起来；29岁时被汉宣帝奉为海昏侯，移居位于今江西省南昌市的豫章国，直到34岁去世。这让学生不禁感到好奇，是什么造成了刘贺这大起大落的一生呢？通过阅读《汉书·武五子传》和《汉书·霍光传》的有关内容，学生发现，刘贺帝位的立与废与霍光息息相关。根据史料记载，霍光是卫皇后外甥霍去病同父异母的弟弟，其身份属于外戚，曾担任中朝的侍中一职，足可见其深受皇帝的信任。汉武帝临终时，因汉昭帝刘弗陵尚且年幼，故让霍光与其他四位大臣共同辅政。

不久后，霍光用权术翦除了其他四人，把持了朝政。霍光在昭帝去世后，选定刘贺作为继任者，但在刘贺继位不久后，又联合群臣声称刘贺劣迹斑斑，短短27天内就做了1127件荒唐事，要求废黜刘贺。在史书中，我们看到的刘贺一直是以负面形象出现的，但借助海昏侯墓中出土的一些文物，我们似乎发现了刘贺不为人知的另一面。墓中出土有《论语》等儒家书籍，还有绘有孔子像的衣镜，以及围棋盘和青铜钟、瑟等乐器，这是不是意味着刘贺非但不是荒淫无道的纨绔子弟，反而是一位儒雅的翩翩君子呢？学生又进一步阅读了一些今天的学者对刘贺被废原因的推测，这些研究者通过分析《资治通鉴》中刘贺被废前后的详细介绍进而得出观点：霍光当初选择刘贺继承皇位，其目的是将其作为傀儡，实则想要自己独揽大权，然而刘贺即位后显然不太听话，他提拔了一批自己人，显示出急于亲政的倾向，让霍光感觉受到了威胁，因此将其废黜。那我们是不是因此就可以认定学者这一结论的正确性呢？学生经过讨论认为，目前的证据还不足以让我们对刘贺的真实形象和其被废原因下定论，尚且需要更多材料加以佐证。在对这一问题的探究中，学生深受启发，认识到考古发现可在一定程度上弥补历史文献的局限性，但历史研究需要注意史料的互证，了解刘贺的真实面目须更多史料相互印证，因此目前我们还不能够对其下定论。

（3）探究问题：惊世财富背后的历史

在海昏侯刘贺墓中，一共出土了478件金器，其中金饼有385枚，数量最多。经测定，出土金饼的黄金纯度达到99%以上，都是足金。考古学家还在其中四枚金饼上发现写有“南藩海昏侯臣贺元康三年酎金一斤”的墨书字样。那么这几块墨书金饼的用途是什么，为何这些金器纯度如此之高呢？结合文献记载和所学知识，学生发现了其中的缘由。原来这几块金饼是作为酎金使用的。西汉时规定每年祭祖时诸侯、列侯都要前往参加，而且要带上成色好的黄金来助祭。汉武帝时，为了削弱诸侯的势力、加强中央集权，就曾借口诸侯献上的酎金成色不好，废掉了108人的爵位，这一事件又被称为酎金夺爵。所以刘贺墓中这些高纯度的黄金很可能就是为了献祭准备的酎金。那为什么这些酎金会出现在刘贺墓中而没有献出去呢？学生查看《汉书·武五子传》后发现，汉宣帝时侍中卫尉金安上书称刘贺是“嚚顽放废之人”，不宜得奉宗庙朝聘之礼。因此纵使刘贺多次上书请求参加祭祖，但终未得到允许，只得将这些酎金遗憾地带入墓中了。

另外，在刘贺墓中还出土了造型奇特的马蹄金和麟趾金。学生查证《史记·汉武纪》后发现，因汉武帝声称自己在巡行时见到白麟和天马，这在当时被认为是吉兆，为彰显祥瑞，汉武帝下令制作马蹄和麟趾形状的黄金封赐给诸侯。结合所学知识，学生认识到这一做法是受到了董仲舒新儒学中天人感应思想的影响，认为天与人能相互感应：君主有过失，上天会降下灾祸以示惩罚；君主有功绩，上天会降下祥瑞以示鼓励。世间并不存在麒麟和天马，而汉武帝此举很可能是借此来大肆彰显自己的雄才大略。

2. 第二小组主题：惊世发现——看西汉如何在经济上巩固统一多民族国家

（1）探究问题：从马王堆汉墓考古发现看汉初的经济恢复

在马王堆汉墓的随葬品中，学生发现有大量的肉类、粮食、水果等，有趣的是墓中还出土了一本名为“遣册”的小册子，里面记有各种随葬食品的做法。另外墓中还出土了各式各样的精美漆器，以及各种丝织品和衣物，比如大家在课本上见到过的素纱禅衣等，充分显示出了汉初高超的丝织技术。能够直观地看到这些华美的丝织品，让学生对汉代“丝国”的称号更加认同。这些丰富的食物以及精美的漆器和丝绸，说明西汉初年农业和手工业都有了一定的发展，进一步联系所学知识，学生认识到这一结果正是汉初实行休养生息政策的影响。另外在马王堆汉墓中并没有发现金银器，学生经过查找资料了解到，这其实也是休养生息政策的体现，因为西汉初年百废待兴，几位皇帝都提倡朴素节俭，汉文帝还规定墓中不许随葬金银，正是这些措施加速了汉初的经济恢复，使得当时出现了文景之治这一盛世局面。

（2）探究问题：海昏侯墓大量五铢钱的来源

在对海昏侯墓进行探究时，学生惊讶地发现墓中出土有200万枚、重达10吨的五铢钱。提到五铢钱，学生马上联系到这是汉武帝时期在经济上加强中央集权的措施之一，课本知识一下变得直观和形象了。通过自主探究，学生了解到海昏侯墓中数量惊人的五铢钱与当时的“赙赠”制度有关。汉代经济恢复发展后，厚葬风气也逐渐兴起，诸侯王和官吏去世由国家赙赠以大量的钱财，刘贺墓中的五铢钱可能正是因此而来。

3. 第三小组主题：出土文献——看西汉时思想文化的发展变化

（1）探究问题：西汉时期统治思想的变化

在马王堆汉墓出土的思想著作中，学生发现了两本《老子》的手抄本以及四篇关于黄帝之学的文章，这四篇文章合称为《黄帝四经》，抄录在《老子》（乙本）之前。结合所学，学生认识到，这反映出在民生凋敝、百废待兴的西汉初年。当时主流思想是无为而治的道家思想（黄老之学），这与政治和经济上的休养生息政策相适应。在进一步的探究中，同学们发现，在海昏侯墓中出土了绘有孔子像并记录有孔子生平及弟子情况的衣镜，这是我国迄今发现的最早的孔子画像。因刘贺整个棺椁内的布局是按照其生前住所安排的，而孔子衣镜被放在代表会客室的位置，说明了尊孔崇儒在当时是一种社会风气。另外，在墓中出土的简牍中有大量的儒家经典著作，例如《论语》《礼记》《易经》等。以上考古发现反映出刘贺所处的西汉时期的主流思想是儒家思想。在教师的引导下，同学们联系所学知识对西汉统治思想发生变化的原因及措施进行了梳理，并总结了董仲舒新儒学的具体主张，进一步巩固了已有知识。同学们还更深刻地认识到：西汉统治思想的变化和社会背景有必然的联系，文化是政治和经济的反映，一定的文化由一定的政治经济所决定，又反作用于一定的政治经济。

（2）探究问题：两本《老子》手抄本的先后顺序

马王堆汉墓中出土有两本《老子》手抄本，内容基本相同，但也存在一些细微差别，该如何判断两本《老子》的先后顺序呢？结合考古学家的具体介绍，学生通过仔细观察发现，两本手抄本在字体上存在差别，一本的字体更像篆体，另一本则更接近隶体。通过之前的学习，学生已经知道从秦到汉，字体发生了由小篆向隶书的演变，因此根据字体就可以基本判断出两个版本的先后顺序了。两个版本的书中存在的避讳现象也更加印证了我们的观点，并且从侧面反映了两本《老子》的抄写时间。封建时代要求不能直接把皇帝的名字写出来，要替换成别的字。而两本《老子》中一本不避刘邦的名讳，另一本则只避刘邦的名讳，但没有避此后文帝、景帝的名讳，这说明第一本的抄写年代应该在秦朝灭亡后、汉朝建立前，第二本的抄写年代则应在文帝、景帝之间。学生通过查阅资料，并结合已有知识对问题进行分析，提高了对史料的辨析能力和对历史问题的理解能力。

另外，通过两座汉墓出土的帛画、帛书、木牍和竹简等，学生发现西汉时期虽然造纸术已发明，但日常的书写材料仍主要是竹木简和绢帛，进一步印证并拓展了课本所学知识。

（三）项目式教学展示课

学生结束探究后，要选择一种形式呈现自己的学习成果，并在最后的展示课上将探究成果与全班同学共同交流和分享。由于之前是将“结合出土文物看西汉政治、经济和文化的表现及其前后的转变”这一主题分为三部分交给不同的小组进行探究的，因此各小组只是掌握了自己负责的一部分内容，对于其他方面的内容还不是很清楚，因此项目式教学展示课环节意在呈现各小组的项目式教学成果，在此过程中，各小组的学生可以通过聆听其他小组的报告，通过马王堆汉墓及海昏侯墓认识西汉时期的政治、经济和思想文化等方面的发展状况，了解汉朝巩固统一多民族封建国家的相关措施。接下来，由教师引导学生回顾自己的过程，认识到实物史料的价值和作用，初步了解史料实证的基本方法。

1. 课堂导入：（课件展示《鬼吹灯》及《盗墓笔记》的图书封面）盗墓题材的书或者相关的影视剧大家多多少少都有看过听说过。但是，真正要对古墓进行一些抢救性的发掘，需要由国家的考古队和正规的考古工作者来进行。考古发现揭开了一段段尘封的历史，让我们得以亲身触摸时代的脉搏。今天就让我们通过探究马王堆汉墓和海昏侯墓的出土文物，进行一次西汉“穿越”之旅，回到西汉的历史时空之下，全面直观地感受西汉时期政治、经济和思想文化的发展演变。

接下来我们请政治、经济、文化三个小组的代表分别为我们呈现他们前期的探究成果，其他小组的同学可以利用手中学案后面的组间评价表，对他们的表现进行评价。

2. 小组展示：

由第一小组介绍“百年浮沉——看西汉专制集权的加强”：第一小组首先结合文字与实物史料，对两座汉墓墓主的身份进行挖掘，由此认识西汉的地方制度——郡国并行制，并联系所学进一步梳理郡国并行制出现的时间、原因和产生的结果。其次，学生通过了解海昏侯墓出土的酎金，进一步认识汉武帝时期加强中央集权的相关措施。最后，在查阅海昏侯生平的过程中，学生加深了对外戚专权问题及其实质的理解。

由第二小组介绍“惊世发现——看西汉如何在经济上巩固统一多民族国家”：第二小组主要探究了汉墓中出土的精美漆器以及随葬的食品、丝织品及五铢钱等。种类多样的食物及雅致的漆器说明了西汉初年手工业和农业的发展水平，反映出当时的经济发展呈上升趋势。汉墓中丝织品的纹样、材质等内容，反映出汉初丝织技术高超，也体现出汉初经济的迅速发展。海昏侯墓中出土的大量五铢钱则是汉武帝时期币制改革的见证。此外，在经济方面汉武帝还采取了一系列巩固统一的措施。

由第三小组介绍“出土文献——看西汉时思想文化的发展变化”：第三小组通过探究汉墓出土的代表性帛书以及简牍，了解了书写载体及汉字的演变过程，同时认识到西汉时期统治思想的转变。学生对两座汉墓出土的文献进行梳理并联系所学知识，从中分析出西汉前期到汉武帝时期统治思想的变化。通过对海昏侯墓中出土的马蹄金、麟趾金的来源进行分析，学生认识到这背后也反映了董仲舒新儒学的影响。

【设计意图】呈现各小组的项目式教学成果，在此过程中，学生通过探究两座汉墓的出土文物，并联系所学知识，深入认识了西汉时期政治、经济和思想文化等方面的情况，并为接下来认识实物史料的价值和作用，以及探讨史料实证的方法打下基础。

3. 知识梳理

通过对马王堆汉墓及海昏侯墓出土文物的探究，结合所学知识，引导学生概括西汉时期经济、政治、思想文化各方面的发展状况。

<table>
<tr><th colspan="2"></th><th>汉　初</th><th>汉武帝后</th></tr>
<tr><td rowspan="2">政治</td><td>中央集权</td><td rowspan="2">郡国并行制→削藩→七国之乱</td><td>推恩令、设刺史、酎金夺爵等</td></tr>
<tr><td>君主专制</td><td>设中朝→问题：外戚专权</td></tr>
<tr><td colspan="2">经济</td><td>休养生息→文景之治</td><td>统一铸钱（五铢钱）；盐铁官营；均输平准；抑制工商业者</td></tr>
<tr><td colspan="2">思想文化</td><td>道家思想（黄老之学）</td><td>董仲舒改造新儒学，儒学独尊（措施：罢黜百家，独尊儒术；兴办太学、学习五经、设五经博士）</td></tr>
</table>

【学生活动】学生进行思考，回到历史情境之中，结合课本内容和在前期探究过程中所获得的知识，进一步认识西汉时期的发展情况。

【设计意图】总结概括所学内容，加强记忆，形成知识框架。

4. 问题升华

由教师引导学生认识史料的不同类型。

史料的分类

我们通常说的史料，就是指那些人类社会历史在发展过程中所遗留下来的、并帮助我们认识、解释和重构历史过程的痕迹。人类对历史的认识和研究离不开史料。

根据史料的载体不同可分为：

文献史料：留存至今的古今中外的文献资料

实物史料：各类文物、古迹、遗址、建筑、碑刻、雕塑和绘画等

口述史料：人们对往事的口头回忆而写成或整理成文字的资料

文献史料的特点

数量最多的一类，但个人因素（阶级立场、个人修养）、政治因素（政治权势篡改历史）和时代因素（研究方法、角度）均会影响其价值。

教师安排学生进行小组讨论：结合此次项目式教学的过程，你认为与文字史料相比，实物史料有着怎样的价值和作用，又有着怎样的缺陷？我们应该如何更好地利用各类史料来进行历史研究呢？

【学生活动】学生就实物史料的价值及局限性发表自己的看法和见解，并讨论利用史料进行历史研究的方法。

实物史料的价值和作用：

① 与文字史料相互参证，从差异中寻找历史真实，还可以弥补文献的不足，辨别文献资料记载的真伪。例如实物史料的发现让我们对刘贺的形象有了多样化的认识。

② 将出土文献与传世文献相对照，可以对传世文献进行补充和订正。例如马王堆汉墓新出土的《老子》和海昏侯墓出土的《论语》使我们可以对传世文献进行补充和订正。

③ 具有形象直观性。两座汉墓出土的文物使我们更加形象直观地感受到了一个时代的风貌。

④ 关于史前和上古的历史，实物史料显得特别重要。

实物史料有什么缺陷？

① 它们可能只是很小的碎片，并不一定能展示历史的全貌。例如对于刘贺的认识，通过孔子屏风和儒家典籍，不能对他下定论，只能进行猜测。

② 对于有些器物，人们还只能猜测它们的意义，并不能做出准确的判断。实物史料不能开口说话，如果没有铭文，人们只能对其用途进行猜测。例如考古学家对海昏侯墓出土的蒸煮器和青铜温鼎的具体功用仍然存疑。

③ 并非完全可信，应注意辨别实物史料的真伪和来源。例如海昏侯墓中所发现的孔子屏风上孔子年龄、姓名、身高及外貌的记载均与传世文献存在出入，但由于现有文献记载显示的证据不利于新出史料处很多，所以我们不能急于完全推翻现有史料记载，尚需要进行缜密研究。

【设计意图】使学生了解实物史料的价值和作用，初步学习史料实证的基本方法，认识到在进行历史研究时，要尽量使用原始史料，史料要放到历史环境中去解读，对史料要合理利用，做到史论结合、论从史出，要综合运用多种史料，把发掘的出土文物和史书的记载相互验证，牢记孤证不立的原则，进行多重印证。历史包罗万象、纷繁复杂，而我们与历史真相的关系，好比是双曲线与渐近线，虽然无限接近真相，但还是不能原原本本地再现历史。但正是因为我们持之以恒地对真相的追寻，才让历史学科充满魅力。求真，我们一直在路上。

5. 学以致用：结合此次项目式教学的过程，通过小组讨论，让学生进一步思考怎样改善考古发现的呈现方式，使其能更广泛地为公众所知晓，更好地发挥自身的历史价值。

【设计意图】将历史研究与现实生活联系起来，让学生的探究过程发挥社会价值。

6. 课后作业：总结概括所学内容，加强记忆，形成知识框架；课后各组可以继续交流研究成果，学生结合自己的探究成果和心得撰写一篇小论文，最后在班级内分享或交流。

【设计意图】通过小论文的形式检测学生的学习效果，同时也让学生学会运用所学知识分析历史问题，并加深对本节知识的认知和巩固。

四　项目评价

1. 注重过程性评价和终结性评价的有机结合。教师可以利用小论文、测验等终结性评价形式对学生最终的学习成果进行检测，同时也要关注过程性评价，采用评价量规的形式从多个维度来衡量学生的探究过程。

2. 注重评价主体的多元化和评价方式的多样化。将学生自评、小组互评、组间互评和教师评价结合起来。创建自我评价表，帮助学生对自己的学习进行评价和反思；小组互评的方式促使学生全身心地参与小组合作，与大家分享交流，共同进步；组间互评使得小组在展示交流中发现彼此的优点和缺点，汲取经验、取长补短。

3. 量性评价和质性评价相结合，全面客观地评价学生，及时进行反馈，发挥评价的激励作用。在项目探究结束后，综合学生在过程中的参与程度和表现，除形成评价分数外，还要提供给每位学生一份文字性的评价。进行评价时，既要肯定学生的进步之处，也要及时指出学生的不足，并提出改进意见，让学生能够尽快纠偏补弊，取得更大的进步。

五 自我反思

将项目式教学与历史学科核心素养的培育结合起来。学生通过本次项目探究，运用所学知识去挖掘实物史料背后所展现的西汉历史，对史料的整理、分析和解读能力大为增强，“有一分材料说一分话”的史料实证意识也大大提高，对于实物史料的价值和作用有了更深入的认识，掌握了运用史料研究历史的基本方法和要点。

对网络资源加以利用。在项目式教学中，为了创设真实的历史情境，让学生了解、感受、体会历史的真实境况和当时人们所面临的实际问题，教师可以对网络资源加以利用。网络上丰富的历史资源为学生自主探究的展开提供了保障，学生可以根据自己的需要，搜寻相应的历史信息，进行深入学习。

六 师生感悟

学生：神奇的两座汉墓，犹如一条穿越时空的走廊，从精美绝伦的漆器、华美简约的丝织品、内涵丰富的简帛中，我们已然窥见了西汉贵族的奢华生活，感叹于海昏侯跌宕起伏的坎坷人生，更领略了巍巍大汉的雍容气度。这两座中华文明宝库所展现出的历史奇迹，还将不断为后世所深入探索，这些尘封的文明也等待着更多人去揭示与解读。

教师：如果只将注意力放在教师的教，而忽视学生的学，那最终不仅害了学生，更难以提高自己的教学水平。教师的存在感并不一定要体现在课堂上，教师更应该成为“幕后工作者”，成为学生学习的引导者、促进者、合作者。教学重点和难点的突破也并不一定要依靠教师的讲授，学生思维火花的碰撞也能闪耀出令教师意想不到的光芒。有时候，教师要学会放手，而不要总担心学生做不好。不给予他们机会，他们就很难发掘出自己的潜力。

参考文献

[1] 普通高中历史课程标准（2017年版）[S]. 北京：人民教育出版社，2018.
[2] 茅海建. 历史的叙述方式 [M]. 上海：三联书店，2019.
[3] 王林发等. 项目教学的方案与实施 [M]. 福州：福建教育出版社，2016.
[4] 葛懋春. 历史科学概论 [M]. 济南：山东教育出版社，1983.
[5] 学习基础素养项目组. 素养何以在课堂中生长 [M]. 上海：华东师范大学出版社，2017.
[6] 宁欣主编. 中国古代史（下册）[M]. 北京：北京师范大学出版社，2009.
[7] [美] 威廉・H・克伯屈. 杜威教育论著选 [M]. 徐辉、杨爱程译，北京：人民教育出版社，1991.
[8] [美] 巴克教育研究所.项目学习教师指南——21世纪的中学教学法（第2版）[M]. 北京：教育科学出版社，2008.
[9] [美] 弗兰克・白银资本——重视经济全球化的东方 [M]. 刘北成译，北京：中央编译出版社，2008.
[10] [美] 吉姆・奈特. 高效教学：框架、策略与实践 [M]. 方彤、罗曼丁译，上海：华东师范大学出版社，2017.
[11] 胡晓凡. 基于项目式教学的历史学科核心素养的培育 [J]. 教育艺术，2018,（09）：10–11.
[12] 曲鸿飞. 基于核心素养培育的中学历史项目式教学模式的探索——以《溯望千年：解开苏格拉底审判的谜码》为例 [J]. 教育艺术，2018,（08）：64–65.
[13] 郑天鸣. 基于国家课程的项目式教学实践——以《华夏传承，匠心千年：国家宝藏中国古代手工业特展》为例 [J]. 教育艺术，2020,（01）：35.
[14] 余文森. 核心素养的教学意义及其培育 [J]. 今日教育，2016,（03）：11–14.
[15] 陈超. 历史学科核心素养的构成与培养 [J]. 福建教育学院学报，2016,（01）：111–115.
[16] 樊树志. “全球化”视野下的晚明 [J]. 复旦学报（社会科学版），2003,（01）：67–75.
[17] 陈姵如. 项目化学习带来的评价变革 [J]. 上海教育，2018,（34）：19.
[18] 崔允漷. 学习素养通过项目化学习培养 [J]. 上海教育，2018,（34）：18.
[19] 於以传. 史料教学应充分关注证据价值及论证逻辑 [J]. 历史教学问题，2013,（04）：127–130.
[20] 未欢. 项目学习在高中物理教学中的应用研究 [D]. 长春：东北师范大学，2013.
[21] 刘景福. 基于项目的学习模式（PBL）研究 [D]. 南昌：江西师范大学，2002.

[22] 陈晓婷. 项目学习在高中生物教学中的应用研究［D］. 武汉：华中师范大学，2019.
[23] 王旭.新课标下项目学习在地理教学中的应用研究［D］. 武汉：华中师范大学，2012.
[24] 张旭梅. 高中历史教学中核心素养的培养［D］. 海口：海南师范大学，2017.
[25] 赵来平. 项目教学法在高中历史教学中的应用研究［D］. 天水：天水师范学院，2019.
[26] Newell RJ. Passion for Learning：How Project-Based Learning Meets the Needs of 21st-centuryStudents［M］. Lanham：Searerow Rowman & Littlefield Pub Inc，Inc Press，2003.
[27] Kilpatrick W H. The Project Method：the Use of the Purposeful Ace in the Educative Process［J］. The Teachers College Record，1918（19）：319–335.